天符經

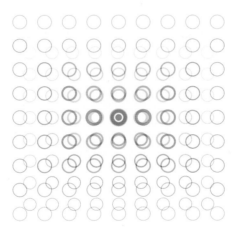

天符經 (천부경)

발행일	2014년 3월 28일 초판 1쇄
	2017년 5월 30일 2쇄
지은이	이찬구
발행처	상생출판
주소	대전시 중구 선화서로29번길 36(선화동)
전화	070-8644-3156
팩스	0303-0799-1735
홈페이지	www.sangsaengbooks.co.kr
출판등록	2005년 3월 11일(175호)

ISBN   978-89-94295-74-9
       978-89-94295-45-9 (세트)

天符經

천 부 경

이찬구 지음

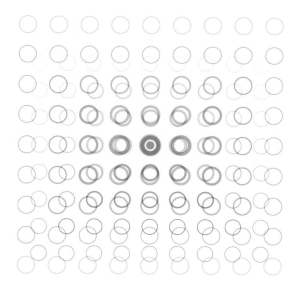

상생출판

이 책은 STB상생방송 강연 원고와 학술지에 발표한 논문을 합본한 것이다. 그래서 앞·뒤에 약간 중복되는 부분이 있겠으나 전체적으로는 기존의 천부경 연구와는 다른 각도에서 두 가지의 관점을 두고 서술하였다.

첫째, 기존의 연구는 천부경 경문의 핵심인 무無를 '없다'는 허사로 해석하는 경우가 종종 있었다. 그러나 필자는 이 무無를 '없음'의 개념명사로 해석하였다. 그래서 이 천부경을 더 명확히 해석하기 위해 순 우리말로 쓰기를 고집하였다. 무無는 '없'으로, 一은 '한'으로 옮겼다. 처음에 대하는 독자들은 낯설 것이다. 그러나 좀 지나다보면 그 말에 익숙해질 것으로 기대한다. 본래부터 우리말이었기 때문이다. 『삼일신고』에 의하면 '없'은 천天과 같고, '한'은 신神과 같다. 이러한 관계를 화이트헤드A.N Whitehead의 과정철학으로 보면 '없'은 창조성創造性과 같고, '한'은 신神과 같다는 말이다. '없'을 창조성이라고 말할 수 있는 것은 사실 '없'은 '업業'으로 '일'하는 '없'이기 때문이다. 이런 연구를 통해 우리 조상들이 천天과 신神, 즉 '없'과 '한'을 섞지도, 나누지도 않고 함께 사유해왔다는 것을 알 수 있다.

둘째, 천부경 해석의 중요한 분기점이 되는 곳은 경문 81자 중에 바로 '대삼합륙大三合六'이다. 특히 육六은 9×9로 배열할 경우 정중앙에 위치하고 있을 뿐만 아니라, 다음의 생칠팔구生七八九로 이어지는 중간 역할을 하고 있다는 면에서 중요한 의미를 지니고 있다.

그래서 필자는 천부경의 6이 어떻게 나왔으며, 나아가 대삼합륙大三合六에서 생칠팔구生七八九가 어떻게 나왔는가 하는 문제를 규명하기 위해 신지 전자篆字의 구조에 주목하여 문제를 풀어나갔다. 필자의 결론은 6은 천지를 음양으로 결합하고 있다는 면에서 인간을 포태한 천지의 수이며, 9는 그 천지에 인간이 탄생하여 함께 한 천지인天地人 완성의 수라고 본 것이다. 종전의 천지 중심의 우주관과 다른 천지인 중심의 새로운 천부경 '우주관'을 밝혀보았다.

　그런데 책을 마무리 할 즈음에 흑피옥과 홍산문화에서 나온 옥기들을 보았다. 그 가운데 천부인을 연상시키는 옥인玉印이 있었다. 충격으로 다가 왔다. 그 일부를 소개하는 것으로 만족하지 않을 수 없다.

　끝으로 민족의 원형문화를 회복하고 인류의 상생문화 건설을 위해 노력하는 상생출판에 경의를 표하면서 이제 강호제현과 천부경 담론을 함께 할 수 있게 된 것에 감사를 드린다.

단기 4346년(2013) 12월
이찬구 심고

| Contents |

1부 천부경과 인류 미래

※1강~4강까지는 STB상생방송 홈페이지www.stb.co.kr에서 '다시보기'로 볼 수 있음.

2부 천부경의 새로운 이해

1부

천부경과 인류 미래

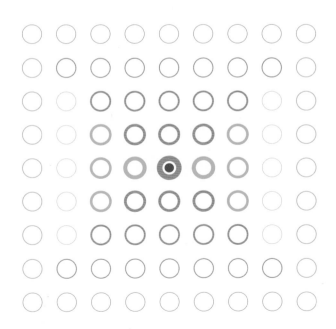

1강
천부경의 유래는 어떻게 되었는가

천부경 강의를 맡은 이찬구입니다. 여러분 반갑습니다.

천부경하면 아주 낯선 경전으로 알려져 있습니다. 그런 가운데도 많은 분들이 천부경에 대한 인식이 새롭게 알려져서 많은 사람들이 "과연 천부경이 무엇인가?" 이렇게 궁금하게 생각하는 분들이 점점 많아지는 것 같습니다.

이번 강의 주제는 '천부경과 인류 미래' 이렇게 정해봤습니다. 오늘 그 첫 번째 시간으로 천부경의 유래는 어떻게 되었는가 하는 것을 알아보는 시간으로 정해봤습니다. 천부경은 역사적으로 보면 최소한 5,000년~6,000년의 역사를 갖고 있지 않는가 생각이 되는데요. 그것을 우리가 역사 연대로 보면 '환웅※시대까지 소급해서 설명할 수 있겠다' 이렇게 생각이 됩니다.

※환웅
『환단고기』에 의하면 환웅이 신시개천한 것은 5,900년 이전이다.

※대종교大倧敎는 1983년에 경전으로 공식 편입하였다.

대중들한테 천부경이 알려진 것은 주로 『환단고기』를 통해서 알려지게 되었고요. 물론 그 뒤로 종교단체에서 경전※으로 편입하면서 알려지기 시작했습니다. 먼저 대중들한테 알려지기 시작한 것은 1980년대에 나온 『환단고기』 번역본인데, 우리가 『환단고기』 역사를 조금 이해하고 천부경을 살펴보면 그 의미가 드러날 것 같습니다.

어느 경전이고, 그 첫 구절이 아주 중요합니다. 여러분, 유명하지만 『노자』의 첫 구절은 "도가도道可道 비상도非常道" 그렇죠? 아주 짧지만 거기에 많은 의미가 함축이 되어있습니다. 『논어論語』의 경우에는 "학이시습지學而時習之면 불역열호不亦說乎아." 『주역周易』하면 "건원형이정乾元亨利貞", 건은 원코 형코 이코 정하나니라.

『환단고기』 첫 구절은 『삼성기전』(상편)이 장식을 하고 있죠? 그렇죠? 『삼성기전』 첫 문단을 한번 보겠습니다. 자료를 보고 말씀을 드리겠습니다. 『삼성기전』에, 첫 우리 역사에 관한 아주 중요한 구절이 나옵니다.

'오환건국吾桓建國이 최고最古라.'

여섯 글자인데요. 우리 환족※이, 여기 환桓은 배달족, 광명족으로, 이 광명을 숭상해온 환족의 나라 세움이 최고最古다. '최고'는 가장 오래되었다는 뜻으로, 천부경도 바로 이러한 『삼성기전』의 역사관과 비슷하단 생각이 듭니다.

그런데 우리 역사의 특징이 뭐냐면, 가장 오래되었는데, 有一神(유일신)⊃ 즉 '한 신과 함께했다' 이겁니다. 역사의 첫 구절이 '가장 오래되었다', 그 말은 어느 나라도 할 수 있겠지만, 이어서 나오는 말이 바로 有一神(유일신), 한 신과 이미 함께 한 그러한 역사가 있었단 얘기죠. 뒤에 구체적인 얘기가 나오지만, 시간이 있으면 다음에 말씀을 드리고요. 아무

⁘환족桓族
광명족, 천신족, 빛의 민족. 인류창세문화 창조의 주체적 민족으로 오늘날 韓민족의 근원.

⊃유일신有一神
서양의 하나님(唯一神유일신)의 개념과는 다르다. 유(有)는 본래부터 계셨다는 뜻을 강조한다.

튼 이 첫 구절에서 뭘 알 수 있냐면, 우리 역사의 시작을 바로 '본래 계신 신과 함께 해 온 역사다' 이렇게 본거죠. 그러니까 일신一神의 내용이 뭐라 설명할 순 없지만, 일신一神이란 말 가운데는 '어떤 인격적인 하느님이다' 하기 전에, 이 말에는 조화의 신, 조화의 정신들이 함께 한, 그래서 우리 역사는 이 신과 함께 해온, 신과 동행同行해온 그러한 역사인데, 그 역사가 가장 오래되었다. 이런 얘기죠. 천부경을 이해하기 전에 바로 이러한 기본적인 역사의 사관을 이해하면, '천부경은 유일신의 역사와 함께 해온 우리 민족 최고 역사를 기록한 그러한 경전이구나' 이렇게 이해할 수 있겠습니다.

『태백일사』에 기록된 천부경

그 다음에 천부경에 대한 구체적인 구절을 보면 이렇습니다. 『태백일사』에 나와 있는데요. 천부경은 '천제 환국에 구전된 글'※이다. 우리 환의 나라는 아주 오래되었는데, 가장 오래된 역사를 가지고 있는 나라인데, 천부경은 바로 천제께서 다스리던 환국, 그 때 이미 구전된 글이다. '구전지서 口傳之書'고 했습니다. 이 '구전'이라는 구절에 대해 생각할 필요가 있겠습니다. 이 '구전지서'란 말을 뭐라고 할까요?

역사에 대한 아주 소박한 그런 표현 같아요.

천부경을 만약에 위대한 경전으로 미화를 하려면 구전지서란 말은 사실은 필요가 없거든요. 그렇지만, 천부경은 있

※천제환국구전지서
天帝桓國口傳之書

는 그대로의 모습, 그 시대 백성들한테 입과 입으로 전해 온 글이다. 이것은 천부경의 다른 권위를 내세우기 전에, 이미 백성들 틈에서 입과 입으로 전해온 글이라는 말은 천부경이 가지고 있는 소박하고 아주 담백한 꾸밈이 없는 그런 표현이 아닌가, 이렇게 생각이 됩니다. 결국 우리 천부경은 이러한 역사 속에서 이미 구전되어 왔고요. 구전되어 내려왔다는 말 가운데는 아직 문자가 기록되지 않았다는 뜻도 가지고 있지만, 만약에 천부경을 더 위대한 경전으로 하려면 어느 시대 어떤 문자로 내려왔다고 말들이 많을 텐데, 그냥 소박하게 천부경의 첫 소식을 구전의 글이라고 전해주고 있는 것입니다.

그 뒤에 이제 환웅시대에 내려와서 신지혁덕神誌赫德이란 분에 의해서 녹도문※으로 기록되었다, 이렇게 나옵니다. 신지혁덕에 대해서는 어느 시대 어떤 분이냐 학설이 많지만, 『환단고기』에 전해오기는, 처음으로 환웅천황께서 신지혁덕을 통해서 이 구전되어 내려온 천부경을 녹도문으로 기록하게 했다. 녹도문이란 것은 뭐다라고 정확하게 말씀드릴 수는 없습니다. 다만, 글자의 뜻으로 봤을 때 사슴 발자국을 보고서 조상들이 첫 글자를 만들기 시작했다 이렇게 전해오고 있습니다.

이러한 환웅시대의 천부경은 단군시대에도 그대로 계승되어 내려왔습니다. 『태백일사』 한 구절에 보면 '만세지강전萬世之綱典※이다'(「삼한관경본기」) 하는 구절이 있고요. 유위자有

※ **녹도문**鹿圖文
사슴 발자국에 따라 그린 글자로 추정된다. 그러나 신지전자가 혼용되었을 것이다.

※ **만세지강전**
萬世之綱典
만세불변의 기본 경전.

爲子라는 분이 단군시대에 아주 유명했던 분인데, 11세 도해道奚 단군 때 유위자가 쓴 계책문에 먼저 계셨던 환웅천황께서 백성을 교화하기 위해서 '천부경과 삼일신고三─神誥를 조술했다'라고 나옵니다. 또 도해 단군께서 누각에 올라가 '천부경을 논하고 삼일신고를 강연했다'라고 했습니다. 그래서 『환단고기』에 보면 천부경과 함께 삼일신고라는 두 경전이 같이 등장하고 있습니다. 이것이 고대에 있어서 천부경이 어떻게 전해내려 왔느냐를 일러주는 한 단락이 되겠습니다.

발해, 신라 역사의 천부경 기록

이어서 중세에 들어와서는요. 발해는 태학※을 세워서 천부경과 삼일신고를 가르쳤다는 구절이 나옵니다. 태학하면 고구려의 교육기관이었죠. 그 이름을 그대로 쓴 것을 보면, 역시 발해는 고구려로부터 많은 문화를 전수받은 게 아닌가, 이렇게 생각이 됩니다. 아무튼 발해시대까지만 하더라도 천부경과 삼일신고는 국가 교육기관에서 가르쳤기 때문에, 요즘 말로 하면 뭐라 할까요? 국정교과서 과목처럼 되어 있었다라고 할 수 있겠습니다.

그 다음에 신라에 내려와서는 최고운 선생에 의해서 천부경※이 다시 정리가 됩니다. 그 이전까지는, 환웅시대에는 녹도문鹿圖文으로 기록했다 했지요? 그 뒤에 신지전자神誌篆字가 어느 시대에 나왔느냐? 아직은 모르지만, 시기적으로 봤을 때 환웅시대 다음에 단군시대에 신지의 전자가 나온 게 아닌가, 이렇게 생각을 하고요. 단군시대에도 환웅시대의 녹도문을 다시 신지의 전자로 기록해서 전수된 것 같습니다. 그래서 최고운 선생께서 과거로부터 전해 내려온 신지의 전자를 보시고, 다시 오늘날의 한문으로 바꿔서 기록하게 되지요. 우리가 말하는 천부경이라고 하면 바로 이 81자를 말합니다. 이 81자는 환웅시대로부터 내려온 과거의 글들을 최고운 선생이 오늘날의 한문으로 번역했다, 이렇게 알고 있습니다.

따라서 여기서 말하는 천부경은 최고운 선생이 번역하신 한문 81자다. 이렇게 이해하시면 되겠습니다. 그 최고운 선생의 천부경 81자는 책으로 보면 『태백일사』 「소도경전본훈蘇塗經典本訓」에 삼일신고와 함께 지금 실려 있습니다.

고려시대 천부경, 『삼국유사』 고조선조, 『태백일사』 기록

고려시대에 들어와서 천부경은 과연 어떠했을까요? 고려는 국교가 뭐였었죠? 고려시대는 불교였었죠? 고려는 불교의 나라였습니다. 고려시대의 자료 가운데 단군 역사와 함께 고대 역사를 알 수 있는 것이 바로 일연의 『삼국유사』입니다. 잘 아시는 바와 같이 환인, 환웅, 단군의 역사가 기록된 『삼국유사』 첫 장에 「고조선조」가 나옵니다.

그 「고조선조」에 아시는 바와 같이 뭐라고 나오냐 하면 천부인天符印이라는 말이 나옵니다. 이 천부인에 대해서 아마

:::천부인天符印
홍산문화에서는 여러 옥인玉印이 출토되었다. 이 옥인을 박선희 교수는 천부인의 하나로 추정했다.(16쪽 그림 참조)

『환단고기』「태백일사」〈소도경전본훈蘇塗經典本訓〉에 수록된 천부경

天符經 八十一字

一始無始一 析三極無盡本
天一一地一二人一三 一積十鉅无匱化三
天二三地二三人二三 大三合六生七八九
運三四成環五七
一玅衍萬往來用變不動本
本心本太陽昂明人中天地一
一終無終一

『삼국유사』 고조선조 – 천부인天符印

『홍산문화옥기신품』(손수도)에 소개된 옥인玉印

다 궁금하게 생각하실텐데요.

그럼 천부인은 뭐고, 천부경은 뭐냐? 천부인과 천부경의 관계를 논할 때, 천부인은 도장인데, 어떤 형태의 도장의 모양으로 그려진, 간략한 그림형태의 모양일 것이다. 천부경은 이미 경전이라 했으니까, 글자로 새겨진 것이라 볼 수 있는데요. 그럼 천부경이 먼저냐, 천부인이 먼저냐? 이런 논의도 가능하겠고요.

다만 여기서 아쉬운 점이 뭐냐면 일연의 『삼국유사』에 천부인이 등장하지만, 이 천부인이 알려진 대신에 천부경이란 말이 사라졌어요, 우리 역사에서. 일연의 『삼국유사』가 그전에 몰랐던 천부인을 알려준 반면에, 그것은 우리가 하나 얻은 것이지만, 그 대신 고대로부터 내려온 천부경을 잊게 되었다. 이 천부인이란 말 때문에 천부경을 잊었다는 말씀입니다.

그래서 앞으로 천부인과 천부경을 함께 연구해야 할 것 같습니다. 그것이 우리에게 주어진 과제라 생각되는데요. 아무튼 그렇지만, 일연의 『삼국유사』는 단군 역사를 『삼국사기』와 달리 길게 기록해 놓았다는 데 의의가 있다고 생각이 됩니다.

이어서 고려시대에는 아까 말씀드린 대로 불교가 국교였던 시기였기 때문에 천부경과 같은 우리의 고유한 경전, 고유한 역사가 아마 그렇게 쉽게 연구되지는 못했던 것 같습니다. 다만 목은牧隱 이색李穡과 복애伏崖 범세동范世東이 천부

범세동范世東
고려말의 학자. 『북부여기』의 저자. 호 휴애休崖를 복애伏崖로 바로 잡음.

천부경과 천부인

5~6천 년 전 신시시대의 옥인玉印 발견 – 이것이 『삼국유사』의 천부3인일까?

최남선 이래 천부3인은 거울(鏡), 칼(劍), 관(冠) 정도로 생각해 왔고, 이병도는 풍백, 우사, 운사를 거느리는 인수印綬로 보았으나, 일반적으로 거울(鏡), 칼(劍), 방울(鈴) 등 이라는 고정관념에서 크게 벗어나지 못했다. 이것이 참으로 잘못된 것임을 이제 깨닫지 않을 수 없다.

필자는 이 책의 편집이 마무리 되어갈 즈음에 홍산 옥기에 접할 수 있었다. 그 가운데서도 옥인이 필자의 눈을 사로잡았다. 뿐만 아니라, 옥기를 보다가 꿈에도 그리던 신지전자神誌篆字를 발견하고 깜짝 놀랐다. 우선 신지전자를 설명하겠다. STB상생방송(2011년)에서 강의할 때까지도 실물을 보지 못해 늘 부담이 되었으나 이제 신지전자의 실존을 확인할 수 있게 되었다.(香港 劉漢根 인터넷 자료)

이미 신지전자의 낱글자는 『순화각첩』을 통해 필자가 처음으로 국내에도 소개하였으나, 아무도 실제로 쓰인 용례를 발견하지 못했던 것이다. 그런데 신지전자의 사용례가 태호지구에서 나왔다는 것을 필자가 찾아냈다. 유한근劉漢根은 이를 양저문화의 태호지구太湖地區에서 나온 창힐문으로 소개하고 있다.

즉, 태호지역에서 출토한 옥기 음각문자玉器陰刻文字는 오제五帝시기 때 사용

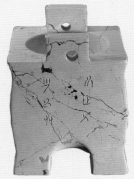

복희시대의 음각문자

태호 吳江출토 玉琮 음각문자와 모사도

했던 문자이다. 오제五帝시기 때에는 북방문자와 남방문자를 같이 사용했을 가능성이 있다. 전설의 「창힐서蒼頡書」로 태호 오강吳江지역에서 옥종玉琮이 출토되었고, 오제 시기 전후의 계문契文인 새겨진 원판을 찾았다. 태호 지역에서 출토한 옥종에는 8개의 음각문자가 새겨져있다. 루세홍樓細洪 선생은 북방의 양각문자陽刻文字를 해독하는 과정에서 북방에서 출토한 옥기에서 이런 7개 음각문자와 유사한 북방 양각 판본을 발견했다고 한다.

양저문화는 지금으로부터 5,300년전에서 4,200년전까지 장강 하류 태호지구太湖地區에서 발생되었다고 하는데, 이 태호지구는 바로 산동의 남쪽 지방이다. 음각의 신지전자는 루세홍에 의해면 북방에서는 양각문자로 새겨졌다고 한다. 따라서 신지전자는 남방과 북방에서 고루 사용된 것을 알 수 있고, 복희시대 또는 최소한 오제(요순)시대에 사용되었다는 면에서 천부경이 환웅이나 단군시대에 신지전자로 새겨졌다는 사실을 부인할 수 없게 되었다.(만약 이것이 환웅시대에 새겨진 것이라면 녹도문=신지전자로 된다) 특히 북방 양각문의 상단부에는 1마리씩 말 수레를 탄 일곱 분의 지도자상이 등장한다. 이것이 환인 일곱 분을 상징하는 것이 아닌가 한다.

북방 양각문양

북방 양각글자와 모사도

천부인으로 추정되는 神人의
玉印 (한국 홍산문화학술원
제공)

다음은 홍산문화에서 나온 옥인신인상玉印神人像에 관해서다.

위의 신인상(국내민간 수장품)은 세 개가 같은 모양이다. 그 중 첫번째의 옥인
신인상 아래부분은 정사각형 도장이고, 그 위에 이 도장의 주인을 상징하는 신
인神人의 상이 역시 옥으로 제작되었다. 앞뒤로 똑같은 모양으로 조각彫刻되어
있다. 그런데 중국에서는 이런 유사한 신인상이 공개된 바 있다. 중국 진일민陳
逸民의 옥신인상에는 앞뒤가 다르고, 아래에 도장이 없다. 손수도孫守道는 대형
옥조신조상大型玉祖神雕像이라고 했다. 역시 도장이 없다.

이 3개의 옥인신인상玉印神人像은 하단의 도장부분을 제외하고, 좌로 구멍이
3개, 우로 구멍이 3개 있다. 또 머리, 어깨, 허리
부위에 구멍이 짝으로 있는 것은 몸을 상중하 3
단계로 인식했다는 것을 반증한다. 이것은 홍산
옥기의 곰얼굴에 6개 구멍이 있는 것과 일치한
다.(이 책 72쪽 참조) 3개의 옥인에는 4글자가
각각 새겨있는데, 필자가 왼쪽 첫번째 도장 바닥
의 글자를 나름대로 해석해 보았다.

玉神人(중국 陳逸民의『紅山玉器
圖鑑』)과 옥조신상(右 : 孫守道의
『紅山文化玉器新品』)

옥인바닥의 符印文(4자)
가로 22.8×세로 23.5×높이 15(cm)

符印文 모사본

❶ 이 글자는 한자로 돌 석石 또는 섬 석이다. 왜 돌인가? 옛날에는 옥과 돌을 구분하지 않았다. 옥을 아름다운 돌, 채석彩石이라 불렀다. 안함로의 「삼성기」에는 부석발화掊石發火라고 했다. 돌을 부딪쳐서 불을 낸 것이다. 인류문명의 시작은 돌의 불로부터 시작되었다. 그래서 나라 이름이 환국桓國이라고 했다. 돌에서 불이 나왔으므로 환인桓因의 광명이 시작된 것이다. 반면에 박제상의 『부도지』(10장)에는 황궁씨黃穹氏가 돌로 변하여 하늘의 조음을 울렸다(化石調音)고 했다. 하나는 불[빛]로써 세상의 시작을 말하고 있고, 다른 하나는 소리로써 세상을 정화한다고 했다. 돌북에서 소리가 나는 것을 예로부터 석고石鼓라고 했는데, 서울 환구단(원구단)에 악기의 역할을 한 돌북 3개와 황궁우皇穹宇가 있는 것도 의미가 깊다. 돌을 이용한 석경石磬도 있다. 여기서 石(석)은 석경, 석고 같은 악기를 의미한다. 악기는 소리의 표준이 된다.

❷ 이 글자는 한자로 하늘 천天과 유사하다. 만약 임금 왕王자라면 밑에 받침선(⼈)이 있어야한다. 갑골문에서는 하늘 천天을 사람의 머리(⼤)로써 형상화하였다. 그러나 여기의 天은 사람人의 머리 위, 즉 上(二 ⌒)이라는 뜻을 원초적인 하늘로 이해했다는 것을 알 수 있다. 갑골문에서 上의 본 글자는 ⌒이고, 下의 본 글자는 ⌄이다.

❸ 이 글자는 오늘날의 한자로는 알 수 없는 글자이다. 한글로는 '유자형'이다. 옥기 전문가인 조선우는 물형으로서의 거북으로 보았다. 글자의 구조로 보면, 둥근 ○과 올兀자의 조합형이다. 兀은 어진 사람 인儿에서 온 것

이다. 두 팔 벌린 사람 위에 태양○이 떠 있는 모습이다. 김규진의 『서법진결』의 6번과 중국 『순화각첩』 24번의 글자(火)에 유의하고자 한다. 火는 앞에 있는 옥종 음각문자에서 마하산馬賀山은 어진 사람 인儿으로, 『순화각첩』은 높을 존尊으로 해석했다. 火은 북방글자에도 나타나는데(하단 왼쪽 두 번째), 필자는 ✖는 ○은 둥글 丸(환)으로 소리나고 태양을 상징하며, 또 凡(환의 본자, 범과 유사)으로 쓰니 어진 사람과 맥을 같이 한다. 따라서 태양○(환)과 一 + 人(儿)=凡(환)의 결합으로 보아 곧 凡(환)人, 桓人, 桓仁으로 태양인太陽人을 상징한다. 火은 上(二)+一+人(儿)으로 곧 上人, 桓仁으로 보아 ✖과 서로 일치한다고 본다. 어질仁은 두 사람이 아니라, 사람 인人(亻)+위上(二)의 결합임을 알 수 있다. 上人은 태양, 즉 하늘 사람의 뜻이다.

❹ 이 글자는 사람이 달려가는 모습 그대로이다. 오늘날 달릴 주走(走)에서 그 모양을 확인할 수 있다. 머리에는 상투가 있는 특별한 사람(人)으로 보인다. 이는 고구려벽화의 5회분 4호묘나 무용총 현실에 나오는 날아가는 신선의 상과도 유사하다. 말 수레의 뒤에 탄 지도자의 머리도 상투형을 한 것처럼 보인다. 상투는 하늘에서 내려온 사람(人)을 표현한 것으로 본다. 人의 본음은 '임'이다.

이상을 통해 우리는 이 옥인에 다시 주목한다. 64cm높이(무게 52kg)의 옥인 신인상은 모두 3개가 한 조이다. 앞에서 설명한 네 글자는 일단 "석천환인石天桓人"으로 재해석해본다. 돌(石)자가 새겨진 부인符印은 소리(音)가 만물창조의 근원이라는 뜻을 갖고 있다. 돌에 수만년 하늘의 소리(천명=천지 본음)가 내장되어 있다는 의미이다. 따라서 石天은 하늘 소리를 간직한 황궁씨의 돌(석경, 석고)이라는 뜻이고, 桓人은 태양에서 내려온 하늘 소리를 간직한 사람이라는 뜻이다. 천부인에 대해, 원동중의 「삼성기」에는 안파견 환인이 환웅에게 천부인 3종을 주어 개천입교開天立敎하여 세상을 다스리게 하는 권세의 상징으로 묘사하

고 있다. 또 박제상의 『부도지』(10장)에는 유인씨
가 황궁씨로부터 천부3인을 이었는데, 천지의 본
음本音의 상이며, 근본이 하나임(一根本)을 알게 하
는 것이라고 했다. 그렇다면 이 옥인은 하늘 天자
가 있기 때문에 천부의 부인문符印文이라고 할 수
있다.

솔개상(서울홍산문화도자
박물관 제공 자료)

　그러면 이 옥인은 누구이며, 어느때 제작하였는
가? 우선 신상은 조상신이나 최고 지도자를 상징
한 것으로 볼 수 있다. 시기적으로 보아 홍산 유적지는 5~6천년전으로 이 신상
의 머리부분은 태양과 솔개의 양 날개를 형상화 한것이다. 옥기에서 솔개상은
환인을 상징한다(조선우 주장). 그러므로 이 신상은 단공端控의 손모양까지 이
어 받은 점에서 환웅 또는 치우시대에 제작된 환인 또는 대조신大祖神으로 추정
할 수 있다. 또 돌은 빛의 근원이고, 소리의 근원으로써 상고시대에 가장 중요한
신물神物이었다는 것을 분명하게 이해할 수 있다. 이런 의미에서 돌 石자가 새
겨진 이 옥인이 일연의 『삼국유사』에 나오는 환웅의 천부3인 이거나, 신시문명
의 유산이라고 볼 수 있다. 따라서 요즘 중국에서 사용하는 주체불명의 '요하문
명'이란 말은 적당치 않으며, '신시문명'이라고 불러야 할 것이다. 특히 천부경의
81자가 천부인 3개의 원리에서 나왔다는 것을 느낄 수 있다. 천부인 3개는 삼신
사상에서 나온 것이다. 천부인 1개마다 몸의 좌우에 3개씩 6개의 구멍이 있다는
것은 3+3=6이라는 포태수를, 동시에 3×3=9의 완성수를 함축하고 있고, 그것
이 앞뒤로 있으므로 9×9=81이 나온다. 천부경 81자는 천지인 완성수 81수를
상징한 것이 아닌가 한다.

　신인상神人像의 보완을 위해 필자는 다음의 자료를 인용하려고 한다.
　양건방楊建芳은 2005년 섬서성陝西省 한성시韓城市(梁帶村)에서 출토된 이 유물을 서주西周 말기로 보고 있다.※ 한성의 韓이 우리의 관심을 끌만하다. 이 곳 한성은 춘추시기인 BCE 520년에 큰 민란이 일어났던 곳이다.(곽말약 『중국사고지집도』 17쪽.)

중국 문헌에 韓이 등장한 것은 『시경』의 「한혁편韓奕篇」이다. 이 시에 한후韓侯라는 말이 등장한다. 韓족의 임금이라는 말이다. 즉 단군이라는 뜻이다. 윤내현은 이 때를 BCE 9세기경의 고조선으로 보고 있다. 섬서성 한성시는 본래가 桓城이었을 것이다. 환성이었다고 말할 수 있는 것은 그곳이 환웅의 후예들이 집단으로 거주했던 곳으로 유추할 수 있기 때문이다.

이 옥인상은 한성지역의 후대사람들이 자기들의 먼 조상인 환웅상을 모사한 것으로 본다. 여기서 눈여겨 볼 것은 두 손으로 신단수 대신에 홀笏을 붙잡고 있는 점이다. 솔개상의 단공(두 손끝을 맞잡은 것)까지도 일치한다. 이 단공은 오늘날의 단군상에서도 나타나고 있다.(『삼성기 상편』 참조) 단공은 무위자연無爲自然을 상징한다.

서주 만기 (BCE 9~8세기) 玉人像(섬서성 한성시 출토)

※楊建芳,「2000~2007년 重要出土玉器綜論」,『玉文化論叢』2(2009, 문물출판사), 12쪽.

경을 주해했다는 구절(「소도경전본훈」)이 있습니다. 목은 이색은 우리가 잘 알려진 유학자이고, 복애 범세동은 재야학자라 볼 수 있겠습니다. 재야학자인 복애 선생에 의해서 천부경이 주해되었다는 얘기는 역시 그 당시에도 천부경에 대한 연구는 재야에서 숨어서 진행된 것이 아닌가, 이렇게 생각이 됩니다. 고려 말, 조선 초기에도 아마 그런 분위기는 계속 되었을 것 같습니다. 그러다가 중종 때 이르러서, 서기 1520년 경인데요. 근 500년 전이죠? 이맥李陌※의『태백일사太白逸史』가 간행되면서 그『태백일사』〈소도경전본훈〉에 고운 선생이 81자로 번역했다고 하는 천부경의 원문이 수록된 것입니다. 그러니까 천부경이, 고운 선생✳ 이후 책으로 전수되어서 알 수 있게 된 것은 500년 전 이맥의『태백일사』에 의해서다. 이렇게 보시면 되겠습니다.

  그럼에도 불구하고 조선시대는 유교가 국교였던 때이기 때문에『태백일사』같은 우리 고유의 책들은 결국 지하로 들어가는 그런 수모를 당하게 되지요. 그러니까 우리 역사를 공개된 자리에서 당당히 말할 수 없는 그런 시대였다는 겁니다. 역사를 연구한 분들에 의하면, 과거 오래된 사서들을 조정에서 수거령✳을 내려가지고 백성들이 옛 역사를 알지 못하도록 눈을 가리는 그러한 일이 있었습니다. 그러한 가운데『태백일사』라든가 또『태백일사』에 인용된 여러 가지 책들이 결국은 시대적인 억압 때문에 지하로 들어가게 되는 불행을 겪게 됩니다.

※ **이맥**李陌
(1455~1528) 고성 이씨, 호는 일십당 一十堂주인, 행촌 이암의 현손. 중종때 찬수관 역임.

✳ **최치원**崔致遠
(857~?) 호 고운, 신라의 대학자. 천부경 81자 한역.

✳ **수거령**收去令
세조(1457년), 예종(1469년), 성종(1469년) 세 차례 있었다. 「삼성기전」도 포함되어 있다.

그런데 1781년, 정조 5년에 구월산 삼성사에 가서 치제를 올리는데요. 그 치제문致祭文 가운데 전하는 아주 의미 있는 구절이 있습니다. 정조가 직접 올린 치제문인데요. 그 가운데 '천부보전天符寶篆'이라는 말이 등장하게 됩니다. 아까 신지전자가 나왔었죠? 그 전자篆字인데요. 천부의 보배로운 전자篆字로 기록된 글이 있었지 않았겠는가? 이렇게 이해할 수 있겠습니다. 저걸 보면 조선시대에 우리 역사 사서들이 대부분 지하로 들어갔지만 그래도 부분적으로 남아 있었겠구나 추측해볼 수 있겠습니다. 저 치제문에 올라 있는 '천부보전'을 알 수 있다면, 천부경의 원문을 발견할 수 있게 되는 것이죠. 그래도 글만 나와 있는 것만 보더라도, '아 역시 천부경은 오랜 역사를 가진, 환웅 시대부터 단군시대를 거치면서 내려온 경전이구나'라고 유추할 수가 있겠습니다. 다음 자료를 보시겠습니다.

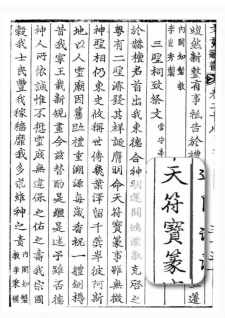

문원보불 치제문

근대 천부경 기록 : 홍암 나철의 단군교, 계연수의 『환단고기』

근대에 내려와서 한번 보겠습니다. 근대에 내려오면 수운 최제우 선생께서 아주 의미 깊은 한 구절을 『동경대전』에 남깁니다.

양 출 천 년 전 장 지 비 용 처
釀出千年前 藏之備用處

천 년 전에 술을 빚어
큰일에 쓰려고 감추었노라

이런 구절이 나옵니다. 저 말이 무슨 뜻일까, 여러 가지로 생각을 해봅니다. 물론 여기서 천 년 전이라는 얘기는, 최고운 선생이 수운 선생의 조상이시니까 연대가 근 천년이 됩니다. 그러면 천 년 전 최고운 선생이 하신 일을 두고 하신 말씀인지는 모르겠지만, 아무튼 천 년 전에 이 민족을 위해 쓰려고 술을 빚어 놓았다 그러셨어요. 그 실체는 아직 모릅니다. 그렇다면 저 말이 천부경일 수 있지 않을까? 하는 생각도 해보면서 다음 구절을 보겠습니다.

이때는, 바로 19세기 말 20세기 초는 우리 민족이 역사적으로 아주 어려운 때, 격변기를 당하는데요. 백봉白峰 선사라는 분이 나타나서 백두산에서 「단군교 포명서」를 발표하게 됩니다. 이날이 1904년 10월 3일입니다.

'대황조大皇祖 단군檀君', 단군을 대황조로 높이면서 조선시대 때 지하에 있던, 우리 국조를 받들던 이념과 사상이 1904년에 처음 공개적으로 출현을 하게 됩니다. 그 다음에 이어

「단군교 포명서」
전수과정

백봉
↓
두일백
↓
나철

※「삼일신고」
전수과정

백봉

백전

나철

※ 나철羅喆
(1863~1916)
본명은 인영寅永, 호
는 홍암弘巖. 전남
보성 출신. 1909년
대종교 중광. 『삼일
신고』, 『신사기』, 「단
군포명서」를 전수
받음.

이기李沂
(1848~1909) 전라
도 만경 출신, 단학
회 설립. 『태백일사』
의 소장자, 계연수의
스승. 1905년에 가
려다가 일본의 방해
로 못가고 1906년
에 갔다.

서 잘 아시죠? 홍암 나철 선생에 의해서 대종교가 중광을 하
게 되죠. 그 앞 자료를 보시겠습니다. 나철 선생은 백봉 선생
이 발표한 「단군교 포명서」를 가지고 이 땅에 다시 단군교를
중광하게 되는데요. 이때 나철 선생이 받은 것은 백봉 선사
로부터 「삼일신고」※와 「신사기」를 전해 받게 됩니다. 물론
간접적으로 받게 되는데요. 백봉은 아주 '전설적인 백두산
의 도인이다' 이렇게 알려져 있고요. 그 제자인 백전伯佺이라
는 분을 통해서 간접적으로 나철선생이 「삼일신고」와 「신사
기」를 받게 됩니다. 또 단군영정도 받으면서 결국 나철※ 선
생에 의해 1909년 1월 15일 서울에서 단군교(훗날 대종교)가
출현하게 됩니다.

그런데 여기서 한 가지 궁금한 것은 상고시대부터 내려온
「천부경」과 「삼일신고」가 있는데, 나철 선생은 대종교를 중
광할 때에 「삼일신고」만 받게 됩니다. 이상하지요? 그리고
「천부경」은 다른 길을 통해서 전수가 됩니다. 그 분이 누구
냐 하면 해학海鶴 이기李沂란 분이죠. 해학 이기 선생은 홍
암 나철 선생과 독립운동을 같이 하신 분입니다. 그때가 언
제냐면 1905년, 1906년입니다.

1905년은 우리 역사에서 어떤 시대인가요? 우리가 국사
교과서를 배울 때 '을사조약'이라고 배웠죠? 그것이 오늘날
거짓된 조약이라 해서 '을사늑약'이라고 말하고 있죠. 아무
튼 그 시대에도 해학 이기 선생, 홍암 나철 선생 그런 분들은
의기투합하여 행동을 같이 해서 을사늑약의 부당성을 일본

佈明本敎大旨書

今日은 惟我

大皇祖檀君聖神의 四千二百三十七回 開極立道之慶節也ㅣ라 愚兄等十三人이 太白

山(金白頭山)大崇殿에서 本敎大宗師

白峯神兄을 拜謁하고 本敎의 淵奧한 義와 歷代의 消長된 論을 敬承하와 兄我同胞兄弟

姉妹에게 謹告하노니 本敎를 崇奉하와 善을 趨하며 惡을 避하야 永遠한 福利가 自然히

一身一家一邦에 達하기를 希願하나니 嗚呼ㅣ라 汪洋한 千派萬流의 水도 其源을 塞하면

渴하고 鬱蒼한 千枝萬葉의 木도 其根을 絶하면 枯摧하나니 況우리萬孫의 人族이 其祖를

忘하고 엇지 繁昌하기를 望하며 安泰하기를 期하리오 昔我

大皇祖ㅣ서앗서 天命을 受하시고

檀木靈宮에 降臨하사 無極造化로 至道를 誕敷

하사대 大塊를 統治하실새 北西로 朔漢을 窮하며 南東으로 瀛海諸彙外지 神化가 過化

이 洋溢하시니 西州에서 東方君子의 國이라 稱하고 東에서는 西方有聖人이라 謂함이 皆我

大皇祖를 慕함이라 立邦千有餘年間에 聖子神孫이 繼繼繩繩하야 人族이

1904년 10월 3일에 선포된 「단군교포명서」(上)와 두일백에게서 이를 전수 받은 나철(右)

에 가서 규탄합니다. 그리고 미국에 가서 이 사실을 알려야 하겠다 이렇게 했는데, 일본의 방해로 뜻을 이루지 못하고 귀국을 하게 되었습니다.

그때만 하더라도 나철 선생하고 이기 선생, 이 두 분은

☯ 나철과 이기
두 분은 왕보석 문하에서 함께 공부한 뒤로 독립운동에도 운명을 같이 했으나, 종교적 관점이 달랐다.

항일독립투사의 동지☯였습니다. 그래서 그 이전부터 행동을 같이 하고 생사의 고비를 넘으면서 항일투쟁을 벌였고요. 두 분이 의기투합을 해서 '을사5적을 처단하자' 하고 행동을 같이 했다가 발각이 되어서 유배를 가게 되는 그런 고초를 겪게 됩니다. 그런데 이기 선생이 「천부경」과 「삼일신고」가 수록된 『태백일사』를 소장하고 있었는데, 그 책이 우리가 잘 아는 『환단고기』로 편입되어 세상에 빛을 보게 됩니다.

홍암 나철 선생과 해학 이기 선생은 사실은 1909년 1월 15일 대종교를 중광할 때까지 동지로 같이 활동을 합니다. 해학 이기 선생도 대종교 중광에 참여했습니다. 그런데 대종교를 중광해 놓은 이후에 이기 선생은 대종교에서 나오시고 단학회※라는 별도의 단체를 구성하게 됩니다. 1909년 3월 16일날 별도의 단체를 구성하면서 사실상 두 분이 결별하게 되는 그러한 상황에 직면합니다. 평생을 같이 동지로서 항일투쟁을 했는데, 대종교 중광 이후에 결별을 하게 됩니다. 그 결별의 이유는 지금도 분명히 밝혀지지 않고 있지만, 대종교 중광 이후에 대종교의 여러 가지 노선, 종교적 이념을 우려하는 과정에서 문제가 있지 않았나, 이렇게 생각합니다. 천부경은 결국 이기 선생이 소장한 『태백일사』를 통해서 전수된 것이죠!

다음 자료를 보겠습니다.

이기 선생이 소장하고 있던 『태백일사』는 제자인 계연수※

※ 단학회檀學會
1909년 3월 16일 조직함. 이기선생 초대회장 역임. 2대 회장은 계연수.

✸ 계연수桂延壽
(1864~1920) 독립운동가. 역사학자. 『환단고기』 편저. 『백년의 여정』에 그의 생애가 소개되고 있음

선생에게 전수가 됩니다. 그리고 계연수 선생에 의해서 여러분이 잘 아시는 바와 같이 『환단고기』란 이름으로 1911년에 인쇄본 책으로 30부가 출판이 됩니다. 『환단고기』는 『삼성기전』, 『단군세기』, 『태백일사』, 『북부여기』 이러한 책을 모아서 한 권의 이름으로 나오게 됩니다. 『환단고기』는 홍암 나철 선생의 대종교에서 발간된 것이 아니라, 이기 선생이 주도한 단학회 이름으로 나옵니다. 『환단고기』는 이기 선생이 감수하고 계연수 선생이 필사하고, 또 독립군 대장으로 유명한 홍범도[❋], 오동진[❋] 장군이 인쇄비를 충당해서 책으로 발간하게 됩니다.

❋ 홍범도
(1868~1943)
독립군 총사령관. 봉오동 전투의 영웅.
❋ 오동진
(1889~1944)
정의부 총사령관.

(上)환단고기는 1911년 계연수 선생이 발간하였다. (左)1917년에 묘향산에서 쓴 것으로 알려진 계연수 선생의 편지

※『환단고기』에는 최고운이 석벽에 천부경을 새겼다고 하지 않고 비석을 보고 첩을 만들어 세상에 전했다고 했다.(갱부작첩)
첩帖이란 탁본했다는 뜻이고 갱부작첩이란 이 탁본을 근거로 한문으로 번역해 두루마리를 만들었다는 뜻이다.
묘향산 석벽본은 구전에 지나지 않으므로 여기서 방송내용을 정정한다.

그 다음에 계연수 선생과 관련해서 한 가지 말씀드려야 될 것이 있습니다. 1916년의 기록에 의하면 계연수 선생이 묘향산에 들어가 '묘향산 석벽에서, 바위에 새겨진 천부경을 발견했다' 이렇게 전해오고 있습니다. 그러나『환단고기』에는 다른 내용※이 있습니다. 최고운 선생이 갱부작첩했다는 구절이 있는데, 계연수 선생은 묘향산에 새겨 있다는 소문을 듣고, 묘향산에 들어가서 그 천부경을 찾게 됩니다. 그것이 1916년이고요. 그 다음에 1917년에 유명한 계연수 선생이 붙인 편지글이 있는데, 이 편지에는 묘향산에서 계연수 선생이 '과거에 최고운 선생님이 묘향산 석벽에 새겼다는 그 천부경을 내가 발견했다.' 그러한 내용과 함께 그 천부경을 탁본해서 '탁본(묘향산 석벽본)과 함께 편지를 서울에 있는 단군 교당으로 보냈다.' 이렇게 얘기합니다. 그러면 서울에 있는 단군 교당은 대종교냐? 아닙니다.

이때 대종교에 어떤 상황이 있었냐 하면, 1909년에 홍암 나철 선생이 대종교를 중광한 이후에 일제의 탄압이 심하자 1914년에 만주로 본부를 옮기게 되죠. 나철 선생이 만주 화룡의 청파호로 대종교 총본사를 옮긴 이후에 국내의 단군교인들이 만주로 가는데, 그때 서울에 남은 분이 있었어요. 만주로 가지 않고 남은 대종교인들이 단군교란 이름으로 계속 활동을 하게 됩니다. 그것이 국내에 잔류한 국내파 단군교가 됩니다. 그러니까 당시 나철 선생은 만주에 가서 계속 독립운동을 지도하게 되고요. 국내에 잔류한 세력 가운데 일부는 단군교란 이름으로 활동을 하게 되는데, 국내에 단군교가 있다는 말을 들은 계연수 선생이 묘향산 석벽에서 탁본한 천부경 원본과 편지를 같이 단군 교당으로 보내게 된 것입니다. 그때에 서울 단군교당의 책임자는 정훈모※ 선생이 맡고 있었습니다.

그렇게 온 천부경이 (서울) 단군교에 의해서 세상에 알려지기 시작합니다. 이때 단군교에서는 『단탁』이라는 잡지를 통해 묘향산에서 이러 이러한 분이 천부경을 밝혀냈다고 해서 잡지에 대대적으로 홍보를 합니다. 『단탁』이라는 것은 뭐냐면 단군을 알리는 목탁이라는 뜻인데요. 국내 단군교의 『단탁』이라는 잡지에다가 천부경과 함께 계연수 선생이 보냈던 편지를 실으면서 국내에서 대대적으로 천부경을 홍보합니다. 그러니까 국내에 천부경을 알리는 역할을 한 것은 서울에 있었던 단군교입니다.

만주에 가신 홍암 나철 선생은 아직도, 물론 알고 있었는지는 모르겠지만, 대종교에서는 공식적으로 천부경을 인정하고 있지 않은 상태였습니다.

이때 서울 단군교의 간부급 교인인 윤효정※이란 분이 여기 나옵니다. 이 분이 탁본된 천부경을 북경에 있는 전병훈 선생한테 보내줍니다. 그 전해진 과정을 보면, 이것은 천부경 초기사를 연구하는 데 아주 중요한 과정인데요. 추측으로 설명을 해보면, "1916년에 계연수 선생이 묘향산 석벽본을 발견했을 것이다. 그것을 1917년에 서울에 있는 단군교

※정훈모
나철과 함께 대종교 중광에 같이 했다가 나중에 국내에 잔류한 후로는 친일노선에 가까운 태도를 취한다.

※윤효정尹孝定
서울 단군교에서 중진 간부를 역임함. 독립운동시에 계연수 선생을 만난 것으로 추정됨.

당으로 보냈고, 단군교당에서는 그 천부경을 윤효정이란 분을 시켜서 북경에서 공부하고 있던 전병훈이란 분한테 보냈다"는 겁니다.

계연수 ➡ 단군교 ➡ 윤효정 ➡ 전병훈

그래서 전병훈 선생이 북경에서 1920년에 「단군천부경」이란 이름으로 주해집을 내게 되는데, 이 전병훈의 주해가 공식적인 우리나라 최초의 천부경 주해가 되겠습니다. 그 이전까지는 이 글자 수는 81자인데 쉬운 것도 같고 어려운 것 같고, 도대체 이거 모르겠다, 무슨 뜻이냐? 이거 학자들한테 물어보자. 아마 그랬을 것입니다. 모르니까. 그래서 국내의 유명한 학자들을 찾아가서 "도대체 이 81자가 무슨 뜻이요?" 하고 물었겠지요.

전병훈이란 분은 어떤 분이냐? 이 분은 1905년에 을사늑약이 발표되었을 때 조정의 관리로 있었습니다. 그런데 을사늑약이 발표되자 그 부당성을 알리는 상소를 올렸다가 파면을 당합니다. 파면 당하고는 1907년에 북경으로 망명합니다. 전병훈은 망명객입니다. 망명객이면서도 유불선의 많은 지식을 가지고 있던 당대의 석학이었다고 합니다. 그래서 1920년에 전병훈에 의해서 천부경이 최초로 주해되었을 뿐만 아니라 그것이 요즘 알려져 있는 『정신철학통편』이라는 책에 실려가지고 인쇄가 되었습니다.

그 당시 기록에 의하면 '전병훈의 책을 북경에서 인쇄하여

『정신철학통편』
현재 명문당에서 영인하여 보급하고 있음. 아래는 전병훈이 소개한 천부경 원문임

29개국의 150개 대학교에 보냈다.'라는 기록이 나옵니다. 그때 세계의 유명한 대학에 보낸, 전병훈의 천부경 주해가 들어 있는 책 이름은 『정신철학통편』입니다. 그 책의 앞 장에 실렸는데요, 이 책이 세계 각 도서관에 전달됩니다. 그래서 천부경이 알려지는 역사가 시작되었습니다. 그런 의미에서 전병훈의 천부경 주해는 천부경 초기 역사를 연구하는 데 아주 중요한 자료가 되고 있습니다.

다음 자료를 보겠습니다. 그 이후에 국내에서도 천부경에 대한 인식이 새롭게 시작이 됩니다. 이 천부경 81자를, 최고운 선생이 번역한 것이라고 해서 1926년에 고운 선생의 문집에 싣습니다. 자료에 대한 어떤 검증이랄까, 절차가 생략된 채 문집에 일방적으로 편입되면서 이 81자는 최고운 선생이 번역한 것이라고 인식하게 됩니다.

그 다음에 단재 신채호 선생에 대해 한번 생각해볼 필요가 있겠습니다. 단재 선생은 당시 만주에 있으면서 대종교에도 적극적으로 관여하시고 또 독립운동에도 혁혁한 공을 세우신 분이시죠. 선생의 초기 자료들을 보면 천부경을 접했다는 것을 알 수 있습니다. 어떤 구절이 나오느냐면, 천부경을 보니 위서도 같고 진짜도 같고 참 알 수 없다는 구절이 나옵니다.

처음에는 천부경에 대해서 부정하셨다가, 뒤에는 긍정도 하셨는데, 천부경에 관해 특이하다는 것을 언급한 외에는 구체적으로 깊이 연구했거나 이런 것은 아직 발견되지 않고

※신규식
(1879~1922)
불식不食, 불어不語,
불약不藥을 고집하
시다가 순국하심.

있습니다. 아무튼 당시 만주에서 독립운동을 하시던 분들한테는 천부경이 많이 알려졌을 것이라는 말씀입니다. 『한국혼』을 쓰신 신규식※ 선생의 회고록을 보면 "아침마다 일어나서 국조 단군님께 배례를 올리고 기도를 했다." 독립운동을 염원하면서 이런 기도를 했다는 구절들이 나오는데요. 아마 당시 대종교를 중심으로 만주에서 활동하던 독립투사들은 아마 단군에 대한, 또는 고대 역사, 천부경, 삼일신고에 대한 관심들이 대단히 컸던 것 같습니다.

※이시영
(1869~1953)
신흥무관학교를 세
워 독립군을 양성함.
형인 이회영과 함께
전 재산을 독립운동
자금에 바쳤다.

독립운동가 이시영※ 선생이라고 아시죠? 이시영 선생의 책 『감시만어』에도 이 천부경 원문이 올라가 있습니다. 1936년에 발간 된 책인데, 거기에 올라가있는 것을 보면 그 당시에는 천부경, 삼일신고 등이 독립운동을 하던 분들한테 전수되었고 또 실제로 공부를 하고, 우리가 지금 천부경을 암송하듯이 그런 마음으로 천부경에 대한 사랑이 지극했던 것이 아닌가 생각이 됩니다.

※『영변지』
발간연대가 소화18
년(1943년)과 19년
(1944년) 발간설이
있으나, 중앙박물관
에는 1944년이라고
밝혔으므로 이에 따
름.

천부경과 관련해서 아주 중요한 자료가 발표가 되는데요. 바로 그것이 뭐냐면 1944년에 나온 『영변지』※라는 읍지邑誌입니다. 영변의 약산 진달래 아시죠? 그 평안북도 영변군에서 발간한 자료 가운데 천부경 81자가 소개됩니다. 이 81자가 소개됨과 아울러 여기 있는 글자 신지전자16자가 소개됩니다. 그 다음 구절을 한번 보시겠습니다. 바로 이것입니다.

해방되기 직전에 나온 건데요. 그때 영변군에서 발간한 마지막 「유사」란 편에 보면, 이름을 「단군천부경」이라 했습니다. 81자와 신지전神志篆이다. 신지 글자는 바로 이 신지神志 전자篆字를 말하는 것이죠. 그래서 천부경의 '일시무시일一始無始一 …'이 원문과, 묘향산에서 계연수라는 분이 발견했다는 등등 천부경이 어떻게 발견되어 어떻게 전해졌다는 내용이 나옵니다. 천부경의 원문 글자일지도 모르는, 지금으로서는 이 16자가 바로 천부경 원문이라고 단정할 수 없습니다. 바로 그러한 형태가 맨 처음에 천부경을 기록한 글자의 모습이 아니겠는가, 일단 그렇게만 생각을 해 보는 것입니다. 이 16자가 공개가 되면서 '천부경은 단군시대의 신지전자로 기록했다더니 맞는가보다, 과연 고대 글자로서 천부경은 오랜 역사를 가지고 전해내려 왔구나' 하는 것을 알게 되는, 그런 자료의 역할을 했습니다. 그러나 『영변지』「유사」 자료는 더 연구해야 할 숙제로 남아있습니다.

천부경에 관한 관심을 갖게 하고 우리 옛글자가 무엇일까 궁금해 했는데, 저러한 형태의 신지전자가 있다는 것을 알게 된 것이죠. 『환단고기』에 가림토문 38자가 나오죠? 그거와는 다른 형태의 옛글자다. 이렇게 전해지고 있습니다. 다음에 시간이 되면 신지전자에 대해서 별도로 말씀을 드리겠습니다.

他本又有神誌篆字
타본우유신지전자
左如

『영변지』의 신지전자

| 해방 후 바로잡지 못한 역사

이러한 과정을 거치며 우리가 해방을 맞게 됩니다. 정말 우리 온 민족이 바랐던 해방이었습니다. 그러나 해방 당시의 상황을 보면 너무나 혼란스러웠고, 36년 동안 독립지사들이 피 땀 흘리며 투쟁한 독립항쟁의 결과물로 얻어진 것이 아니라 외세가 개입을 하면서 이 땅은 다시 혼란이 거듭됩니다. 일제시대에 혁혁한 공을 세운 독립지사들이 해방된 조국에서 정당한 대접을 받지 못합니다. 우리가 흔히 말하죠. 독립운동을 한 분들의 자녀들은 월셋방에서 살게 되고, 친일해서 호의호식했던 자들의 자녀들은 좋은 데 가서 취직해서 잘살고. 36년 동안 독립운동을 한 결과가 뭐냐? 심지어 독립군을 잡는 역할을 했던 일제의 앞잡이가 서울 경찰청 과장[※]으로 취임하죠? 독립군을 뒤쫓았던 그런 일제의 앞잡이가 대한민국 첫 정부의, 해방된 이 나라의 서울시 경찰청 과장으로 취임합니다. 이렇게 왜곡되고 혼돈된 해방을 맞이하게 됩니다.

여기서 한 가지 기억해야 할 것은 나철 선생을 비롯하여, 해학 이기 선생이든 계연수 선생이든 전병훈 선생이든 그 분들은 다 한결 같이 독립운동에 자기 생명을 바친 분들입니다. 그냥 우연히 어디서 천부경을 얻어가지고 연구하다가 '아, 내가 뭐 발견했다.' 이렇게 한 것이 아닙니다. 자기 생명을 바쳐서 독립운동의 현장에서 천부경과 삼일신고를 접하게 된 것입니다. 우리가 이것을 잊어서는 안 됩니다. 천부경은 특히 역사에 출현하는 과정에서 독립운동 선상에서 나왔다는 것을 꼭 알아야 합니다.

※ **서울 경찰청 과장**
친일 앞잡이 경찰이었던 노덕술은 해방 후에 서울 수도경찰청 수사과장을 맡아 악명을 날렸다.
(방송에서 말한 국장을 과장으로 바로 잡음.)

물론 19세기 말, 20세기 초는 우리 역사의 격변기입니다. 그 시대에 자생적인 많은 민족종교들도 이 땅에 출현하게 됩니다. 그와 아울러 20세기초에 천부경도 출현하게 되는데요. 천부경을 이 땅에 전파한 1세대들은 생명을 조국에 바쳤던 독립투사들입니다. 그 분들은 천부경을 위해서 몸 바쳐 싸웠습니다. 천부경을 우리 후손들한테 전해주려고…. 따라서 천부경은 어느날 산골짜기에서 나온 경전이 아닙니다. 이 민족과 함께 생사를 같이 하면서 나온 것입니다.

보십시오. 홍암 나철 선생도 절명絶命하셨죠? 이 나라의 비극적, 이 민족의 설움을 견디다 못해 구월산에서 스스로 절명하셨습니다. 『태백일사』를 전수해주셔서 천부경을 알게 해준 이기 선생도 절명하셨습니다. 우리 역사를 지키려고 했던 분들은 불행하게도 다 스스로 목숨을 끊은 그런 아픔을 가지고 있습니다. 나철 선생과 이기 선생은 전라도 대석학인 왕석보王錫輔✼ 선생의 문하에서 한학을 같이 공부했던 동문입니다. 나이는 15살 차이가 나지만, 함께 공부한 동문입니다. 그런 분들이 의기투합해서 우리 역사에 등장하는데, 마지막에는 천부경과 삼일신고를 가지고 가까이 있으면서 독립운동 노선을 걷게 되죠. 그것이 현재까지 이어지고 있는데요. 해방이 되었지만, 일제시대의 아픔이 회복되지 못하고 또 다시 혼란에 빠지게 됩니다. 다행히 정부 수립 이후에 한 가지 잘한 것이 있으면 단기 연호가 부활되고 홍익인간 이념이 교육법에 들어간 것, 이거 하나는 잘했습니다.

✼왕석보王錫輔
(1816~1868)
전남 구례군 출생. 한말의 매천 황현의 스승으로 대학자였음.

✿ **이달**李達
(1889~1958)
주역의 대가. 그의
윷판 설명은 대산 김
석진 선생에 의해 소
개되었다.
STB상생방송에서
대산선생의 천부경
강의를 다시보기 할
수 있다.

해방 이후에 많은 분들이 천부경을 전하긴 했지만, 대둔산에 계시던 야산 이달 선생이 천부경을 윷판과 관련해서 처음으로 해석을 내놓는데, 그러한 윷판 해석이 많이 알려지게 되었습니다. 해방 이후에 우리가 꼭 잊을 수 없는 분이 있죠? 바로 이유립 선생입니다. 이유립 선생은 1963년부터 대전에서 생활하는 동안에 우리 고대사를 밝히는 무수한 논문들을 쓰게 됩니다.

이유립 선생은, 계연수 선생이 발간했다고 하는 『환단고기』 초판 30부 가운데 전수된 책을 참고로 해서 1979년에 『환단고기』 100권을 재발간하게 됩니다. 그로부터 『환단고기』가 대중화의 길로 들어서게 됩니다. 1979~1980년 초는 우리 민족운동사, 민족운동 정신사적으로 중요한 의미들을 많이 갖고 있습니다. 그 뒤로 이유립 선생은 『대배달민족사』로 보듯이, 무수한 논문을 발표하게 되죠. 그 다음 자료를 보겠습니다.

1979년에 『환단고기』 재발간 이후에 상고사에 대한 연구가 불길처럼 일어나게 됩니다. 그 당시에 유명한 책입니다. 지금까지도 많이 발간되고 있죠? 임승국의 『한

桓檀古記正解標辭
一中大道가萬機開創하야彼洋之西는乃東之洋이
로다地闢而久하고天開而長하니氣從天來하야人
生而康이로다波奈留山은三神發祥이오波奈留國
은桓仁宮墻이로다山屹太白이오黑水保障하니桓
檀聖族이億兆垂芳이로다
神市開天하야大始增光하니
影이로다治无繼興하야
文章이로다治无繼興하야
하시니炎遠藏이로다檀
시니責禍管境이巍蕩難
倍達乾坤은輿治春融이

한암당 이유립과 『대배달민족사』 환단고기정해

단고기』는 많은 분들이 애독한 책이고요. 또 이때에 전후해서 『단丹』이란 소설책이 나왔죠? 그러면서 단학에 대한 열풍, 또 거의 같은 때 개벽의 열풍이 불기 시작합니다. 단학과 개벽을 중심으로 민족 상고사와 민족 정신에 대한 연구 붐이 일어나고, 또 옛 정신에 대한 갈구가 시작되어서 많은 민족운동들이 다양하게 전개됩니다. 이때 한 가지 중요한 사건은 1985년에 있었던 서울시의 단군성전 건립운동입니다. 이걸 왜 말씀을 드리냐면, 이 단군성전 건립운동을 중심으로 해서 단군성전을 지어야 된다는 사람, 짓지 말아야 한다는 사람, 찬성하고 반대하는 쪽이 역사에서 첨예하게 대립합니다. 찬성하는 쪽은 찬성하는 쪽대로, 반대하는 쪽은 반대하는 쪽대로 자기 세력을 결집시키는 결정적인 계기가 됩니다.

그러나 결과적으로는 뭡니까? 단군성전 건립은 무산이 되었는데, 단군성전 건립운동 찬반논쟁 여파로 사실상 1985년부터 우리 국론이 분열됩니다. 이러한 분열 상태로 근 30년, 지금까지 계속 이어져 내려오고 있고, 아직도 해결되지 못한 미결로 남아있습니다. 이렇게 남한에서 단군논쟁으로 시끄러울 때 북쪽에서는 단군릉을 복원합니다. 과거 평양에 있던 단군릉을 개축해서 9층 피라밋으로 웅장한 모습을 선보입니다. 남한은 남한대로 북한은 북한대로 단군에 대한 문제가 그 당시만 하더라도 뜨거운 감자로 작용했던 것입니다.

지금까지, 환웅시대로부터 우리가 살고 있는 이 순간까지 천부경이 어떻게 전수되어 내려왔는가를 살펴봤습니다. 천부경은 짧은 81자에 지나지 않지만, 이 경전이 가지고 있는 의미는 대단히 크다고 할 수 있습니다. 다만 앞으로의 과제는 이 천부경을 우리가 어떻게 이해하고 어떻게 해석해서 이 시대가 필요로 하는 가치로써 복원하고, 또 그 가치를 이 시대에 맞게 어떻게 활용해서 국민이 공감할 수 있는 국민적인 가치로 승화시킬 것인가? 이것이 또 하나의 과제라고 생각이 됩니다.

이러한 말씀을 드리는 이유는, 독립운동의 연장선상에서 천부경을 이해할 필요가 있겠다는 것을 강조하려고 하는 겁니다. 그렇게 하지 않고 천부경을 신비스럽게만 해 놓으면 대중 속으로 들어가는 데 문제가 있겠다는 것입니다.

한 가지, 여기서 계연수 선생과 관련해서 짚고 넘어가야할 것이 있습니다. 이건 저의 생각입니다만, 아까 말씀드린 대

단군릉 ┃ 화강석 1994개를 다듬어 쌓아 올린 높이 22m, 한변의 길이가 50m이다. 북한 국보문화유물 제174호.

로 '계연수 선생이 묘향산 석벽에서 천부경을 탁본해가지고 서울 단군교당으로 보냈다. 그렇게 해서 천부경이 비로소 세상에 알려지기 시작했다' 이런 내용인데, 거기에는 한 가지 꼭 짚고 넘어가야 할 것이 있습니다. 이것이 잘못 전해지면 천부경을 이해하는 데 있어서 오류를 범할 수 있기 때문이죠.

무슨 말씀이냐면, 천부경이 묘향산 석벽에서 발견되어 계연수 선생이 서신을 통해 서울에 보내 세상에 알려졌다는 것도 중요합니다. 하지만 그것만 너무 강조하게 되면 선생이 그 전에 했던 독립운동선상에서 천부경을 지키기 위해서 혼신을 다 했던 역사가 희석될 수가 있습니다. 너무 신비롭게 "묘향산에서 기도하다가 천부경을 발견했어. 그래서 하도 좋아가지고 서울로 보냈어. 그랬더니 서울 사람들이 잡지에 내어서 세상에 알려지기 시작했던 거야." 이렇게 하면 천부경 전수의 참 의미가 잘못 해석될 수 있다는 말씀입니다. 저도 처음에 천부경을 연구할 때는 그러한 것들이 더 호기심을 자극해서 좋았는데, 공부를 하면 할수록 이것은 '잘못된 기록 같다' 이런 생각이 들었습니다.

뭐냐 하면, 천부경이 '해학 이기 선생의 『태백일사』를 통해서, 계연수 선생의 『환단고기』를 통해서, 또 1979년 이유립 선생의 『환단고기』 재판본을 통해서, 또 500년 전 조선 중종시대 이맥의 『태백일사』를 통해서 전수되어 오늘에 이르고 있다.' 이렇게 하면 천부경이 전수된 역사가 한 500년 되는 것인데, 그렇게 이해하지 않고, "계연수 선생이 묘향산에 가서 천부경을 처음으로 발견해서 이렇게 저렇게 보냈다더라." 이러면 과거의 역사를 덮어버리는 우를 범할 수가 있죠. 그래서 천부경이 묘향산 석벽에서 처음 발견되었다는 학설은 조금 문제성이 있습니다. 왜냐하면, 제가 계연수 선생이 서울로 보냈다고 하는 편지를 자세히 검토해보니까 편지가 뒷 사람에 의해 조금 조작된 내용이 있는 것 같이 보였습니다

　여기서 한 가지 알고 넘어가야 할 것은 '왜 대종교 계열의 나철 선생과 단학회 중심의 이기 선생이 노선을 달리했을까?' 하는 겁니다. 이건 학술적으로 앞으로 면밀히 검토할 필요가 있는데요. 제가 생각한 바로는, 또 과거 박성수 교수도 그 비슷한 말씀을 하셨습니다만, 대종교 계열에서는 단군 중심으로 역사를 해석하려고 했어요. 반면에 해학 이기 선생은 환웅 중심으로 역사를 해석하려고 했습니다. 이 부분은 더 연구를 할 필요가 있습니다만, 아무튼 그런 문제로 갈등이 있었고, 그러한 과정에서 천부경의 전수과정에서도 두 분이 다른 길을 걸어왔다, 이렇게 생각이 됩니다.

　아울러 우리가 생각해야 할 것은, 앞으로 우리가 상고사를 연구할 때는 이건 하나의 교훈이 되겠습니다. 지금 또 직면하고 있는 문제입니다. 뭐냐 하면, 개천절의 주인을 누구로 할 것이냐? 이것이 아직 통일이 안 되었습니다. "개천절의 주인이 단군이시냐, 환웅이시냐가 뭐가 중요합니까?"라고

반문할 수도 있지만, 역사를 연구하는 사람 입장에서는 그 문제를 짚고 넘어갈 필요가 있습니다. 그 생각의 차이를 말입니다. 대종교가 임시정부를 이끌어 가면서 오늘날 개천절은 대종교 중심의 '단군개천'이라는 말로 사용되고 있습니다. 그 외에 재야 쪽에서는 '개천절은 환웅이 중심이 되어야 한다'라고 주장하는 사람들이 있습니다. 이런 주장들은 천부경과 관련해서, 또 천부경이 기록한 역사의 중심연대가 단군시대냐, 환웅시대냐, 이 문제와도 연관이 되는 것입니다. 지금 일부에서는 '천부경은 단군천부경이다' 이렇게 말을 합니다. 저는 그 말은 조금 문제가 있다고 생각을 합니다. 왜냐하면, 앞에서 공부했다시피 "천부경은 이미 환웅시대로부터 내려왔고 그 이전 환국시대에 이미 구전되어온 글이기 때문에 명칭을 단군으로 한정하는 것은 문제가 있다. 단군천부경으로 한정하면 앞으로 천부경을 이해하고 해석하는 데 어려움에 직면하기 때문에 좀 더 개방적인 차원에서 접근했으면 좋겠다"라는 생각을 하면서 다음 시간에는 천부경 본문에 대해서 강의하도록 하겠습니다.

2강
천부경 81자의 본뜻

반갑습니다. 오늘은 천부경 강좌 두 번째 시간이 되겠습니다. 첫 시간에 천부경의 유래에 관해서 같이 생각해 봤는데요. 이제 과연 천부경은 어떠한 경전인가? 천부경 본문 내용을 이해하는 시간입니다. 앞에서 말씀드린 대로 천부경은 81자로 아주 짧은 글입니다. 그래서 누구나 해석을 할 수 있습니다. 바꿔 말하면 누구나 다 해석할 수 있지만, 짧다는 얘기는 거기에 내용이 많이 함축되어 있다는 얘기거든요. 함축되어 있기 때문에 또 해석의 어려움이 있을 수가 있지요. 함축된 내용일수록, 짧은 글일수록.

그래서 천부경을 보고 많은 사람들이 나름대로의 해석을 내 놓고 있습니다. 그것이 나쁜 것은 아닙니다. 누구나 천부경에 대해서는 해석할 수 있는 권리가 있죠. 나름대로 깨달은 것을 발표할 수가 있으니까요.

천부경이 쓰여진 시기의 시대상

우선 천부경을 이해하기 위해서 본문에 들어가기 전에 먼저 알아야 될 것은, 천부경이 쓰여진 것으로 생각할 수 있는 그 시대를, 요즘 말로 타임머신을 타고 가서 그 시대에 대한 이해를 한번 해보자 이런 얘기입니다.

앞에 보면 여신상이 있는데요. 요즘 홍산문화[※]가 지상에 많이 보도되고 있습니다. 과거에는 글로만 있었는데 이제 유물로 나오고 있다는 특징이 있는 거죠. 유물이 나오니까 우리가 연구할 수 있는 것입니다. 글로만 있을 때는 의심스럽고 완전히 믿을 수 없지만, 유물이 나오면 하나하나 이해할 수 있는 길이 열리는 거죠. 그래서 지금 발굴되고 있는 옥기나 유물, 유적들이 앞으로 우리가 천부경을 연구하는 데

※ 홍산문화紅山文化
지금부터 6,500~5,000년 사이에 있었던 적봉일대의 상고문화로 그곳에서 출토된 제천단은 동북아 제천단의 원형(天圓地方)이라 할 수 있음. 우리민족의 역사연대로는 환국 말기부터 신시배달국 중기, 청구국 초기에 해당함.

우하량 여신묘 유적에서 발견된 여신 두상(정면, 측면)

반가부좌 여신상 (우하량 여신묘 1984년 출토)

우하량 여신묘(신전)

는 아주 좋은 기회를 부여해줄 것이다, 이렇게 기대를 해봅니다.

그 다음에 천부경을 연구할 때 염두에 둬야 할 것이, 가능하면 그 시대의 언어로 돌아가 보자. 그 시대의 환경, 역사로 돌아가는 것도 당연하지만 그 시대의 언어로 좀 돌아갈 필요가 있다는 얘기죠. 지금 쓰여 있는 一, 無, 三 등 이런 글자만 가지고는 그 시대의 뜻을 이해하는 데 어려움이 있습니다. 가능하면 '그 시대로 돌아가서 그 시대 언어로 현재 전해지고 있는 81자 경문을 해석할 필요가 있다'는 얘기입니다. 물론 그렇게 하다보면 오히려 천부경을 제대로 해석하지 못하는 오류에 빠질 수도 있어요. 그러나 그것이 '긍정적으로 작용할 것이다' 이렇게 봅니다.

'無'자 해석

예를 들어 없을 無 자를 보면, 없을 無(무)자도 다양한 뜻으로 쓰입니다. 없을 無 자를 无(무)라고 써 놓았는데, 이것은 無 자의 옛글자입니다. 없을 無라고 하면 이게 없다는 뜻이죠. 있느냐, 없느냐 이렇게만 생각하기 쉬운데, 이 無 자에는 있다 없다는 뜻도 있지만, 있는데 돌아갔다는 뜻도 있어요. 여기 있다가 이쪽으로 가면 여기 없죠? 있기는 있는데, 이 자리에 있다가 저 자리로 간 것, 지금 이 자리로 보면 없는데, 저 자리로 보면 있잖아요. 그래서 없을 無 자에는 亡 자의 뜻도 있습니다. 亡(망) 자는 망한다고 하는 말로 많이 쓰는 글

우하량 유적 전경
연대 측정 : BCE 3500~3000년

자인데요. 이 亡 자도 없다는 그런 뜻을 가지고 있습니다. 사망死亡이라고 할 때 이 글자를 쓰고, 멸망滅亡했다 할 때에도 이 亡 자를 쓰는데, 무려亡廬라고 할 때 이 亡 자는 없다(無)는 뜻과 함께 '옮겨갔다, 사라졌다'는 뜻도 가지고 있습니다. '없을 無 자는 亡 자하고 연관해서 생각해볼 필요가 있다' 이렇게 해석이 됩니다. 그러니까 단순히 '있다' '없다'라는 그 관념에 너무 사로잡히면 천부경을 이해하는 데 어려움이 따르니까, 좀 더 개방된 마음으로 천부경을 해석할 때 제대로 바르게 볼 수가 있다, 이런 생각입니다. 또한 무無 자에는 '알 수 없다'는 뜻도 들어 있습니다.

일시무시일一始無始一
○ 하나에서 비롯되었으나 하나 비롯됨이 없다
○ 하나에서 비롯됨이니 비롯됨이 없는 하나이다
○ 하나에서 비롯됨이나 무에서 비롯된 하나이다

그 다음에 본문을 보면서 말씀을 드리겠습니다. 천부경의 첫 구절이죠. 첫 구절은 바로 일시무시일一始無始一, 이 다섯 글자로 시작이 됩니다. 제가 한번 쓰면서 말씀을 드리겠습니다.

천부경의 첫 문단이 시작되는데요.
일시무시一始無始를 해석할 때 구두점을 어디에다 찍고 해석을 하느냐에 따라 뜻이 달라집니다.

첫 강좌시간에 말씀드린, 북경에 있던 전병훈 선생은 일시무시一始無始를 해석할 때 一始無始一이라 하지 않고 一始無始/ 一析三/ 이렇게 나눴습니다. 이처럼 어느 글자에서 끊고 해석하느냐에 따라서 그 뜻이 달라질 수 있습니다. 다시 말해서 자기가 보는 관점에 따라서 문단을 나눠볼 수 있다는 것입니다. 또 이렇게 긍정적으로 해석을 해 줘야합니다. '너는 틀렸다' '나는 맞았다' 이렇게 하면 천부경은 이해할 수 없습니다. 一始無始一이라고 해석하는 분도 있고, 一始無始/ 一析三 이렇게 해석하는 분도 계시고, 구두점 찍는 것은 다양합니다. 학자마다 다르니까, 다른 것으로 구별하지 말고 그 차이나는 것을 그대로 인정을 해주면서 이해할 필요가 있습니다.

천부경은 말씀드린 것처럼 누구나 다양하게 해석이 가능한 것이고, 열려있는 경전이기 때문에 개방적으로 볼 필요가 있다는 말씀을 드립니다.

그럼 해석을 해 보겠습니다. 어찌되었든 해석을 해야 하는데요. 한번 해석해 볼까요?

一始 하나, 시작했다, 비롯되었다. 하나, 비롯됐다. 無始를 연결해서 보면, 하나가 시작되었는데 無始에서 시작됐다라고 볼 수도 있겠죠? 그렇게 해석이 가능하죠? 또 이렇게 하지 말고, 一始/無始一, 하나가 시작되었는데 하나 시작된 것은 없다. 말이 되죠?

하나가 시작되었는데 無始에서 시작되었다. 이렇게 할 수도 있고, 시작됨이 없는 곳에서 시작됐다. 시작됨을 말 할 수 없는 곳에서 시작됐다. 이렇게 해석도 가능하겠죠? 그것은 보는 사람의 관점에 따라 다른데, 저는 이렇게 해석해보고 싶습니다.

'하나에서 시작이 되었는데, 그것은 無^무에서 시작한 하나다.'

일부러 막 한자 흉내를 내지 말고 그냥 그대로 해석을 해 본거예요. 하나가 시작됐구나. 無에서 시작한 하나로구나. 이렇게 보는 것입니다.

그러면 여기서는 지금 뭡니까? 一과 無를 다 같이 살리고 있어요. 그러니까 예를 들어서, 하나 시작했는데 뭐가 없다더라. 이렇게 해버리면 이 無[*]가 그냥 형용사가 되어버리니까 그냥 수식어로 끝나는데, 그렇게 하지 말고 그냥 그대로 보면 낱글자 하나하나가 81자로서 가치가 있으니까요. 그러니까 이 우주를 설명할 때 81자를 골라서 설명한 분의 심정을 한번 생각해보자고요. 그 분이 무엇을, 어떠한 것을 우리에게 전하려고 했을까? 그럴 때 한 글자 한 글자가 그 분한테는 소중한 글자겠지요. 그리고 하나 시작했다. 無에서 시작한 하나다. 이렇게 해석하면 지금 一과 無를 동시에 해석하게 되는 거예요. 一과 無를 동등한 자격으로.

그러면 또 문제가 있죠? 하나 시작했는데, 無라는 것은 또 뭐냐? 그러면 하나, 無에 대한 별도의 설명이 있어야 되겠구나. 그래야 一과 無를 쓴, 이 경전을 쓴 이의 마음을 이해할

✳무無
없다는 형용사가 아니라 '없음'이라는 명사로 본다. 종전 주장과 다른 필자의 새로운 해석임.

수 있으니까요.

그럼 잘 보자고요. 하나에서 시작됐다. 여기는 이해가 되죠. 하나에서 시작됐죠? 모든 것은 다 하나에서 시작됐죠. 눈에 보이는 하나. 이 '한'이라는 것은 여러 가지 뜻으로 해석될 수 있습니다. 글자 한(一) 개 하나냐, 또는 큰(大) 하나냐? 또는 어떤 하늘(天)이 한이니까, 이런 뜻이냐? 여러 가지 해석이 가능하죠. 그러나 一했으니까 여기서는 하나에서 시작되었다. 그것을 뭐라고 정의할 수는 없지만, 시작되었는데 그것은 '無에서 시작한 하나다' 하면 無에 대한 설명이 또 있어야 하죠. 그러면 一과 無는 어떤 관계냐 이겁니다, 一과 無.

그러면 無란 개념이 있으면, 여기서 다시 설명을 해보면 분명히 一로 시작하기 이전에 '말할 수 없는' 無의 세상이 있었다고 설명할 수가 있겠죠. 시작하기 이전에 뭔가 있었겠다. 그런데 이 하나 시작은 사실인데, 이 하나가 시작된 것은 저 너머에, 우리가 알 수 없는 저 너머에 분명히 無란 세계가 있구나. 저쪽 너머 세상, 그로부터 一이 나왔구나. 이렇게 이해할 수가 있는 거죠.

그러면 이 세상이 一에서 시작되었으면, 그 근원을 無라고 하면, "이 세상은 無에서 시작된 건가요, 一에서 시작된 건가요?" 이렇게 물을 수 있습니다. 물론 無에서 시작되었다고 해도 맞고, 一에서 시작되었다고 해도 맞습니다. 여기서 중요한 것은 一과 無의 관계만을 설명하면 됩니다. 혼란에 빠

한
하나
크다
하늘
많다
가운데

일一과 무無
一과 無는 서로를 도우면서 만물을 생성한다. 컴퓨터의 1과 0의 관계와 비슷하다.

지지 않으려면, 두 가지를 다 一과 無의 관계만을 설명한다면, 이 시작, 첫 시작에 관한 역사는 설명이 가능한 것이라는 말씀입니다. 여기서 무엇을 알 수가 있느냐? 결국 一과 無의 관계는 우주의 첫 시작을 해석하는 열쇠라는 것입니다. 첫 시작, 이것은 뭐냐면 태초의 문제와 관계가 되는 거죠. 태초의 문제, 그럼 그 태초의 문제를 다음 문장에서 어떻게 설명하고 있나 보실까요?

일시무시일一始無始一 석삼극析三極

일시무시일一始無始一, 그 다음에 석삼극析三極이다 그랬습니다. 석析, 이것은 쪼개져 나온 거예요. 분석한다고 하죠. 쪼개서 나온 거예요. 그런데 그 안에 三極이 있더라는 얘기입니다. 그러니까 여기까지는 쪼개기 이전이죠? 분석해서 나눠보기 이전, 이후는 분석해서 나누어져서 갈라진 것이고요. 쪼개고 보니까 三極이더라 그 얘기죠. 三! 그러면 三極은 어디에 있었을까요? 一에 있었을까요? 無에 있었을까요?

이 三을 세 큰 덩어리라고 하든, 천지인이라고 하든, 뭐라고 하든 三極이 있는데, 이 三極은 쪼개져 나온 것이다. 그런데 쪼개져 나왔다면 과연 어디에서 나왔을까요? 아까 一도 어디에선가 나왔다고 했습니다. 一이 없음에서 나왔다고 하면, 삼극은 一에서 나왔을까요, 無에서 나왔을까요? 이게 상당히 중요한 문제요, 천부경이 가지고 있는 우주관을 이해하는 것과 직결되는 것입니다.

한번 예를 들어볼까요?

여기 밤송이가 있어요. 밤송이는 가을이 되면 어떻게 되죠? 익어서 터지죠? 터지든지 갈라지든지 해서 속이 드러나죠. 그러면 밤송이가 탁 터져서 나왔을 때, 이 밤송이는 살아있는 건가요? 죽은 건가요? 밤송이가 터져 나왔을 때! 아주 살아있는 밤송이죠. 죽은 밤송이는 안 터져요. 밤알은 다 익어야 터져 나옵니다. 밤이 다 익으면 밤송이가 터져 나와서 밤알이 땅에 떨어지게 되는 거죠. 땅에 떨어지지 않고 달려 있는 밤송이는 죽은 밤송이입니다.

이와 마찬가지로 우주도 어느 순간에 시작은 되었는데, 그 다음 단계에 '석析의 단계'가 있다 이겁니다. 이것을 현대 과학에서는 뭐라고 얘기하느냐? 우주가 처음에 물방울과 같은데, 이 물방울이 어느 순간※에 탁 터져서 그 안에 있는 우주가 오늘날과 같은 우주로 발전해왔다. 그렇게 발전해 왔는데, 지금 과학에서는 137억년이 걸렸다고 보는 거죠. 조그마한 우주가 말이죠. 그게 우리 머리로 이해가 가능한가요? 어떻게 우주가 가능할까요? 본래부터 은하계도 있고, 태양도 있고, 수—금—지—화—목—토, 그렇게 지구가 있었지, 어떻게 조그마한 우주가 있었겠느냐? 생각으로는 불가능하잖아요? 그러나 '우주는 물방울과 같은 점에서 탁 터져 나와서 오늘날의 우주가 되었다.' 이렇게 설명을 하는 겁니다. 그것이 현재까지의 과학입니다.

이게 이해가 안 된다면 한번 비유해 볼게요. 우리 키가 지

※순간
우주는 처음에 2~3초의 순간에 폭발해, 우주의 기본틀이 형성되었고, 그 바탕위에서 서서히 진화하여 현재의 모습이 되었다.

금 170~180cm인데요. 본래 태어날 때부터 1미터 70~80cm로 태어났나요? 처음에 태어났을 때 내 키가 얼마였을까요? 우리 어머니들이 "아유 저 주먹댕이* 만한 거." 이런 말을 하죠? 우리 사람이 주먹댕이 만하게 태어났다고요. 시작한다, 비롯된다는 始 자가 바로 어머니 탯줄을 연상하게 하는 글자입니다. 탯줄에서 나온 거예요. 다 주먹댕이 만했어요. "주먹댕이 만한 것이 저렇게 키가 컸네"라는 우리 어머니들 말씀 그대로 이 주먹댕이 만한 것이 터져 나온 겁니다, 우주는. 그러니까 터져 나오기 이전의 우주, 그것을 우리 조상들은 無로 본 것 같아요. 왜? 밖에 아무도 없었으니까. 그러면 터져 나오면서 시작된 우주, 뭐라고 말할 수 없지만, 이 하나가 어떻게든지 시작되었다. 이 안은 모르지만, 결과론적으로는 알게 되지만요. 이 안은 모르지만, 처음에 그 밖에 뭐 하나가 있어서 시작되었다. 그것이 一始예요. 그런데 알고 보니까 '이 一始는 이 無안에서 시작된 一始였다 이 말입니다.

그러면 一과 無를 완전히 구별해가지고 이분법적으로 설명한 거냐? 그런 질문이 가능해요. 그러나 놀랍게도 천부경은 一과 無를 분할하지 않아요. 一始의 一을 천부경은 다 無로 돌려요. 一과 無를 분할해서, 나눠서 차별화하지 않는다. 이것이 천부경의 특징입니다. 一始의 一을 無로 돌려요. 無한테 돌려줘요. 그럼 결국은 누가 시작한 거예요? 무無!

하지만, 無에서 시작했지만, 또 無는 자기를 고집하지 않아요. 그럼 시작은 어디에서요? 결국은 一에서 시작하게 해요. 一과 無가 나눠져 있지 않다, 그거죠. 그것이 천부경 첫 구절 一始無始一이 우리한테 일러주고 있는 뜻입니다.

앞에서 "吾桓建國最古라"(『삼성기』) 이 말씀을 드렸죠? 우리 배달족, 광명족의 나라 세움이 가장 오래다. 그런 다음에 유일신有一神이 사백력斯白力※(새벽녘 : 광명과 창조의 첫 아침) 하늘에 있었다고 그랬죠?

유일신有一神이라, '하느님의 한 신'이 있었어요. 없다가 생긴 신이 아니라 본래부터 있었어요, 한 신이. 역사의 시작은, 이 一始로부터 시작되니까요. 역사를 無로 설명할 필요는 없잖아요? 그러니까 一神이 본래 있었다, 一神. 이때 신은 지난 시간에도 말씀드렸지만, 꼭 인격적인, 하늘에 앉아 계신 신만이 아닙니다. 생각을 넓혀서 창조의 정신 또는 조화의 정신, 또는 조화력造化力, 조화의 무궁한 힘, 조화의 하느님 이렇게 설명할 수 있는 것입니다.

一始나 一神이나 같아요. 구체적으로 一始는 조화의 능력을 말하는 것이고, 一神은 조화의 하느님을 말하는 것이죠. 一神이 천부경에서는 一始로 해석되고 있는 거예요. 하나가 시작되었다. 하나의 능력.

전병훈 선생 같은 분은 一을 태극太極이다 그랬어요. 無는 뭐겠어요? 무극無極이다 그랬어요. 그래서 무극이 태극이다. 무극 같기도 하고, 태극 같기도 하고 뭐라고 설명할 수가 없어요. 태극이라 하면 또 무극이고, 무극이라 하면 또 태극입니다. 구별할 수가 없어요. 그런데 만약에 구별해 말한다면

※ **사백력**斯白力
시베리아가 아니고 우리말 '새벽녘'으로 해석하였다. 그 의미가 쇠퇴해 지금은 하루의 아침으로만 쓰이고 있다.

일신一神
일괄하여 우리는 '하느님'이라고 한다. 앞의 유(有)는 본래부터 있었다는 뜻이며, 피조물이 아닌 근원적 존재를 상징한 말이다. 有一神은 우리말로 '계신 하느님'이라 부를 수 있다.

무극은 뭐랄까요? 밤과 같다고 할까요? 태극은 낮과 같다 할까요? 밤, 낮을 구별할 수 있나요? 하루죠. 비유해서 설명한다면 그런 관계인데, 아무튼 一은 바로 태극과 같은 그런 역할을 하고, 無는 무극이고, 無始는 결국 무극인데, 이것은 혼돈한 기氣다. 혼돈 속에 있지요. 이 자체가 아직 쪼개지기 전이니까. 이 안이 혼돈 속에 있지요. 또 태극은 一始니까 시작되고 나오고 비롯된 것이니까 뭐라고 할까요? 이 태극은 전병훈 선생의 원문에는 원신元神의 움직이는 능력이다. 하나의 능력, 힘으로 본 거예요. 왜 그럴까요? 터져 나오면서 태극의 일이 시작되기 때문에, 태극을 능력으로 본 거고, 무극은 아직 혼돈의 상태로 본 거예요. 이렇게 설명하면 현대 과학과 어느 정도 그 맥이 비슷하죠.

어쨌든 간에 천부경은 놀랍게도 과거 우주 태초의 모습을 거의 정확하게 묘사합니다. 그러면서도 一과 無를 분할하지 않고 조화를 이루면서 그 조화의 힘은 이 一과 無에서 나오는 거죠. 一은 또 無의 공으로 돌리고, 無는 一의 공으로 돌리면서 一과 無의 관계를 잘 설명하고 있습니다. 그래서 어떤 분들은 석삼극析三極. 쪼개져서 三이 나왔는데 이 三을 차라리 여기서 갈라가지고 一析/三極이라고 하자, 하나에서 세 개가 나왔다고 하자, 이렇게 해석하는 분도 있어요. 그것이 꼭 틀린 건 아니예요. 그런데 여기 一이 와도 괜찮고, 無가 와도 괜찮아요. 해석상 一보다는 無가 가깝죠.

예를 보겠습니다. 자료를 넘겨주실까요. 이 無 자를 처음에 말씀드릴 때 글자의 옛 모습으로 한번 돌아가 보자 그랬어요. 이 글자는 갑골문 천부경을 확대한 건데요. 여기 보면 無 자에 화살촉 세 개가 있습니다. 이 화살촉 세 개는 무슨 뜻이냐? 활 하면 뭘 연상할 수 있냐면, 꼭 짐승을 잡는 활이 아니라, 비벼서 뭘 일으키죠? 불을 일으키죠. 그래서 불이 활활 탄다는 얘기가 뭡니까? 화살촉을 비벼서 불을 일으키는데요, 활이 불입니다. 활이라고 하는 것은 화살촉을 비벼서 불(灬)을 일으키기 때문에 '불이 활활 탄다' 그래요. 그러면 화살촉 세 개를 비비면 불이 얼마나 밝겠어요.

無의 옛글자

이 無 자에 화살촉 세 개가 달려있다는 얘기는 無 안에 뭐가 있다는 얘기에요? 三極이 이 無에 있어요, 이미 글자 속에. 그러면 왜 無냐? 화살촉이 너무나 밝아가지고, 세 개니까 빛이 밝아가지고 없는 것처럼 보이는 거예요. 있는데 없는 것처럼 보이는 거예요. 안 보이는 것, 그것을 無라고 한 모양입니다.

無라는 것은 없는 것이 아니다. 있는 것인데 안 보인다. 안 보이는 그 너머의 세계를 無라고 했는데, 그 無는 이미 삼三을 글자 상으로 가지고 있습니다.

이 글자를 해석하면 결국 석삼극析三極은 일석삼극一析三極이라고 해도 되고, 무삼극無三極※이라고 해도 되겠죠? 그래서 一과 無가 천부경에서는 공존하고 있다, 이것입니다.

※**무삼극無三極**
무에서 삼극이 나온다. 삼극은 본래 태극에서 나오는 것이 아니다. 태극의 도움을 받아 무에서 나온다.

석삼극무진본析三極無盡本

석삼극析三極의 내용에 관해서 과연 천부경은 어떻게 설명하고 있느냐? 그 다음을 보겠습니다.

석삼극무진본析三極無盡本입니다. 석삼극析三極, 無에서 나왔건 一에서 나왔건, 삼극三極으로서 쪼개져 나왔습니다. 우주는 三으로 되어 있어요. 그 三을 본문에서는 천지인天地人으로 설명을 하는데, 우리가 과학적으로 설명하면, 예를 들면 삼극三極 ─ 세 가지 극력, 극한 힘으로 보면 ─ 중력, 전자기력, 핵력, 세 가지로 설명이 가능합니다. 그런데 본문에서는 천지인으로 보고 있죠. 그러면 석삼극무진본析三極無盡本인데 이 無도 '~ 없다' 즉, 근본은 다 함이 없다로 설명하지 말고 그냥 無(없음)로 보자는 것이죠.

'無가 다해서 만물의 근본 뿌리가 된다. 천지인의 뿌리가 된다.' 이렇게 해석을 해도 설명이 가능한 것이죠. 다해서 근본을 다함이 없다. 근본에 다함이 없다. 이렇게 뒤로 해석해도 되고. 그 無는 다해도 근본은 그대로 있다. 이렇게 다한 근본이다. 그것이 無가 다함으로써 결국은 삼극三極이 나오는 것이다. 無가 다하면 삼극三極이 나올 수 있는 것이죠. 이렇게 바꿔서 해석해도 틀린 것은 아니라고 봅니다. 이 속에 無가 가지고 있는 창조력, 조화력을 알 수가 있죠.

그 다음 보겠습니다. 우리가 알고 있는 혼돈의 氣기, 無무라고 하는 것은 혼돈의 기인데, 이 기氣라는 글자도 알고 보면 三을 내포하고 있습니다.

이것은 氣의 옛글자, 갑골문 氣 자인데요. 뭘 알 수 있습니까? 우리가 알고 있는 기운이라는 것은 '세 기운'이다. 기의 존재도 옛날 분들은 세 가지 기운이 작용하는 것으로 본 거예요. 본래 글자에 쌀 미米 자가 들어갔습니다. 쌀을 먹어야 기운이 나는 것으로 생각이 되어서 쌀 미米 자가 더해진 것이, 원초적인 글자는 세 개가 곧 기氣에요. 기氣는 세 개다. 양기든 음기든 충기든, 세 가지 기운이 기氣의 본 글자다. 이렇게 보면 無의 의미를 더 쉽게 이해할 수가 있죠.

갑골문 기氣
(三을 내포하고 있음)

천일일天一一 지일이地一二 인일삼人一三

천부경 본문에서는 삼극三極을 다시 설명합니다.

天一一, 地一二, 人一三

세 가지인데요. 하늘이나 땅이나 사람이나 다 같이 하나인데, 그 순서로는 하늘이 먼저 나오고, 땅이 그 다음 나오고, 사람이 세 번째 나왔다. 이것을 일러주죠. 그러면 공통점은 뭡니까. 공통점이 天一 地一 人一 이지요.
_{천 일 지 일 인 일}

여기서 공통점을 발견할 수가 있어요. 天一의 一, 地一의 一, 人一의 一은 뭘까요? 왜 같을까요? 一始에서 나왔으니까요. 一의 성품을 가지고 있으니까요. 그래서 天一, 地一, 人一이라고 해요. 천지인이 똑같아요. 다만 순서가 천→지→인으로 나왔다. 그걸 일러주는 거죠. 그래서 삼극이다. 三이다.

三으로 천지인이 완성되는데, 아까 말씀드렸듯이 화살촉이 세 개가 모였잖아요. 한 묶음이다. 셋이다. 그것을 영어로는 세트set라고 그러잖아요. 셋이 되면 세트set가 되거든요. 한 세트가 되거든. 천지인이 우주의 한 세트에요. 셋이 세트에요. '천지인이 셋이다'는 이야기에요. 이해가 됩니까? 천지인이 셋이다. 삼극이다! 그 셋이 서양에 건너가서는 세트set라고 했다. 천지인이 이렇게 나왔습니다.

일적십거一積十鉅 무궤화삼無匱化三

앞에서는 一始(일 시)라 그랬습니다. 하나가 시작되었다 그랬어요. 그런데 여기서는 일적一積이다 그랬어요. 여기서는 하나가 쌓이기 시작을 해요. 一始는 시작되는 것이고, 일적一積은 쌓여 가는 것이거든요. 이제 만물이 성장해 가는 거죠. 어디까지 가느냐? 십거十鉅, 열까지. 우리가 말하는 상하팔방, 불가에서는 시방세계十方世界라 그러죠? 一의 능력이, 一의 시작이 어디까지 가느냐? 쌓이고 쌓여서 시방세계에 가득 차는 것이죠. 그게 일적一積입니다. 적금 드는 積(적). 쌓여 가는 거죠. 만물을 생육하죠, 一의 힘이. 一의 힘은 기르는 거니까 "태극의 능력이다, 힘이다"라고 해도 뜻이 통하죠.

그러면 無는 어떻게 하느냐? 보통 셋으로 화化해도 어그러짐이 없다 그래요. 一이 만물을 생육하는 동안에, 기르는 동안에 無는 뭘 하느냐?

무궤화삼無匱化三. 그게 설명이 되어야 一과 無가 설명이 되죠. 無는 궤匱자인데, 그러니까 입 구에다 한 쪽이 트였다고 그래서 튼 입 구라고 그러죠? 본래가 입 구口인데, 터놓고 귀할 귀 자를 넣은 것이죠? 결국은 無가 상자처럼 만물을 다 포용하는 거죠. 一은 쌓아 가는 역할을 하고. 처음에는 始 했다가 두 번째는 析 했다가, 세 번째는 積 해요. 쌓아 가고 있어요.

그 사이에 無는 뭐하느냐? 궤匱의 작용을 하고 있는 것이죠. 다 포용해서 상자 안에 끌어 담는 거죠. 뭘로 담느냐? 화삼化三으로. 삼三의 조화능력을 가지고. 그러니까 '이 三의 조화능력은 천부경의 의미로 보면 결국 無에서 나왔다'로 해석을 할 수 있어요. 그러니까 모든 만물에 三의 능력을 다 심어주는 거죠, 無가!

一은 만물을 다 성장시켜주는 것이고, 一과 無가 계속 같이 있어요. 그러니까 모든 만물에게 삼극의 정신을 다 심어준다는 것은 뭐겠어요? 모든 사람이 다 같이 착한 마음을 가지고 있다. 불교에서 말하는, 모든 사람이 다 불성佛性을 가지고 있다. 모든 사람이 다 본성本性을 가지고 있다. 똑같아요. 만약에 나침반이 있으면 여기를 잘라도 극이 되고, 어디를 자르나 남쪽 북쪽이 나오죠? 자석판은 아무리 잘라도 남북은 바뀌지가 않죠? 똑같은 극성極性을 가지고 있죠. 극의 성격을 가지고 있죠. 사람 생명도 다 삼三의 극성을 가지고 있어요. 그것이 바로 무궤화삼無匱化三이다. 이렇게 이해할 수가 있겠습니다.

천이삼天二三 지이삼地二三 인이삼人二三

그렇게 해가지고 천지인이 우주의 시방세계에 가득 찹니다. 또 삼三의 정신으로 화化해 가지고 있어요. 다시 천지인天地人이 재편돼요. 天二三, 地二三, 人二三으로 다시 태어나요. 처음에는 태어나는 천지인天地人을 말하는 것이고, 두 번째는 존재속에 달라진 천지인天地人을 말하는 것이죠.

뭘로 달라졌냐면 이제는 三을 가지고 왔어요. 저 화삼化三의 정신을 가지고 있어요. 자석이 어디를 잘라도 남북극을 가지고 있듯이, 모든 만물이 저 三의 정신을 가지고 있어요. 그 다음에 또 天二 地二 人二 그랬어요.

이 二는 뭐냐? 내적으로는 두 가지 정신을 가지고 있어요. 하늘, 땅, 사람 모두가 말이죠. 무슨 말이냐면, 음양의 정신, 짝을 이루게 되어 있어요. 셋의 정신을 가지면서 동시에 둘의 정신도 가져요. 그러니까 하늘이 둘, 그렇게 음양으로 있다. 땅도 음양으로 있다. 사람도 음양으로 있다. 사람이 음양으로 있다는 얘기는 뭘까요? 남녀다. 사람은 사람인데 남녀로 존재한다. 땅이 둘로 존재한다면 뭐가 있을까요? 바다와 육지죠. 하늘은 둘로 존재한다면 해와 달, 뭐 여러 가지로 설명할 수 있지만, 우리가 인식할 수 있는 세계로 보면 그렇게 존재하죠. 그런데 그 안에 보니까 해와 달 모두 삼을 가지고 있고, 남자 여자도 三을 가지고 있다. 차이가 나면 안 되죠. 음양으로 합해서 있지만, 똑같은 성격을 가지고 있어야 만나죠.

그래서 두 번째가 天二三, 地二三, 人二三이죠.

천지인이 있어요. 천지인이 있는데 천지인만 홀로 있으면 안 되죠. 아까는 물방울이 속에서 태어나는 천지인만 말했는데, 이제 스스로 존재할 때는 어떻게 존재하느냐? 터져 나와서는 어떻게 존재하느냐? 존재할 때는 둘로 짝을 이뤄서 존재하더라. 근데 각각의 똑같은 게 있어요. 똑같이 三을 가지고 있어요. 모두가 여기 삼태극을 그릴 수 있어요.

예를 들면, 본래 극성을 가지고 있으니까 그게 三이라는 얘기죠. 그것이 바로 2단계 변화 天二三, 地二三, 人二三인 거예요. 여기서 음양도 나오고, 강유剛柔도 나오고, 인의仁義도 나온다. 이렇게 여러 가지 설명도 가능하지만, 실제적으로는 일월, 바다와 육지, 남녀, 이런 관계를 알 수가 있는 거죠.

| 대삼합륙大三合六 생칠팔구生七八九

그 다음에 대삼합륙大三合六이다. 어려운 구절인데요. 큰 셋이 합해서 여섯이 되었다는 얘기입니다.

여기서 아주 새로운 변화에 이르는데요. 이것은 설명을 덧붙여야겠습니다. 여기도 천이 있어요. 그래서 天二三 地二三 _{천 이 삼 지 이 삼} 人二三이 되었어요. 여기 각각에 三이 있다는 것은 이 천지인이 하늘의 본성, 三극성을 다 가지고 있다는 뜻이죠? 그래서 만물은 다 하나예요. 천지인이 하나입니다. 차별할 일이 없어요. 그런데 대삼합륙大三合六이다 그랬어요. 큰 거 셋이 합해서 六이 되고, 그 다음에 生이 나왔다.

문제는 生입니다. 이제 비로소 날 생生자가 나와요. 참 어려운 길을 걸어왔죠? 성질이 급하면 '처음에 낳았다' 그러면 되는데 말이죠. 이 낳았다는 얘기를 하기 위해서, 만물은 다 낳는건데, 낳았다는 것을 얘기하기 위해서 처음에 일시一始를 얘기하죠. 이어서 석析을 얘기했죠. 아까 뭐였죠? 적積 얘기도 했죠. 노자 『도덕경』에서는 뭐랬어요? "一生二_{일생이}, 二生三_{이생삼}, 三生萬物_{삼생만물}"(42장)이라 했습니다. 노자는 生이 금방 나오는데, 천부경은 한참 있다가 生자가 나와요.

生자 이전은 뭐냐? 왜 生자가 이제 나왔냐는 거예요. 처음에 그냥 '一始無始一_{일시무시일}'하지 말고, '一生無生一_{일생무생일}'이라고 그러지, 왜 그렇게 어려운 단계를 거치며 이 生이 나왔느냐? 그러면 이것을 설명하기 전에 大三_{대삼}이 뭐냐? 큰 거 셋이란 뭘 말하는 것이냐? 아까 天도 三이요, 地도 三이요, 人도 三이요. 또 둘이 있어서 이렇게 있다고 그랬어요. 天二요, 地二요, 人二요.

시간이 없으니까 결론부터 말하면, 大三이 될 수 있는 경우는 여러 가지 경우가 있지만, 天三_{천삼} + 地三_{지삼}이 합해서도 큰 거 셋이라고 했으니까 합해서 六이 되었어요. 九가 된 것이 아니라 六입니다. 六이면 셋 중에 둘이 만났다는 거예요. 그러면 경우의 수를 봅시다. 天三_{천삼}+地三_{지삼}이 만나도 六이 되고, 地三_{지삼}+人三_{인삼}이 만나도 六이 되고, 또 天一_{천일}+地二_{지이}+人三_{인삼}이 만나도 六이 되고 그러죠? 여러 가지 경우의 수가 있어요.

그런데 과연 大三_{대삼}은 뭘 얘기하느냐? '天三_{천삼}과 地三_{지삼}이 만났

다' 이렇게 보는 거죠. 그래서 生했다, 이제 낳았다는 얘기에
요. 왜 이렇게 오랫동안 뜸을 들였을까요? 낳았다는 것은 사
람이 나왔다는 것을 설명하기 위해서예요. '사람이 나오는
과정을 이렇게 어려운 단계를 거치면서 사람이 나왔다는 것
을 설명하는 거예요. 이런 것은 다른 경전에도 없는 얘기에
요. 그냥 쉽게 三生萬物 해버렸지.

　이렇게 어려운 과정을 왜 거쳤겠는가? 결국 사람이 나오
는 과정을 설명하기 위해서다. 왜 그러냐? 대삼은 天三과 地
三이 만나서, 이 天三 地三 속에는 삼극三極의 극성極性(化三
의 조화성)을 가지고 있기 때문에 이 人이 나올 수가 있는 거예
요. 그럼 여기서 모순이 있어요. 처음에는 석삼극析三極해서
천지인이 다 나왔다고 했는데, 이제 뒤늦게 와서 천지가 만
나서 사람이 나왔다는 얘기를 왜 할까? 여기에 천부경의 위
대함이 있어요. 天과 地가 만나서 人이 나왔다. 대삼합륙大三
合六입니다.

　이 말이 없었으면, 이미 벌써 석삼극析三極※해서 이미 천지
인이 나왔는데, 그럼 이때 쪼개져 나왔다는 얘기와 천지가
만나서 사람이 나왔다는 이야기하고 뭐가 차이 나느냐? 이
걸 설명할 수 있어야 해요. 그러면 여기서 보면 뭘 알 수 있
느냐? 천지인이 본래 태어날 때는 똑같이 평등하게 천지인
이 다 태어나요. 그런데 '사람이 다시 태어날 때는 즉, 사람
이 태어날 때는 천지를 부모로 해서 태어난다.' 이 얘기에요.
천지는 상식적으로 아버지이고 어머니예요. 우주에서 태어

※석삼극

날 때는 천지인이 똑같이 태어났는데, 사람이 객체로 태어날 때는 천지를 부모로 해서 태어났다. 석삼극析三極했을 때 삼극三極은 천지인이 수평적입니다. 똑같아요. 평등해요.

그런데 여기 대삼합륙에 오면 수직적입니다. 나를 낳은 분이 있어요. '천지 부모가 나를 낳았다.' 이게 大三合六 生, 人生이 여기서 시작되는 거예요. 인생이 그래요. 그래서 우리가 인생입니다. 사람이 이제 태어난 거예요. 이 오랜 과정을 거치면서 사람이 태어난 거예요.

그래서 생칠팔구生七八九, 七八九는 사람이 이 우주의 모습 속에서 어떻게 태어났느냐 하는 거예요. 天은 처음에 태어났으니까 세 개씩 一二三을 가지고 와요. 地는 四五六을 가지고 와요. 사람은 마지막에 七八九를 가지고 와요. 그것이 바로 生七八九입니다. 저것이 바로 사람이 태어나는 모습입니다. 천지일월天地日月을 부모로 사람이 태어난다. 이것을 일러주고 있죠. 그래서 사람이 천지일월을 떠날 수 없습니다.

운삼사성환오칠運三四成環五七

그 다음에 運三四成環五七.

運三四成環五七은 태어난 인간세계를 얘기해 주는 거죠. 이 시공時空, 사람이 살고 있는 시간時間과 공간空間을 설명해 주고 있는 거죠. 三四라고 하는 것은 세 달씩 사계절로 돌아가는 시간을 얘기한다면, 반대로 空이라는 것은 이 우주세계 공간空間, 五와 七인데요.

❋大三合六

천부경에서는 하늘과 땅을 부모(하날님)로 보고 있다. 그래서 끝에 人中天地一로 마쳤다.

五는 오성五星, 수·금·지·화·목·토, 즉 수성·금성·목성·화성·토성이고, 七은 칠성七星인데 가장 대표적인 것은 북두칠성이 되겠죠. 하늘의 공간세계가 현재와 같은 사시四時가 형성되고, 오성五星과 북두칠성이 현재와 같은 궤도를 지니면서 형성되기까지는 수많은 세월이 지난 거죠.

우주가 태어나자마자 바로 인간이 만들어진 것은 아니죠. 運三四, 바로 인간이 사는 이 우주의 시공 이치를 말한 겁니다. 본래 물방울 속에 있었을 때는 시공이 있었을까요, 없었을까요? 없었죠. 다 갇혀 있었으니까. 그런데 이것이 터져 나오면서 시時와 공空이 분리되는 것이죠. 그러니까 이 안에 갇혀 있을 때는 시간이 흐르지 않아요. 물방울 안에서는 아무것도 흐르지 않아요. 공간이라 할 수도 없고 시간이라 할 수도 없는, 그것이 一始※로 터져 나오면서 우리가 알고 있는 시간, 공간 개념이 나오게 되는 거죠.

성환오칠成環五七을 다시 한 번 보면요. '環—고리 환' 자입니다. 환環 자를 잘 보시면, 앞에 있는 변이 뭐죠? 임금 王으로 써 있는 것이 변으로는 구슬 옥玉 변이죠? 구슬 이야기가 나와요. 옥 이야기가 나오는데, 저 옥은 다음 자료를 보면 바로 홍산문화에서 나오는 옥이 대표적인데요. 다른 말로 요하문명권이라고 하는데요. 홍산문화에서 나오는 옥은 무엇을 상징하느냐? 불변성입니다. 잘 보세요.

천부경에 환環 자가 이거예요. 갑골문 천부경의 環 자는 고리 환 자인데, 이렇게 해 놓았어요. 갑골문 글자에서 이런 모

※一始

무
│
일시
├── 시간 ── 三四
└── 공간 ── 五七

갑골문 환環

습의 글자가 천부경에 의해서 고리 環 자라는 것이 밝혀졌어요. 環 자는 옥하고 관계가 있어요. 5,000년 전의 옥문화 고리가 뭘 상징하겠어요? 북두칠성이 천상에서 돌아가는 모습을 상징하는 겁니다. 북두칠성은 항상 제자리로 돌아가잖아요. 하루에 한 번씩 제자리로 돌아요. 그래서 옛날에는 북두칠성이 간 자리를 보고 시간을 측정하고 그랬잖아요. 왜? 항상 같은 자리를 돌기 때문이죠. 바로 옥의 둥근 모습은 천상의 별들이 운행하는 모습을 형상한 것 같습니다. 즉, '천부경에 고리 환環 자가 구슬 옥 변으로 쓰여졌다는 얘기는 이미 5,000년 전에 저 옥문화를 체험한 사람들에 의한 서술이다'라고 볼 수가 있는 거죠. 그렇지 않으면 저 고리 환 자가 들어갈 일이 없죠. '옥문화를 체험한 사람들에 의해서 천부경이 전수되었을 것이다' 이렇게 볼 수가 있죠. 고리 환環 자, 이 한 글자가 아주 중요한 단서를 제공합니다.

▋ 일묘연만왕만래一玅衍萬往萬來

그럼 다음을 보겠습니다. 一玅衍萬往萬來 (일 묘 연 만 왕 만 래)

이제는 一이 묘연玅(妙)衍※하네요. 처음에는 一始, 析, 積 (일 시 석 적), 또 生 (생)까지 왔는데, 이제 묘연玅衍, 아주 현묘하게 넓혀가는 거죠. 만물이 불어나는 겁니다. 즉, 일묘연一玅衍은 사람이 태어나면서 천지인이 완성되어 가는 거죠. 여기서 한 가지 반드시 알아야 할 것이 있어요.

大三合六 生七八九 (대 삼 합 륙 생 칠 팔 구)였죠? 六이라는 것은 뭐냐면 이제 인간

※ 묘연玅衍
玅(묘) : 현묘 할, 신기로울(妙)
玄(현) : 창조의 검은 색을 상징
衍(연) : 퍼질, 넓힐, 펼, 클

이 완성이 되어서 一妙衍萬往萬來로 가는데, 앞의 六이라
는 숫자는 천지가 인간을 포태한 숫자예요. 포태胎胎, 아기
를 밴 거예요. 천지 부모가 인간을 포태한 숫자가 六입니다.
어머니들이 욕할 때 '육시랄 놈'이라 하지요. 육(六, 肉)을 포
태한 숫자, 천지가 인간을 포태한 숫자가 육이고, 그 다음이
生七八九입니다.

　여기서 九라는 것은 뭐냐? 이것은 천지인 삼재三才의 완성
수예요. 이 9에 의해서 천지인이 이 땅에 완성이 되었어요.
그래서 이제 一妙衍萬往萬來로 가는 거예요. 하나가 만萬으
로 묘妙하게, 태극의 작용이요. 이제 인간이 완성이 되었으
니까 말이죠.

　9는 천지인 완성수다. 그럼 10은 어디 갔죠? 10은 無에 남
아있는 거죠.

용변부동본用變不動本 본심본태양앙명本心本太陽昂明

　쓰임은 변하지만, 그 근본은 변하지 않는다. 삼극의 이
치는 태극의 이치, 무극의 이치, 이 삼극의 근본이치 그 자체
는 변하는 것이 아니다. 用變不動本*이 이런 뜻이죠.

本心 本太陽昂明.

　이것은 인간의 문제지요. 여기서 태어난 인간, 바로 그 본
바탕인 마음의 문제를 언급하고 있습니다. 마음의 문제는
태양太陽으로 설명을 했어요. 태양의 밝음으로! 이때 태양은

❋**용변부동본**用變不動
本
用變 그 자체를 不動
本의 주체로 볼 수도
있다.

홍산문화의 다양한 옥기들

•곰얼굴의
6개 구멍

홍5619

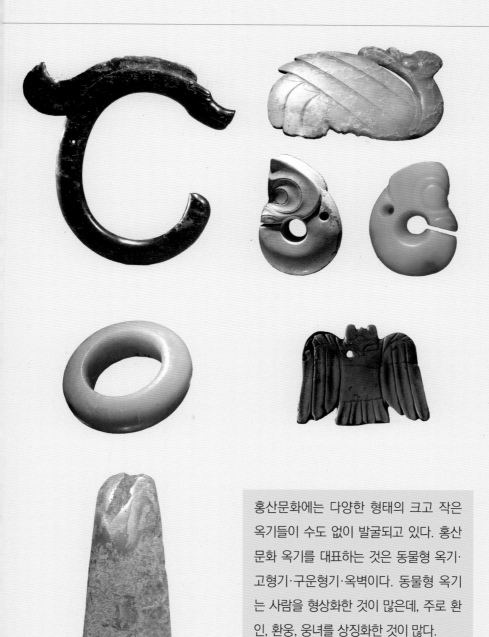

홍산문화에는 다양한 형태의 크고 작은 옥기들이 수도 없이 발굴되고 있다. 홍산 문화 옥기를 대표하는 것은 동물형 옥기·고형기·구운형기·옥벽이다. 동물형 옥기는 사람을 형상화한 것이 많은데, 주로 환인, 환웅, 웅녀를 상징화한 것이 많다.

하나의 태양 신명太陽神明이죠. 그 태양신명이 인간에 내려와서 인간의 본성*이 되고 그래서 사람의 본심이 태양심太陽心의 본바탕이 되었을 때 인간이 9수의 역할을 할 수 있게 되는 거죠. 태양은 바로 一太極과 같은 뜻이죠. 신명적 의미로 사용을 한 것이죠.

✳인간본성
하늘에 있는 태양을 우상숭배한다는 의미보다는 인간의 내면에 있는 밝음의 근원으로서의 태양심太陽心을 말한다. 태양에 삼신이 있다고 믿었기 때문이다.

▌ 인중천지일人中天地一

本心本太陽昂明(본심본태양앙명)으로부터 人中天地一(인중천지일)이 되는데, 이것은 사람이 태양의 밝은 신명(태양심)을 받았다는 건데요, 사람이 신명을 받았다는 얘기는 사람 스스로가 하늘의 본성 그대로를 받아서 내가 빛이 되었다는 얘기입니다. 태양의 의미는 인간의 존재가 빛이 되었다는 데에 있거든요, 빛이 된 인간. 사람은 어떻게 되었나? 천지와 하나같이 가운데 설 수가 있는 거죠. 또 가운데라는 의미도 있고요. 이 中이라는 의미에는 속이라는 의미도 있어요. 사람이 비로소 천지 속에 들어가 소통할 수 있는 거죠. 사람이 천지 속에 들어가야 또 천지가 사람 속으로 들어오지요. 그래서 천지인이 비로소 완전하게 합일합니다.

아까는 숫자상으로 生七八九(생칠팔구)해서 인간이 천지인의 삼재론으로 완성되었다고 했습니다. 그것은 수리적으로 완성이 된 것이고, 이제 무엇으로 완성되는 것이냐? 사람이 이제 본심本心으로 완성되는데, 그때 본심本心으로 완성되는 사람의 존재는 천지와 하나로 가운데 한다는 얘기에요. 인중人中, 사람이 가운데, 사람이 천지 속에 들어가는 겁니다. 사람이 천지 속에 들어가야 천지가 또 내 속에 들어올 수 있는 것입니다.

그것을 동학의 표현으로 보면 사람이 하날님[천지]을 모시는 거죠? 시천주侍天主, 천주를 모신다. 그게 뭐겠어요? 내가 모시는 거지만, 내가 모셔야 하늘이 나한테 모셔지잖아요. 그런 개념이죠. '人中天地一'은 결국 인간이 천지와 완전 일체화되는 단계를 설명한 것이죠. 천지와 그 속에 내가, 인간이 완성되어서 가운데 서는 것입니다. 가운데 선다는 얘기는 천지 속에 합일이 되어 들어간다는 얘기죠. 천지인이 완전 일체화 되는 거죠. 그 때 우리가 종교적, 신앙적으로 모셨다, 모실 시侍 자, 모신다란 표현이 가능해지는 거죠.

모시려면 어떻게 해요? 내 본심이 어떻게 해야 해요? 조건이 있어야 해요. 본심 수련을 통해서 내가 태양의 밝음을 받아서 내 스스로가 빛으로 될 때, 그때 사람이 천지와 같이 설 수가 있다, 그때 그 모습을 비로소 시侍라 할 수 있다는 말씀입니다. 천심을 회복한 것입니다.

우리가 부모님을 모신다 하면, 그냥 내가 돈 벌어서 집 사서 부모님을 모시면 그것으로 족하나요? 내가 부모님을 모셔도 부모님 마음에 '내가 얘들 집에 억지로 사는 거야'라고 생각하면, 그것은 모시는 게 아니죠. 그건 그냥 집에 걸쳐 사는 거지, 모시는 것은 아니죠. 정말 정성을 다해 부모님을 모실 때 그 부모님이 자식을 얼마나 좋아하겠어요. 그런데 마지못해서 밥만 얻어먹는 부모? 그건 모시는 게 아니죠. 부

:::시侍
사람이 천지(하날님)를 부모로 모시는 것. 이때 사람이 太一의 존재가 된다. 太一은 인간이 완전하게 천지와 합일한 존재이다. 완성의 인격을 의미한다. 본래 太一은 우주적 개념이다. 人一이 씨뿌리는 것이라면, 太一은 결실을 의미한다.

모를 모시는 거나 천주(하느님)를 모시는 거나 똑같은 것입니다.

이때 비로소 천지가 부모가 되는 이중적인 관계가 이루어집니다. 처음에는 똑같이 태어났는데, 나하고 똑같이 태어난 천지가 태어나고 보니까 내 부모더라. 그렇죠. 부자지간에 똑같은 사람이죠? 똑같이 평등한 사람이죠. 근데 그 자식을 보니까 부모가 있더라. 다 똑같은 대한민국 국민으로서 권리를 행사하는데, 집에 들어가 보니까 부모가 있더라. 그때 부모가 되고, 자식이 되는 거예요. 父母子 삼위일체가 되는 거죠. 그것이 완전히 되었을 때 '侍', 모실 시侍다. 그렇게 해석할 수 있는 것입니다. 그렇게 해서 천부경이 결국 '一終無終一'입니다.

> ### 일종무종일一終無終一
> 終인데, 終은 하나로 마치지만 無에서 마친다. 그럼 無에서 마친다는 것은 뭐냐? 一始, 一, 태극이 결국 無에다 돌리는 거예요. 無로 돌아가는 것입니다.

그냥 '멸망했다', '끝났다'는 게 아니라 始와 終은 결국은 뭐겠어요? 하나죠? 우주 안으로 보면 초신성이 폭발했다가 다시 생기고 폭발했다가 다시 생기고 그러듯이 우주는 始와 終, 물유본말物有本末 사유종시事有終始라고 그랬죠? 결국 종시終始 속에서 운행을 합니다. 그런데 우리는 시종始終이라 하지 않고 종시終始라 말하죠? 왜? 시작은 항상 끝에서 하는 것이니까.

천부경 갑골문에 보면 이것이 마칠 終 자인데, 매듭을 묶어놓았어요. 매듭만 묶어 놓은 게 終이지, 죽거나 없어지는 게 아니예요. 매듭만 지어놓은 것 뿐입니다. 우리 인생을 매듭을 지어서, 終^종인 것입니다.

그래서 우리는 사람이 죽으면 돌아가셨다고 그러잖아요? 근본으로 돌아갔다. 사람이 죽었을 때도 終이라는 말을 쓰지만, 이때 終이라는 것은 여기서 마치고 다시 제자리로 갔다, 매듭을 지었다는 뜻입니다. 終 자는 매듭을 지었다는 뜻이고, 겨울 동冬 자와 같아요.

종終자는 사실 겨울 동冬에서 온 거예요. 겨울이 뭐예요? 생장※ 단계를 거쳐서 성成에 와서, 그 마지막 단계에 와서 염장斂藏(거둘 斂, 감출 藏)을 하는 것이죠? 그것이지, 죽은 거 아니잖아요. 겨울에 장藏으로 들어간 것뿐이지 죽은 게 아닙니다. 그래서 終 자는 겨울의 뜻에서 온 것이다 이렇게 말할 수 있습니다.

이렇게 해서 천부경 81자※의 뜻을 나름대로 연구한 것을 여러분께 소개해드렸습니다. 천부경은 아직도 더 많은 사람들에 의해서 해석이 되어야 합니다. 또 많이 연구가 되어야 하고, 앞으로 천부경을 연구한다면 우주론적인 차원에서 연구가 많이 진행되었으면 좋겠다는 생각입니다. 현대에 많은 우주과학이 나오고 있기 때문에, 우리 조상들이 태초에 생각했던 우주의 모습들을 뭔가 일러주고 싶었을 것입니다.

갑골문 마칠종終
이 글자가 흑피옥에도 나타나고 있다.
(정건재 교수)

※생장성生長成
봄은 生, 여름은 長, 가을은 成에 해당한다.

藏
斂　土 → 生
　　　長

※81자
치우는 81형제라고 했다. 81(9×9)의 천도원리에 따른 표현이다.

一始無始一 (일 시 무 시 일) 그 말 자체도 여러 가지 뜻을 가지고 있지만, 아무튼 천부경은 기본적으로 우주관에 바탕해서 천지인과 하늘과 땅과 인간의 근본 문제를 말씀하신 것입니다.

그러나 인간의 존재라는 것은, 결국은 천지가 인간을 위해서 존재한다. 좀 독선적인 표현 같지만 결국 천지는 인간을 통해서 완성을 보는 거죠. 그 얘기는 뭡니까? 부모는 자식을 통해서 완성을 보는 것이죠. 결실을 거두는 겁니다. 가을에 결실을 거둔다는 얘기는 바로 그러한 것이죠. 그러므로 겨울로 갔다가 다시 봄으로 오기 때문에, 우주는 순환하는 가운데 있기 때문에 항상 새 봄을 기다리게 되어 있죠. 그래서 천부경은 終始(종 시)다. 始와 終을 바랬지만, 그것은 無 속에서 다시 하나로 태어나는 그런 과정을 가르치고 있다. 그렇게 생각합니다. 一만 가지고서는 終始가 안되고, 無가 있기에 가능합니다.

천부경은 놀랍게도 우리 민족에게 천지인 합일사상을 끊임없이 가르쳐주고 있습니다. 천지인은 나눌 수 없는, 분할할 수 없는 一과 無도 나눌 수 없듯이 천지인도 나눌 수 없는 존재다. 그 안에서 무시無始 무종無終, 시작했다고도 할 수 없고 마쳤다고도 할 수 없는 무시無始, 무종無終의 관계를 설명해주고 있다.

특히 하나 염두에 둬야 할 것이 있다면 태양사상太陽思想이 있습니다. 5~6,000년 전에 살았던 복희씨의 이름도 태양을 상징합니다. 태양문화하고 직결되어 있습니다. 천부경

태양사상
무시無始 무종無終이 우주의 영원성을 상징한다면 태양사상은 밝음의 원리를 상징한다.
태양은 또 삼신을 상징한다.

자체가 형성될 때 이미 천부경을 쓰신 분들은 그 당시의 태양문화와 연계되고, 옥문화와 연계되어 있었습니다. 그렇게 해서 이 천부경이 전수된 것이지, 어느 날 뚝딱 떨어져서 이 땅에 온 것이 아니다. 이렇게 이해하시고 여러분도 함께 많이 연구해주시길 바라겠습니다.

3강
천부경의 이름과 글자

안녕하십니까? 오늘은 천부경 특강 세 번째 시간입니다. 첫 번째 시간에는 천부경의 유래에 관해 말씀드렸습니다. 두 번째 시간에는 천부경 81자 그 본문의 내용이 무엇인가에 대해 말씀을 드렸고요. 오늘 이 시간에는 천부경의 이름과 천부경을 기록했다고 하는 그 문자란 어떤 것인가 하는 것에 대해서 알아보는 시간을 갖도록 하겠습니다. 앞에서 말한 부분과 중복되는 면도 있겠으나, 더 구체적으로 말씀드리겠습니다.

'단군천부경'의 이름과 신지글자

천부경의 이름이 처음 대중들에게 알려졌을 때에는 '단군천부경'이라는 이름으로 이렇게 세상에 알려졌는데요. 과연 단군천부경의 이름이 합당한지에 대해 알아보고요. 그 다음에 그 천부경을 기록했다고 하는 신지전자란 어떤 것인가 알아보도록 하겠습니다.

'단군천부경'의 이름이 대중들한테 알려진 것은 1944년도에 나온 『영변지』라고 있거든요. '영변에 약산 진달래' 많이

들어 보셨죠? 평안북도 영변군 군청에서 나온 군지가 있는
데, 군지 가운데 「유사」라는 편에 '단군천부경'이라는 이름
이 등장을 했습니다.

처음에는 그 말에 대한 깊은 생각 없이 그 말이 많이 대중
들에게 알려지면서 '우리가 아는 천부경은 바로 단군천부경
이다' 이렇게 알려지게 되었는데요. 과연 그 이름이 어떤 의
미를 주고 있는지 알아보도록 하겠습니다.

그러면 단군천부경이라는 이름이 나온 유래를 살펴보겠
습니다.

1944년 평안북도 영변군에서 나온 『영변지』는 군에서 발
간한, 군을 대표하는 하나의 잡
지인데요. 그 『영변지』에 실려
있기를 뭐라고 했냐면, 천부경
을 그냥 천부경이라 소개하지
않고 여기 있는대로 '단군천부
경 81자다' 이렇게 했습니다. 그
래서 이 책으로 인해서 그 후에
천부경은 바로 '단군천부경'이
라고 알려지기 시작했죠. 그런
데 1944년도에 『영변지』에 나
오기 전에 이 글이 어디서 나왔
는지 또 찾아보니까 이미 1920
년 2월에 전병훈이 『정신철학통

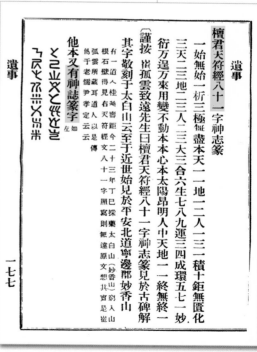

『영변지』에 실린 단군천부경

편』에서 천부경을 해석할 때도 단군천부경이라고 썼던 것이죠.

또 국내에는 단군교에서 『단탁』이라는 잡지를 발간했는데요. 1921년에 나온 이 잡지에도 '단군천부경'이라는 이름이 나오고 있습니다. 그러면 우리한테 처음 알려지기로는 1944년도에 나온 『영변지』에 의해서 단군천부경이 알려지기 시작했지만, 그 근원을 찾아보니까 이미 그로부터 20년 전에 북경에서 공부했던 전병훈에 의해서 '단군천부경'이라는 이름이 나왔고, 국내에서는 『단탁』이라는 잡지에 이 이름이 실리면서 '단군천부경'이 대중한테 알려졌다 이런 얘깁니다. 다시 자세히 살펴보겠습니다.

전병훈 (1857~1927)과 그의 천부경 주해집(1920)

먼저 서우 전병훈의 『정신철학통편』의 첫 구절에 뭐라고 했냐면 '동한신성東韓神聖 단군천부경' 이렇게 했습니다. 좀 이름이 긴데요. 우리 동쪽 한국에서 나온 신성한 단군의 천부경이다.' 이렇게 제목을 붙이면서 '단군천부경'이라는 이름이 나오게 된 거죠. 사실상 천부경이 알려진 것은, 1911년에 발행한 계연수 선생의 『환단고기』를 통해서 천부경이라는 세 글자 이름이 알려졌는데요. 그러나 그것이 단군천부경이라는 이름으로 처음으로 알려진 것은 1920년이다, 이렇게 볼 수 있겠습니다. 그래서 1920년대에 서울과 북경에서 단군천부경이라는 말이 익숙하게 불려지기 시작했습니다.

다음 『단탁』에 보면 '천부경도天符經圖'라는 이름이 나오면서, 바로 단군교(대표 정훈모)에서 발간한 이 잡지에 '단군천부경'이라는 81자가 알려지게 된 거죠. 그러니까 1920년대부터 천부경은 '단군천부경'이라는 이름으로 세상에 알려졌고, 동시에 북경과 서울에서 알려지게 된 것이구요. 이 이름이 결국은 처음에 말한 『영변지』에까지 올라가서 '단군천부

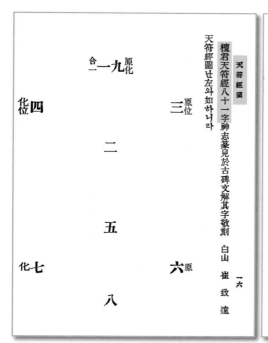

『단탁』에 실린 천부경도(左)와 단군천부경 81자(右)

경'이라 소개되면서 대중들한테 많이 알려지게 된 겁니다.

아울러 이 『영변지』는 두 가지 문제를 제시하고 있습니다. 앞에서 말씀드린 '단군천부경'의 이름과 함께 바로 옆에 있는 '신지전자'라는 이름의 16자가 실려 있는데요. 『영변지』에서 이 신지전자를 천부경과 연계해서 설명하고 있기 때문에 과연 이 신지전자가 무엇이냐는 의문을 제기하게 된 겁니다. 이 문제는 뒤에서 설명하겠습니다.

과연 이 단군천부경이라는 이름으로 알려진 것이 또 다른 의도가 있어서 이렇게 알려지기 시작한 것인가에 대해서도 우리가 한번 의문을 가져볼 필요가 있습니다.

檀君天祖之寶經이오 一以喜孤雲先生之奇跡이라 心中에

寶物而天符난 卽設敎之經也라 尙今遺傳處하니 人若得
而誦之則災厄이 化爲吉祥하고 不良이 化爲仁善이니
久久成道則子孫이 繁昌하고 壽富遠綿하야 必得仙果
요 但愚昧者라도 可免災禍矣라云하온
僕이 銘在心中하고 求之不得矣러니 後乃鍊性爲工
하고 探藥爲業하야 雲遊名山十許年矣라가 昨秋에 入
太白山하야 信步窮源에 行到人跡不到之處하니 澗上
石壁에 若有古刻이라 手掃苔蘚하니 字劃分明에 果是
天符神經이라 雙眼이 忽明에 拜跪敬讀하니 一以喜・

계연수선생이 서울 단군교당에 보냈다고 전하는 편지

단군교당檀君敎堂 도하道下

"… 저는 두 눈이 홀연히 밝아지며 절을 하고 꿇어앉아 경건하게 들여다보니 한편으로는 단군의 보배로운 글임에 기뻤고, 또 한편으로는 고운선생의 신기한 발자취라 매우 기뻤습니다. 서울 가는 사람을 만나 이 박은 책을 보내드리오니 바라건대, 이 글 뜻을 풀어 중생들에게 가르치면 그들이 꼭 복록을 얻고, 교운(敎運)이 이로부터 일어날 것이니 그윽이 귀 교단의 하례가 될 것입니다. …"

그 당시에 단군천부경이라는 이름이 나온 이유를 1916년에 계연수 선생이 묘향산에 가서 단군천부경이 석벽에 새겨진 것을 발견하고 1917년에 서울에 있는 단군 교당으로 보낸 편지에서 찾고 있습니다.

그러나 1920년대 초기의 상황으로 보면 혹시 이 단군천부경이라는 말이 당시 있었던 단군교의 종교적인 목적과 결부해 가지고 그런 이름이 정해진 것이 아닐까 이런 의심을 갖게 합니다. 한 가지 보면 계연수 선생이 단군 교당에 보낸 편지 가운데에 이런 구절이 있거든요.

즉, 처음에 계연수선생이 석벽에 새겨진 옛 글자 고각을 발견하였고 그것이 바로 천부경이라는 것을 알았다. 그 다음에 이 천부경은 '단군의 보배로운 글이다'라는 구절이 나옵니다. 이 '단군의 보배로운 글이다'라는 이 말로 인해가지고 '단군천부경'이라는 이름이 부여가 된 것 같은데요. 그러나 편지의 전체적인 내용 흐름으로 봤을 때, 이 편지가 과연 계연수 선생이 단군 교당으로 보낸 편지가 맞는가 하는 여러 가지 의문들이 제기가 되고 있어요. 아마 이 편지는 누가 중간에 전달했던지 아니면 혹시 각색한 게 아니냐! 이런 얘기들이 나오는데요. 『환단고기』 어디에도 이 천부경을 단군천부경이라고 한 곳이 없기 때문에, 또 『환단고기』의 편집자인 계연수 선생이 환웅의 역사를 알고 있으면서 저렇게 '단군의 보배로운 글'이라고 저런 편지를 썼겠느냐. 여기서 의문이 있는 거죠. 여러분은 이해가 되시는가요?

※천부경 추적경로

제 1경로

계연수(석벽본)
↓
윤효정
↓
전병훈

제 2경로

계연수
(석벽본, 서신)
↓
단군교
↓
윤효정
↓
전병훈

제 3경로

단군교
(석벽본, 서신)
↓
윤효정
↓
전병훈

제 4경로

계연수
(천부경요해,
석벽본, 서신)
↓
단군교
↓
윤효정
↓
전병훈

제 5경로

계연수
(천부경요해,
석벽본, 서신)
↓
윤효정
↓
전병훈

그래서 명칭을 붙일 때에 초기에 천부경을 발견한 분들이 단군천부경이라고 했지만, 그 이름에는 아무튼 무언가 한계가 있는 것 같다는 생각을 우리가 갖게 됩니다. 그와 관련해 가지고 천부경이 전해진 경로가 나오게 되는데요. 지금 학계에서도 이 문제에 대해서 논의를 하고 있습니다만, 아까 말씀드린 대로 경로가 결국은 북경에 있는 전병훈 선생을 통해 세상에 알려지게 되었는데, 전병훈 선생까지 전달과정이 결국 계연수 선생을 통해서 어떠어떠한 과정으로 전달이 되었겠느냐 그 과정들을 한번 추적을 해본 건데요.

이 전달과정에 있어서 중간에 누가 있었냐면 전병훈 선생한테 천부경을 처음 전해준 '윤효정'이란 분이 있어요. 윤효정이란 분이 누구냐 하면 바로 단군교에서 활동했던 유학자였다라고 전해지고 있습니다. 그래서 중간에 윤효정이란 분이 '단군천부경'을 전했을 때에 전한 그 분이 단군교인이었기 때문에 아마 그런 이름이 임의로 붙여진 게 아니냐, 그렇게 의문을 제기하고 있습니다.

▌신지전자神誌篆字와 천부경

다음에는 천부경을 기록했다는 문자에 관한 기록입니다. 신지글자와 천부경인데요. 이것이 신지전자 16자인데요, 천부경이 이러한 신지전자로 기록한 것이라고 어디에 처음 실렸냐면, 1944년에 나온 『영변지』입니다. 『영변지』에 이 16자가 소개되면서 바로 이것이 '신지전자'라고 알려지

『구영변지』에 실린 신지전자

게 된 것이죠. 그러면 단군천부경은 오늘날 한자로 쓰여지기 이전에 이러한 신지전자로 기록한 것이냐, 아니면 이 16자 신지전자가 혹시 그 이전에 있었던 천부경의 원문이냐 하는 생각들을 갖게 되는 거죠.

왜냐하면 최고운 선생이 한자로 81자를 기록할 때에 신지가 기록한 고비古碑, 옛 비석에 쓰여 있는 그 글자를 보고 81자로 옮겼다고 했으니까요. 그럼 오늘날 천부경 81자의 원본, 원형은 어떤 글씨겠느냐? 과연 이 신지전자라는 이 글자로 기록을 했겠느냐? 이런 생각을 갖게 됩니다.

바로 여기 이 구절이 우리에게 관심을 갖게 하는데요. 바로 타본他本 '다른 책에 이 16자 전자가 있다'라고 한 겁니다. 그러면 타본他本이라는 다른 책은 어떤 책이겠느냐?

1944년 『영변지』가 나오기 이전에 다른 책에 이미 이러한 형태의 '신지전자'가 있었다는 얘기죠? 그것을 보고 『영변지』가 소개했으니까요. 그래서 제가 그 책들을 찾아보니까요, 이미 5가지 이러한 판본이 있었습니다.

다음 화면을 보시면요. 그러니까 『영변지』는 1944년인데, 그 이전에 이미 1911년에는 김규진의 『서법진결』이라는

『영변지』에 실린 신지전자

책에 '창힐전자'라는 이름으로 11자가 소개 되고 있습니다. 또 그 다음 1914년에 김교헌의 『신단실기』에는 원문은 소개

영변지가 인용한 5가지 다른 판본他本

국내

김규진
서법진결(1911년)
창힐전 11자

김교헌
신단실기(1911년)
법수교고비
非諺 非梵 非篆
신지글자

백두용
해동역대 명가필보
(1926년)
신지 26자

국외

순화각첩
(北宋992년)
창힐서 28자

창성조적서비
(1754년)
조적서 28자
백수현

되지 않고 비언非諺(언문도 아니고) 비범非梵(범자도 아니고) 비전非篆(전자라고도 할 수 없는)의 신지글자가 있었는데 바로 그 글자는 '법수교의 고비古碑에 있었다'라는 기록이 나옵니다. 그 다음에 1926년도에 백두용이라는 분의 저서에도 기록이 나옵니다.

김규진, 백두용 두 분은 1900년도 초에 유명한 명필가였는데요. 백두용이 쓴 『해동역대명가필보海東歷代名家筆譜』에 역시 같은 모양의 16자가 소개되고 있습니다. 국내에 이렇게 소개되고 있을 뿐만 아니라 국외에도 송나라 때의 『순화각첩』과 중국 섬서성 백수현에 있는 「창성조적서비」에도 소개되고 있습니다.

다음 화면에서 글자를 보겠습니다. 바로 맨 처음 소개된 1911년에 나온 김규진의 『서법진결』에 소개된 신지전자의 모양들입니다. 여기는 11자가 소개돼 있습니다. 그 다음에 백두용의 『해동명가』에는 바로 16자가 소개돼 있습니다. 이 16자와 11자 사이에는 같은 글자도 있고 다른 글자도 있습니다.

그러니까 서로 다른 경로에서 책이 출판되었다는 것을 알 수 있죠. 서로 다른 경로를 통해 이러한 신지전자들이 이미 그 당시만 하더라도 이렇게 문헌으로 전수되어 왔구나, 이것을 우리가 알 수 있죠.

그 다음에 중국의 문헌을 보면, 『순화각첩』이라는 책은 서

김규진의
『서법진결』 11자

예를 배우는 사람들을 위한 자료집인데요. 이것은 북송시대인 992년에 송태종이 제왕과 대신들에게 나누어 준 법첩法帖입니다. 이 책에 아주 오래전인 천여 년 전에 이미 이러한 신지전자가 있었다고 소개가 되었습니다. 그때 소개될 때는 신지전자라 하지 않고 '창힐의 글씨다'라고 소개가 되었지요. 그 다음에 창성의 「조적서비」인데요. 창성倉聖은 바로 창힐을 높여서 한 말입니다. 청나라 때인 1754년이니까, 근 300년 전에 이미 글자들이 알려지게 된 거죠. 『순화각첩』과 「창성조적서비」에 실린 신지전자는 똑같습니다.

『순화각첩』은 비문에 있는 내용을 그대로 옮겨 적은 거죠. 순서가 같죠? 두 번째 세 번째 보면 순서가 같습니다. 그대로 옮겨 적은 것입니다.

백두용의
『해동명가』16자

다음 화면을 보시면요, 중국 섬서성의 백수현에 창성, 즉 창힐의 사당이 있는데 그 사당 앞에 비석이 이렇게 세워져 있습니다.

여기서 우리가 무엇을 검토하려고 하냐면요, 서로 다른 경로로 아까 말씀드렸던 『서법진결』에는 11자, 그 다음에 『해동역대명가필보』에는 16

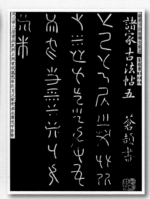

『창성조적서비』28자　　　『순화각첩』28자

중국 남창(南昌) 대학의 陸錫興(육석흥)은 훈민정음이 송(宋)나라 때 나온 『순화각첩(淳化閣帖)』(992년) 속에 있는 창힐서(蒼頡書) 28자 등의 고전(古篆)에서 모방한 것이라고 억지주장을 하고 있다. 이는 훈민정음에서 말한 자방고전설(字倣古篆說)의 그 고전이 우리의 신지전자가 아니라, 중국의 창힐서라는 억설인 것이다

3판본의 대조표(왼쪽부터▶ 불이검자 31자, 11자, 16자, 28자)

자, 또 「창성조적서비」에는 28자가 이렇게 소개되어 있는데, 이미 다른 경로로 인해서 서로 다른 글자들이 이미 알려져 있구요. 같은 글자를 제외하고 한 글자씩, 한 글자씩을 나누어서 이것을 전부 합하면 결국은 지금까지 알려져 있는 이 신지전자는 31자가 나오게 됩니다. 중복된 글자를 빼면 31글자가 나와 있습니다. 바로 이 16글자를 가지고, 처음에 문제를 제기한 것이 1944년에 나온 『영변지』인데요. 과연 이 글자가 천부경을 처음에 기록한 글자냐, 나아가서 이것이 81자 한자로 쓴 천부경의 원문이냐라는 의문은 그대로 남아 있습니다. 과연 이것을 어떻게 해석해야 될 것이냐, 이런 의문이 남았는데요. 현재로 볼 때에는 한자로 기록하기 이전에 천부경은 아마 이러한 신지전자로 기록한 것으로 일단

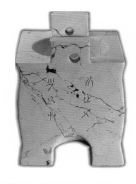

신지문자. 이 두개의 신지글자는지금까지 신지글
자가 있다고는 했지만, 그 용례를 확인하지 못했는
데 이번에 최초로 확인되었다. 앞의 18~19쪽 참
조. 자료출전(劉漢根)

은 그렇게 추측할 수가 있겠습니다. 다만 이 글자가 바로 천
부경이라고 하는 것은 현재로서는 무리다, 이러한 형태의 옛
글자가 있었다라고 생각할 수가 있겠습니다.

　그러면 과연 이렇게 책으로 전하는 신지전자 외에 우리 조
상들이 정말 이러한 문자들을 썼다면 과연 이러한 문자들
이 다른 유물에도 나오겠는가 이거예요. 만약에 이러한 형태
의 글자들이 우리 역사 유물 속에서 나오고 있다면 틀림없이
한자 이전에 썼던 고문자라 할 수가 있겠죠.

　다음 화면을 보면요. 신석기 시대의 문화 분포와 문자 출
토 지도인데요. 고문자들이 출토된 지역을 문화별, 영역별
로 나누어 보면 앙소문화, 홍산문화, 대문구문화, 양저문화
등 여러 갈래의 문화 구역들이 있습니다. 예를 들면 앙소문
화만 하더라도 가장 멀게는 한 7,000년 전이다. 지금 이렇게
말하고 있는데요. 거기서 나온 문자를 살펴보겠습니다.

한자 이전 고문자古文字

과연 한자 이전의 고문자들 또는 신지전자와 관련된 유물들이 한번 있는가를 확인해보는 순서가 되겠습니다. 이형구 교수는 홍산문화에서 나온 이런 도문을 '발해연안, 서요하에서 나온 고조선 문자다' 이렇게 해석을 하고 있습니다.

소하연문화 도문(발해연안 서요하 고조선문자)

앙소문화 반파도문
(서기전 5천~3천년)

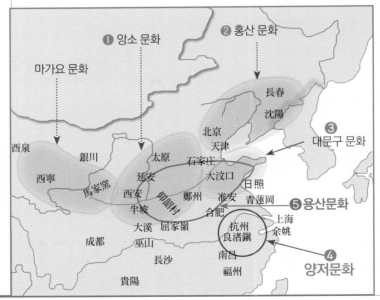

❶앙소문화
　최고 7,000년전
❷홍산문화
　최고 6,500년전
❸대문구문화
　최고 6,300년전
❹양저문화
　최고 5,300년전
❺용산문화
　최고 4,500년전

물론 이 고조선 문자의 경우, 여기에는 신지문자와 같은 형태의 글들은 아직 발견되지 않고 있습니다.※ 그러나 현재 우리가 알 수 있는 고문자 중에 하나죠.

또 앞에서 말씀드린 앙소문화에서 나온 반파도문인데요. 이 반파도문의 글자들 가운데서도 신지글자와 유사한 형태의 글들은 발견되지 않고 있습니다. 그것은 아마 신지글자 이전에 원초적인 형태의 글자가 아니겠느냐고 추측을 할 수 있겠습니다. 또 우리 국내에 함북 나진에서 나온 토기의 모양을 보면요. 잘 안보입니다만, 이런 형태의 모양이 발견되고 있습니다. '▷◁ 이 모양은 장구를 누인 형태다' 이렇게 해석을 하고 있거든요. 장구를 눕혀 놓은 형태와 같습니다. 이것은 좌우의 어떤 대칭을 상징한 것이 아닌가 해석을 하고요. 또 이형구 박사는 다섯 오五를 이렇게 표현했을 것이라고 해석하기도 합니다.

반면에 중국의 양저문화에서 나온 유물을 보면 이러한 장구모양의 문양이 세로로 서있는 형태로 발견되고 있습니다.

※신지전자의 사용 용례가 최근 확인되었다.

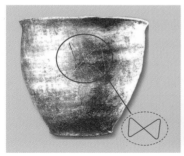

함북 나진토기 문양
(누운 장구모양-대칭형)

양저문화 도문
(세운 장구모양-五)

❊ 진서眞書
앞에서 말한 신지전
자 이거나 가림토와
다른 초기 글자로
볼 수 있다.

❊ 출전
『태백일사』「소도경
전본훈」에 나오는
태백산(백두산)의 푸
른바위에 ㄱ 자가 새
겨 있다고 했다. 필
자가 이 사실을 길림
성 도기에서확인하
였다.

꒓ 옛글자(원시 한글)
필자가 발견한 3천
년 전 돈자. 첨수도
에 새겨져 있다. 필
자는 이 돈 첨수도
에 근거하여 훈민정
음의 창제는 이런 고
대화폐 문자를 모방
한 것으로 생각함

이러한 글자들을 고문자의 한 유형으로 보고 해석을 하고
있습니다.

여러분 잘 아시죠. 단군의 가림토 문자 또는 가림다 문자
라 하는데요. 이 가림토 문자는 38자입니다. 『훈민정음』은
28자인데, 그거보다 10자가 많은 형태로 우리 『환단고기』
를 통해서 전해지고 있습니다. 이 38자는 단군조선 3세 가
륵단군 시대에 을보륵이 만든 문자라 하고, 그 당시에도 이
미 진서❊는 있다고 했습니다. 진서는 있지만 백성들이 글을
잘 모르므로 이 정음을 만들었다고 하거든요. 그러면 이 가
림토 문자 이전 시대에도 내용이 뭔지는 모르지만 아무튼 진
서의 형태로 글자는 있었던 겁니다.

또 신지선인이 쓴 글자를 보면, 이게 기역자(ㄱ)형태❊인데
요. 이러한 글자들이 바위벽에 새겨져 있다. 이렇게 나오기
도 합니다. 그래서 곧게 하면 이렇게 되고, 굽게 하면 두 가
지 이런 모양이다. 지금의 기역자 형태의 옛 글자는 바로 가
림토 글자에서 유사한 글자를 발견할 수가 있죠.꒓

우리 국내에 있는 것을 또 하나 소개하겠습니다. 경상남도
남해에 가면 양아리라는 곳에 이러한 형태의 석각이 지금도
보전되어 있습니다. 『환단고기』에서는 '남해 낭하리의 신시
고각神市古刻이다' 이렇게 표현을 하고 있습니다. 과연 이 문
자는 어떤 뜻일까요? 이 문자의 모양으로 봤을 때는 신지전
자와 어떤가요? 비슷한가요, 전혀 다른가요? 좀 비슷한 느
낌도 있으면서 글자 이전에 어떤 그림 같은 느낌도 갖게 하

죠? 시기적으로 봤을 때는 저 신지전자 보다도 더 이전의 글자가 아니겠는가. 『환단고기』에서 신시고각이라 한 걸 보면 확실히 이 글자는 그 이전의 글자임이 분명합니다. 글자와 같은 그림을 연상하게 하는데요, 이 글자에 대한 해석은 여러 가지로 풀이하고 있습니다. 『환단고기』에 의하면 "환웅이 사냥을 나가 삼신께 제를 올렸다" 이렇게 해석을 하고 있습니다.

『환단고기』에 전하는 가림토문자(38자)

이 가림토 38자가 대한제국 시기(1906년)에 나온 권정선의 『음경(音經)』의 변형 글자이거나 비슷한 것이라는 일부의 주장은 자형을 놓고 보더라도 설득력이 없다고 봄

낭하리 신시고각
(경남 남해군 상주면 양아리 소재)

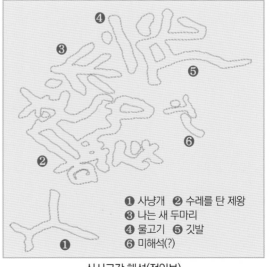

❶ 사냥개 ❷ 수레를 탄 제왕
❸ 나는 새 두마리 ❹ 물고기 ❺ 깃발
❻ 미해석(?)

신시고각 해석(정인보)

桓雄出獲 致祭三神 환웅이 사냥을 나가 삼신께 제를 올리다.

또 전통적으로는 '서불(徐市 : 또는 서시)이라는 사람이 이곳을 지나가면서(徐市過此) 이 글을 새겨났다'라는 해석도 하는데요. 서불은 진시황의 신하로 불로초 약을 구하기 위해 동해에 갔다는 사람이죠. '서불' 또는 '서시'라고도 하는데요, 사람 이름을 부를 때는 서불이라고 합니다. 그래서 이 글자는 아마 '서불이 이곳을 다녀갔다는 것을 상징해서 새겨놓은 문자일 것이다'라고 후대 사람들이 해석을 하고 있는데 제가 봤을 때는 『환단고기』가 해석하고 있는 그 부분이 더 정확한 게 아닌가 합니다. 이 글자는 우리 옛 글자인데, 이 옛 글자를 가지고 진시황의 신하 서불을 여기다 기록했다는 해석은 후대에 너무 조작한 것 같은 그런 느낌을 갖게 합니다.

그러나 민간에는 서불과차徐市過此라는 말로 전해지고 있고요. 1919년에 조선총독부에서 우리 국내의 금석문들을 발췌한 자료에는 '이 글자는 서불의 이름을 새겨놓은 것이다'라고 해석을 합니다. 총독부가 만들어 놓은 그 자료를 가지고 지금도 많은 사람들이 서불과 관련해서 이 신시고각을 해석하고 있는데요. 그건 조금 문제가 있지 않은가 생각을 합니다. 제가 이 말씀을 왜 드리느냐 하면, 이 신시고각을 조금 기울여서 보면 어느 정도 글자를 이해하는데 조금 쉬울 거 같습니다.

요 부분을 이쪽으로 기울여가지고 보면, 여러분 잘 보십시오. 위당 정인보 선생은 이 석각을 해석하시기를 '수레에 타고 있는 어느 제왕 지도자 같다'고 했습니다. 느낌이 오나요? '이건 수레를 타신 어느 제왕이고, 요기는 사냥개의 모양이다.' 이렇게 해석을 했거든요. 그 다음에 아래 있는 요 그림은 여러분 어떻습니까? 뭐 느껴지는 게 있나요? '저건 깃발을 세워 놓은 거 같다'고 정인보 선생은 해석을 했어요. 그 다음에 나머지는 사냥을 한 물고기 같고, 날아가는 새를 사냥한 거 같고, 여기는 제사를 지내기 위해서 제수로 쓰기 위해 해 놓은 거 같고, 근데 이 부분은 위당 정인보 선생은 해석을 하지 않고 지나갔어요. 그런데 이 석각이 일러주는 건 뭐냐 하면, 우리가 여기서 그냥 지나칠 수 없는 것은 바로 삼신三神이라는 이 말입니다. 그러니깐 이미 환웅시대에, 환웅이 삼신께 제를 올렸다. 그것을 당시에 글자로 표현한 것이다. 그럼 이 글자는 어느 글자냐. 저러한 신지전자가 아닌 그 이전의 글자라면 환웅시대에 있었던 녹도문鹿圖文이 아니겠는가. 이렇게 생각해 볼 수가 있죠. 녹도문은 사슴발자국 모양을 가지고 글자를 만든 거거든요. 그래서 녹도문이라고 하는데, 바로 이러한 글자들이 혹시 녹도문의 한 유형이 아니겠는가. 그렇다면 신지전자로 천부경을 새기기 그 이전, 환웅시대에는 이러한 녹도문으로 천부경을 새겨놓지 않았겠는가. 이렇게 생각해 볼 수 있겠습니다.

특히 삼신三神이라는 문제가 언급된 것을 보면, 천부경도 바로 그런 삼신사상 또는 천부경에서는 석삼극析三極이라고 해서 삼극사상이 나오는데요. 삼극사상, 삼신사상은 일맥상

남해군 상주면 양아리
신시고각 현장

통하잖아요? 그렇다면 이 신시고각이라고 하는 현재 남해 바다 앞에 있는 석각도 혹시 천부경과 관련 있는 것이 아닌가, 또는 천부경과 같은 사상을 표현한 것이 아닌가라고 이렇게 유추해 볼 수 있습니다.

다음 화면을 보겠습니다. 바로 이것은 현재 지명으로는 남해군 상주면 양아리良阿里에 있는데요.

바로 이렇게 7m에 4m 정도의 거북형태로 생긴 바위 한쪽에 이 글자가 새겨져 있습니다. 그 동안 이 글자를 탁본하기 위해서 너무도 많은 사람들이 이곳을 출입해가지고 지금은 못 들어가도록 막아놓았답니다. 제가 며칠 전에 남해 군청으로 전화를 해봤더니 "하도 많은 사람이 탁본을 하고, 그냥 탁본만 하면 괜찮은데 훼손될 우려가 있기 때문에 지금은 출입을 통제하고 있습니다"라고 하더라고요. 아무튼 현재 눈으로 확인할 수 있는 가장 오래된 형태의 글자라고 이해할 수가 있겠습니다.

다음 화면을 보겠습니다. 천부경의 이름에 관해 제가 결론으로 말씀을 드리면요. 지금 사용하고 있는 단군천부경이라는 말은 물론 천부경의 의미를 전하는 데, 천부경의 역사성을 전하는 데 있어서 그것을 부정할 수는 없겠습니다만, 저 이름으로 인해서 천부경, 아니 그 보다 더 단군이전의 우리 시원문화를 설명하는 데 있어서 오히려 또 다른 장애요인이 되겠다 이겁니다. 예를 들면, 지금 우리가 개천절을 국경일로 삼고 있는데요. 사실 개천의 역사는 환웅인가요, 단군인가요? 환웅이시죠? 단군께서는 조선이라는 나라 개국을 한 시조로 받드는 건데요. 그럼에도 불구하고 개천절에 단군이 등장을 하고 있죠. 그래서 어떤 의미에서는 환웅의 역사, 개천의 역사의 본뜻이 잘못 전달될 수도 있다는 얘기죠. 자칫 잘못하면 역사를 우리 스스로 축소할 수 있다는 겁니다. 물론 고대사를 알리는 데 있어서 국조 단군의 이름은 훌륭하죠. 그것을 부정할 것은 아니지만, 우리 역사를 정확하게 서술해서 알려야 할 시점에 있어서는 오히려 '단군천부경'이라는 이 말이 천부경의 역사성을 설명하는 데 또 다른 걸림돌이 됩니다. 그래서 그 이름은 적당한 것 같지 않다는 생각이 듭니다. 그래서 '잘못 전할 수 있는 오류가 있다' 이런 얘기를 합니다. 제가 첫 시간에 천부경의 유래를 설명할 때 '천부경은 환국 시대에 구전되어 내려온 글이다' 이렇게 설명을 했습니다. 그리고 이어서 환웅시대에는 아까 말씀드린대로 '그런 녹도문으로 기록이 돼서 전해졌다' 이렇게 했거든요. 녹도문으로 전해진 환웅시대의 천부경, 이미 그것은 많이 퍼져 있는 천부경일 것입니다.

천부경의 역사

그렇다면 천부경의 역사는 적어도 환웅시대까지 소급해서 올라갈 필요가 있다. 그러니까 그 이름을 일부러 '환웅천부경'이라 하자고 할 것까지는 없지만 그래도 천부경의 바른 역사를 전하는 데 있어서는 '단군천부경이라는 그 말은 조금 문제가 있다' 이런 생각을 갖게 된 것입니다.

그 다음에 남해 석각에 나오는 삼신과 관련해서 조금만 언급을 하면, 천부경을 이해하는 데 있어서 남해 신시고각神市古刻에 나오는 삼신사상도 같이 연구할 필요가 있습니다. 삼신! 환웅이 삼신께 제를 올렸다는 이 구절에서 어떤 의미에서는 그것을 설명한 것이 천부경이지 않을까 하는 생각도 갖게 하거든요. 천부경도 환웅에 연결이 되고, 또 환웅에 대해 확인할 수 있는 가장 확실한 방법은 바로 삼신께 제를 올렸다는 것인데, 그렇다면 삼신께 제를 올리는 과정에 있어서 천부경은 어떤 역할을 한 것인가. 천부경과 삼신제, 삼신제와 천부경 이 둘을 가지고 그 연관성※을 연구할 필요가 있겠다고 보는 겁니다. 물론 천부경에는 삼신이라는 개념은 등장하지 않습니다. 아까 말씀드린대로 천지인에 관한 삼극사상으로 설명을 해주고 있거든요. 그렇지만 아마 천부경의 어떤 원초적인 형태는 바로 삼신사상과 관계되는 것으로 볼 수 있겠다는 생각입니다. 즉, 삼신사상에서 삼극사상으로 발전을 했죠.

다음 화면을 보겠습니다.

※ 둘의 연관성
천부경과 삼신제, 삼신제와 천부3인도연관성이 있다고 본다. 모든 도道는 삼신에서 나온다. 이 삼신사상에서 천부인 3개가 나온다.

두 번째로 이 신지전자와의 관계입니다. 과연 이 신지전자
는 천부경을 기록한 것인가. 이에 대해서는 아직은 뭐라고
말할 수 없지만은 신지글자는 신지글자 나름대로 우리한테
어떤 역사성을 일깨워 주고 있다 이렇게 생각을 해 볼 수 있
는데요. 지금 우리한테 전해지고 있는 이 31자 신지전자의
주체는 누구겠는가? 앞에서 살펴 본대로 김규진은 창힐의
글씨다 얘기를 했고요. 백두용은 이건 신지다 그렇게 얘기를
했고요. 중국에서 나온 『순화각첩』이라던가 또 「창성조적서
비」에서는 창힐의 글씨다 이렇게 얘기하고 있습니다. 일단
신지전자를 단군이 아닌 그 이전시대로 소급할 경우에 이 글
자를 기록한 분은 과연 누구일까? 이 창힐에 대해서 긍정적
으로 접근할 필요가 있겠습니다. 일반적으로 알려져 있기로
는, 창힐은 한자를 만든 '한자의 시조다, 비조다'이렇게 알
려져 있는데요. 한자 이전에 이미 창힐에 의해서 이런 신지
전자가 만들어진 게 아니겠느냐. 여러분이 알고 있는 것처럼
창힐은 결코 서하족西夏族이 아니고 우리 동이족東夷族입니
다. 동이족 문자의 비조가 창힐인데, 신지전자도 결국 창힐
에 의해 만들어져서 이 중원대륙에 전해진 것이 아닌가. 이
렇게 넓게 좀 해석해 볼 필요가 있다 이런 생각이 듭니다.

"창힐은 치우의 청구국靑丘國 시대에 이미 자부 선생의 문
하에서 공부를 했다"(마한세가 上)

이렇게 기록에 나와 있습니다. 자부 선생하면 여러분들 많

이 들어 보셨죠? 선인 발귀리의 후손으로 치우천황의 스승입니다. 그림으로 보면 창힐이 활동했던 무대는 바로 이 북경과 태산 이 사이인데요. 현재 창힐의 사당이 있는 곳은 백수현[※]이 근방입니다. 활동 무대가 이쪽에서 현재 사당이 보존되어 있는 곳과는 거리상으로 차이가 있지만, 전체적으로 보면 창힐의 활동 영역은 중원 대륙에 옛 문자를 전하는 그러한 역할을 했을 것이라고 어렵지 않게 추측할 수 있습니다. 현재까지 전해지기는 창힐은 대릉하의 조양朝陽에서 태어났다고 하는데요. 지금 말씀드린 사당은 좀 멀리 백수현에 있습니다. 바꿔 말하면 창힐의 활동 영역이 그만큼 넓었기 때문에 우리 고문자의 전파도 더불어서 넓은 영역에 걸쳐서 전했을 것이라고 생각됩니다.

※**백수현**
중국 섬서성 서안西安의 서쪽에 백수현白水縣이 있다.

그런데 유감스러운 것은 아직 이 신지전자의 유물들이 구체적으로 드러나지 않고 있다는 겁니다. 물론 문자라고 하는 것은 한 시대 한 문화를 형성하는 기초 단위가 되기 때문에 언젠가는 밝혀지리라고 봅니다.

예를 들어서 은나라시대의 갑골문자*도 발견된 것은 얼마 안 되었죠? 갑골문자가 사용된 것은 3,500여년 전이지만 우리가 발견한 것은 100여년 밖에 안 되었습니다. 그러면 근 3,000년 동안 갑골문자가 있었는지 없었는지 모르고 살아왔죠. 그렇듯이 이 신지전자도 지금 유물※이 발견되지 않고 있어서 모르고 있지만, 어느 때가 되면 그 유물도 같이 출토될 것이라는 기대도 해봅니다. 한 가지 여기서 옛 문자와 관련해서 살펴볼 수 있는 것은요. 갈홍이 쓴 『포박자抱朴子』라는 책이 전해 내려오고 있는데요. 거기 보면 "황제 헌원이 청구에 이르러 풍산을 지나 자부紫府 선생을 뵙고 「삼황내문」을 받아 신을 부렸다." 이런 구절이 나옵니다. 이것은 중국 측 책에 적혀있는 그대로입니다. 이것을 보면 『환단고기』에도 있는 것처럼 자부 선생은 틀림없이 「삼황내문」이라는 글을 지었다는 것이죠. 이 「삼황내문」도 글자의 형태로 이해하고 있는데요. 그러니깐 자부선생 당시에 「삼황내문」이 어떤 형태라고는 단언할 수 없지만 옛 고문자의 형태였다는 것을 알 수가 있죠. 그렇다면 그때 자부선생으로부터 공부를 한 창힐의 경우도 당시의 문자가 있었을 것이라고 이 구절을 통해서 유추할 수가 있습니다.

✳ **갑골문**甲骨文
은나라(BCE 1766~BCE 1122년경)에서 사용된 문자로 1899년 안양현 소둔촌에서 처음 출토되어 세상에 알려졌다.

※ **신지전자의 유물**
앞에서 제시한 바와 같이 이제 발굴되기 시작했다.

☙ **갈홍**葛洪
(283~434)
『포박자』의 저자.

그 다음 천부경과 관련해서 한 가지 알아야 될 것이 오늘날 알려져 있는 갑골문 천부경입니다. 바로 이러한 형태인데요. '이것이 현재 전해져 있는 갑골문으로 쓴 천부경이다.' 이렇게 얘기를 합니다.

갑골문은 지금부터 멀게는 3,500년 전에 사용된 문자인데요. '오늘날 한자로 쓴 81자 천부경 이전에 갑골문으로 쓴 천부경이 있다'라고 최근에 공개가 되었죠. 바로 이 갑골문 천부경을 공개한 분이 고려 말의 충신이었다는 농은農隱 민안부 선생의 후손인 민홍규씨입니다. 그럼 갑골문으로 쓴 천부경의 원문을 한 번 보겠습니다. 바로 이것입니다.

제가 이 원문을 공개한 분과 통화를 해보니까요, 농은 선생의 여러 문집이 있는데, 그 가운데 어느 문집에 이 천부경이 한쪽에 붙어 있었답니다. 그때만 하더라도 자기도 이것이 무엇인지 모르고, 천부경을 알지도 못하는 그런 상태로 발견을 했답니다. 그래서 처음에는 이것이 모양이 좋게 보여서 문집에서 오려가지고, 우리가 어릴 때 벽에다가 시간표 붙여놓고 지내잖아요? 그렇듯이 벽에다가 이것을 오려서 붙여놨었는데, 나중에 알고 보니까 이것이 바로 천부경이었다, 이렇게 얘기를 했습니다.

그런데 여기 안에 찍혀 있는 도장이 의심스러워서 '이 도장이 무슨 도장이냐?' 하고 물어봤는데요. 원문에 있는 도장은 아니고 나중에 자기가 찍은 것이다 이렇게 얘기한 것을 확인했습니다. 이 위에 있는 천부경이라는 제목은 오늘날의 한자로 썼는데요. 이 '천부경天符經' 세 글자도 그 뒤에 써 넣은 것이 아닌가 생각합니다. 왜냐하면, 천부경이라고 오늘날의 한자로 써 놓지 않았기 때문에 갑골문으로 쓴 이것이 무엇인지를 몰랐겠죠. 본래부터 써 있었으면 천부경이라고 알았을텐데, 이 천부경이라는 세 글자는 갑골문으로 써놓지 않고 오늘날의 한자로 쓴 것을 보면 이것은 후에 썼을 것이다, 이렇게 생각을 해볼 수 있겠습니다. 아무튼 현재 우리가 알 수 있는 천부경의 문자 기록, 모양으로 봤을 때 신지글자라고 유추할 수 있는 글자 외에도 갑골문으로도 천부경이 전

고려시대 포은 정몽주, 목은 이색, 야은 길재와 더불어 오은五隱 중에 한 사람인 농은農隱의 집안에서 발견되었다고 전하는 갑골 천부경문. 앞으로 정확한 고증이 요청된다.

해졌다고 이해할 수 있습니다. 하지만 이 문제는 아직 단정할 수 없습니다.

다시 뒤로 가 볼까요. 천부경에 관한 결론 부분이 되겠습니다. 천부경이 한자로 기록된 것은 천 년 전이다. 그때 최고운 선생으로부터 전해졌고요. 최고운 선생이 천부경을 통해서 우리한테 이 81자를 전해줬을 뿐만 아니라, 분명히 이 천부경을 통해서 우리한테 전해주고 싶은 것이 있었을 것이다. 그 사상을 지금 뭐라 말할 수는 없지만, 그래도 천부경을 통해서 알 수 있는 것은 역시 앞에서 말씀드린대로 삼신사상 또는 천지인 삼재사상, 그리고 우리 조상들이 가지고 있던 삼三사상 등에 담긴 민족의 혼을 천부경을 통해서 전수해 주려고 한 것이 아니냐, 이런 생각을 합니다.

더불어 우리가 이 천부경을 통해서 앞으로 연구해야 할 것은 앞에서 말한 '남해 석각(신시고각)'입니다. 물론 현재 전해지고 있는 이 신지전자, 신지전자는 현재까지 31자가 전해지고 있는데요. 이 신지전자에 대한 연구가 활성화된다면 천부경의 본문을 이해하는 데 많은 도움이 될 것이라고 생각합니다. 아울러 '갑골문 천부경' 연구를 한다면 천부경의 본뜻을 이해하는 데 더 많은 도움이 될 것입니다. 시간은 아주 멀리 있지만, 남해 석각(신시고각)이 신시시대에 쓰인 글자라면 그것은 어떤 의미에서는 천부경이 처음 쓰였던 신시시대와 가장 가까이 있기 때문에, 남해 신시고각을 연구할 수 있다면 가장 가깝게 천부경을 이해할 수 있는 지름길이 될 것이라는 생각이 듭니다. 그래서 이러한 천부경 연구를 고문자와 함께 연구를 하면 천부경의 본뜻을 이해하고, 또 천부경을 통해 우리한테 전해주려 한 조상들의 마음과 후손들에게 물려주려 한 근본정신을 정확하게 이해할 수 있을 것입니다. 그럴 때 비로소 오늘날 이 시대에 맞는 천부경으로 바르게 이해할 수 있을 것으로 생각을 합니다. 이번 시간에는 천부경의 이름과 그 문자에 대해서 말씀 드렸습니다. 이것으로 마치겠습니다. 감사합니다.

4강
천부경의 우주관과 미래

여러분 안녕하십니까? 지난 시간에는 천부경의 이름과 글자에 관해서 알아보았고요. 이번 시간에는 천부경이 가지는 우주관에 대해 알아보고, 천부경이 우리에게 무엇을 일러주고 있느냐 하는 미래관에 관해서 알아보겠습니다.

천부경 81자의 상징

제가 두 번째 시간에 말씀드릴 때 천부경의 본문에 관해서 같이 공부를 해봤습니다만, 천부경 81자는 아주 짧은 글이지만 함축된 만큼 그 내용을 이해하기가 어렵습니다. 그래서 다시 한 번 이 시간에는 천부경 81자 본문을 중심으로 설명을 하면서 천부경이 가지고 있는 심오한 우주관에 대해 말씀을 드리도록 하겠습니다.

말씀드린대로 천부경은 81자로 되어 있습니다. 왜 81자일까요? 여기에는 아마 수리적으로 오묘한 뜻이 숨어 있을 것 같습니다.

80자로 해도 좋고, 90자로 해도 좋은데 왜 81자였을까?

81자가 가지고 있는 수리적인 의미가 있다면 그것은 9×

9 = 81을 상징하는 그러한 수리체계다, 이렇게 이해할 수가 있겠습니다.

一始無始一, 一과 無의 관계

먼저 천부경 81자 가운데서 중요한 것만 골라서 요약해서 다시 한 번 말씀을 드리겠습니다. 본문 가운데서 가장 중요한 것은, 첫 구절이 어떻게 시작하냐면 一始無始一이죠. 그런데 그 一始無始一을 어떤 순서로 해석할 것이냐에 따라서 해석은 다양하게 나올 수밖에 없습니다. 그렇지만 오늘 이 시간에는 최대한 압축해서 말씀을 드리겠습니다.

전 시간에 설명을 드릴 때에 一始無始一을 그냥 우리말의 어순대로 "하나 시작했다(一始), 無에서 시작한 하나다(無始一)." 이렇게 설명을 해봤습니다. 여기서 문제가 되는 것은 一과 無의 관계, 無와 一은 어떤 관계인가? 이것이 천부경 첫 구절에서 제기하고 있는 가장 중요한 문제입니다.

一과 無의 관계를 천부경은 놀랍게도 둘로 갈라서 보지 않고, 하나로 보고 있다는 데 또 뜻이 깊습니다. 一이면 一이다. 無면 無다. 이렇게 설명을 해야 할 텐데, 그 一과 無가 서로 떨어져있는 관계가 아니라고 또 설명을 하고 있는 것이죠. 一과 無는 서로 一은 無를 높여주고, 無는 또 一을 높여줍니다. 그래서 一始 하나에서 시작했는데, 그 시작한 하나는 어디서 시작했느냐? 無에서 시작한 하나다.

無에서 하나가 시작했어요. 이 말은 一을 주체적으로 설명한 거예요. 그런데 그 一조차도 알고 보니 無에서 비롯된 하나더라. 그러면 無에서 비롯된 하나지만 그 無는 一이 없으면 시작할 수 있을까요, 없을까요? 一이 없으면 시작할 수 없다는 거예요. 一始 하나에서 시작했다고 결론이 나는 것이 아니라, 하나에서 시작했는데 無에서 시작한 하나다. 그런데 無는 一이 없으면 또 시작할 수가 없다는 말이 되지요. 그런데 또 一은 無가 없으면 나올 수가 없어요. 一과 無를 동시에 강조하고 있다. 一과 無는 떨어져있는 존재가 아니다, 하나다. 그런데 그 시작과 시작 이전과의 관계로 볼 때 一과 無의 관계로써 우주가 나온 처음의 모습을 설명하고 있다는 것이죠.

비유적으로 설명해 보겠습니다. 지금 아이와 어머니가 비눗방울 놀이를 하고 있어요. 아이가 비눗방울 안에 있는 모습인데요. 이 비눗방울은 2~3초 지나면 터지죠? 그런데 그 2~3초 동안 어린아이가 비눗방울에 갇혀있는 모습을 생각해 보는 거죠. 그러니까 어린이가 비눗방울에 들어가 있을 때는 바깥 세상과는 단절되어 있는 모습이겠죠. 그러나 곧바로 비눗방울은 터지요. 이 세상과 다시 하나가 되는 것입니다.

비눗방울 안에
있는 아이

좀 더 자세한 비유를 말씀드리면, 예를 들면 모든 사람은 어머니가 낳았죠. 우리는 어머니 자궁 안에서 다 태어났죠? 그렇지만 우리가 이 세상에 태어나서 어머니 자궁 안에 있었을 때의 그 모습을 기억하고 있나요? 아무도 기억을 못하죠.

그러면, 나는 분명히 이 세상에 태어났어요. 하나로 내가 시작을 했어요. 그런데 알고 보니까 나는 어머니로부터 나왔어요. 어머니로부터 나왔다. 어머니의 자궁 안에 있을 때는, 아직 내가 세상에 나오지는 않았어요. 그런데 틀림없이 무언가가 있었어요, 無의 세계 같은. 왜? 우리는 틀림없이 어머니 자궁 안에서 10달 동안 있었지만 아무도 그 10달 동안을 기억하는 사람은 없어요. 또 기억한다고 해도, 보고 온 사람 있나요? 없어요. 그 세계가 바로 無에요. 그 세계를 無라고 할 수 밖에 없어요. 그렇지만 없었나요, 있었나요? 있었죠. 우리는 많은 체험을 못했지만, 내가 자랄 때는 몰랐지만, 어른이 되어서는 그것을 알게 되잖아요. 내가 어른이 되면 그 사실을 그제야 깨닫게 되는거죠. 그것이 바로 無의 세계※다.

그 다음은 "一과 無는 서로 떨어질 수 없는 관계다. 一은 無에 의해서 無는 一에 의해서, 이 우주는 一과 無의 세계로 공존하고 있다." 이렇게 우리가 이해할 수 있겠습니다. 이것이 천부경의 첫 구절이 일러 주는 가장 중요한 우주관입니다. 우리는 틀림없이 이 세상에 태어났고 이 세상에 살고 있지만 내가 이 세상에 오기 전에 또 다른 세계가 있었다. 그것을 기억은 못하죠. 아무도 기억은 못하지만 틀림없이 있었다. 또 이 세상에 태어났는데, 사실 우리가 태어나는 것을 기억하나요? 태어나는 순간도 기억 못하죠? 왜냐하면 어머니들은 아시겠지만 어린아이가 태어나면 최소한 4~5개월은 지나야 아이들 눈이 보여요. 태어나자마자 어린아이가 자

※**무無의 세계**
무는 알 수 없으나 깨달아 아는 세계이다. 無는 一과 다른 세계를 상징한다.

기 눈으로 이 세상을 볼 수 있다면 이 세상이 어떨까요? 놀라겠죠. 또 태어나자마자 소리를 들을 수 있다면 얼마나 놀라겠어요. 그래서 최소한 아기가 이 세상에 태어나지만 보통 4~5개월 정도는 눈은 보이지 않게 하고 귀는 듣지 못하게 해서 적응 기간을 갖게 해요. 이 세상에 태어나서도 적응 기간이 있다. 一始로 시작하는 과정은 그러한 과정을 거쳐서 나아간다. 이렇게 이해하면 첫 구절 一始無始一^{일 시 무 시 일}을 알 수가 있겠습니다.

더불어 맨 마지막 구절이 뭐죠? 一終無終一^{일 종 무 종 일}인데요.

그것도 같은 이치죠. 우리가 저 세상에 돌아갔을 때도 알 수 없는 세계가 아닌가. 그러나 틀림없이 있는 세계다. 이 세계는 無라 할 수 있고, 구체적으로 '무극의 세상이다'라고 할 수가 있는 것입니다. 無는 충막무짐沖漠無朕※ 해서, 아주 꽉 들어차 있으면서 아주 광막한 세계라고 할 수 있죠. 보이지도 않고 들을 수도 없는 세계다. 一이라고 하는 것은 그런 세계가 열려서 동정動靜, 즉 움직임과 고요함이 시작되는 첫 단서가 마련되어서 열리는 그런 것도 비유해서 설명할 수가 있겠습니다.

[※] **충막무짐**沖漠無朕 **만상삼연**萬象森然
공허하고 광막하여 아무 조짐도 없는 천지 사이에 장차 만물이 생겨 나려는 형상이 삼연히 이어진다는 뜻. 無가운데 有가 있고 靜가운데 動이 있음을 이르는 말

▌三속에 담긴 의미

一始無始一^{일 시 무 시 일} 다음에 析三極無盡本^{석 삼 극 무 진 본}, 그 다음에 天一一^{천 일 일}, 地一二^{지 일 이}, 人一三^{인 일 삼}. 天一^{천 일}, 地一^{지 일}, 人一^{인 일}이 나오고, 그 다음에 一積十鉅^{일 적 십 거} 無匱化三^{무 궤 화 삼}, 天二三^{천 이 삼}, 地二三^{지 이 삼}, 人二三^{인 이 삼}인데요. 천부경

에서 중요한 것이 이 三입니다. 三이란 것은 뭐냐? 우리가 一의 세계에 대해서는 설명을 했는데 二와 三은 또 무엇이냐? 천부경은 기본적으로 천지인 삼재, 삼극의 논리를 가지고 설명을 하는데요. 그 천지인이 그냥 고정되어 있는 세 개, 삼극이 아니라 그것은 무수한 관계를 맺으며 존재하고 있다는 겁니다. 하늘도 땅도 사람도 무수한 관계 속에 있는데 그 대표적인 관계가 뭐냐? 二와 三*이라는 거죠.

둘(二)은 상식적으로 이해한다면 음양이다 이렇게 설명할 수 있겠죠. 또 三도 여러 가지 설명이 가능하지만, 정기신精氣神이다. 이렇게 설명하는 분도 있고요. 아무튼 천지인은 둘(二) 또는 셋(三)이 무궁한 관계를 맺으며 존재하게 되는 것이다. 그것이 바로 天二三, 地二三, 人二三이다. 그 중에서 특히 三은 그러한 천지인이 가지고 있는, 속에 내재되어 있는 신, 조화造化의 능력을 상징하고 있다. 이렇게 볼 수가 있겠습니다.

一과 三과 관련해서 일위삼체一爲三體, 또는 삼위일용三爲一用*, 회삼귀일會三歸一, 집일함삼執一숌三 등 여러 가지로 말을 했습니다. 一은 三을 이루는 기본적인 몸이죠. 또 三은 一에 의해서 쓰임이 되고, 회삼귀일 즉, 셋을 모아서 하나로 돌아가고, 하나 속에 이미 셋이 포함되어 있는 그런 관계가 바로 一과 三의 관계입니다. 一과 三 속에는 二라고 하는 수가 이미 숨어 있는 관계라 할 수 있죠. 이러한 三 사상은 천부경에서 천지인을 의미하면서 동시에 조화, 교화, 치화 이런 삼

또 天一, 地一, 人一(太一)※이라는 또 새로운 말로 등장을 하게 됩니다. 이러한 삼신사상이 대표적으로 표현되어 있는 것이, 여러분 잘 아시죠? 삼족오.※ 발이 세 개 달린 태양 속에 사는 까마귀 새인데요. 그 새가 발이 셋이다, 이렇게 말하는데, 그 말 속에는 삼사상, 삼신사상을 내포하고 있다, 이렇게 설명할 수 있습니다. 삼신사상은 천부경에 구체적으로 언급되어 있는 것은 아니지만 천부사상과 아울러서 우리 상고시대의 사상과 문화를 이해하는 데 아주 중요한 말이다. 이렇게 알면 되겠습니다.

도 지 대 원　　출 어 삼 신
道之大原이　出於三神이라.※

도의 큰 근원이 어디로부터 나오느냐면 바로 삼신으로부터 나온다. 이런 말이 있습니다. 삼신은 세 신과의 관계를 설명하는데, 또 다른 말로 상계신, 중계신, 하계신이다. 이런 말도 있죠?

그 표현은 어떻게 쓰든 그 말이 가지고 있는 의미는 三의 관계 또 삼신의 관계, 삼재의 관계를 설명한 것이라고 이해할 수가 있겠습니다.

그래서 두 번째로 중요한 것이 바로 천부경이 가지고 있는 二와 三의 관계다. 이렇게 말씀드릴 수 있겠고요.

※**태일**太一-
人一의 후천적 완성의 표현이 太一이다.

✳**삼족오**三足烏
고대 태양신을 상징. '새'는 그 발음이 '해'와 같다. 그래서 '새'로써 '해'를 표현하는 것이다. 형님을 성님이라 부르는 것과 같다.

❋**도지대원**道之大原
출어삼신出於三神
도의 큰 근원은 삼신에서 나온다. 그 도는 대립도 없고 이름도 없다.(출전 : 「마한세가 上」)

六과 九에 담긴 의미

　세 번째로 말씀드릴 것은 六과 九의 관계입니다. 천부경은 바로 수리의 철학이다 할 만큼 수에 관한 설명이 많이 나옵니다. 그만큼 고대 우리 조상들은 수로써 자기 사상, 신앙을 표현하려고 한 게 아닌가, 이렇게 이해할 수가 있겠는데요. 여기서 중요한 것이 바로 六과 九입니다. 이 六수와 九수는 천부경뿐만 아니라 『주역』에서도 아주 중요하게 설명하고 있는 그런 부분입니다.

　주역에서 "六은 음의 수다. 九는 양의 수다. 양의 수를 대표하는 것이 九고, 음의 수를 대표하는 것이 六이다." 이렇게 설명하고 있는데요. 천부경에서는 大三合六이란 구절이 나옵니다. 큰 셋이 합해서 六이 나온다 이거겠죠? 그러니까 우주론적으로 六은 중요한 의미를 가지고 있는 거죠.

　큰 삼三은 여러 가지로 설명할 수 있지만, 요약해서 말씀드리면 천지인 가운데서 天三과 地三이다. 이렇게 설명할 수가 있겠습니다. 하늘이 가지고 있는 삼의 숫자, 땅이 가지고 있는 삼의 숫자. 삼은 아까 조화의 능력 또는 창조성이라고 그랬죠. 천天이 가지고 있는 조화의 능력, 지地가 가지고 있는 조화의 능력, 이 셋이 합해서 바로 六이 나온다. 그러면 천과 지가 합해서 六이 나오는데, 그러면 하늘과 땅이 합해서 무엇을 내려고 그럴까요? 바로 천지인 가운데 인人을 내려고 하는 것이죠. 六 속에는 천지가 인간을 포태胞胎하고 있다는 의미가 담겨 있습니다. 포태만 하고 있고 아직 나오지 않은 상태예요. '六수는 천지가 인간을 포태한 숫자(포태수)다' 이렇게 설명할 수가 있겠습니다.

▌사람을 상징하는 生七八九

그 다음 구절이 生七八九예요. 그러니까 六이 나온 다음에 비로소 마지막 말씀드린 九가 나오거든요. 그러니까 천지가 사람을 포태했는데, 포태하면 비로소 낳게 되죠. 이때는 천지가 '천지부모'가 되어서 인간을 낳게 되는 거죠. 그래서 七八九는 결국은 사람의 숫자다. 이렇게 쉽게 이해하면 되겠습니다.

그러면 왜 많은 숫자 가운데 사람을 상징하는 숫자는 七八九일까요? 거꾸로 얘기하면, 六이 나올 때까지 一二三은 하늘의 숫자고 四五六은 땅의 숫자라면 七八九는 사람을 설명하고 있죠. 그러면 七八九로 사람을 설명할 수 있을까요? 어떤 의미에서 七八九가 사람을 상징하고 있다고 할 수 있을까요? 六으로부터 나왔거든요. 七 — 북두칠성. 七과 관계해서 사람 몸에 뭐가 있을까요? 우리 얼굴에서 볼 수 있는데요, 얼굴에 뭐뭐가 있죠?

눈 두 개, 귀 두 개, 코 두 개, 입 하나 그러니까 六 다음에 七인데요, 인간이 얼굴을 갖게 되죠. 인간의 형상이 완성되었죠. 얼굴이 바로 일곱 구멍으로 이뤄졌어요.

그 다음에 八, 九는, 인간의 생식기와 배설기관을 포함해서 아홉 구멍을 가짐으로써 비로소 인간의 모습이 완성되는

※일이삼一二三
天 : 一二三
地 : 四五六
人 : 七八九

거죠. 그래서 七八九는 바로 인간의 완성 모습이다. 六수는 인간이 포태된 모습이고, 九수는 인간이 완성된 수(완성수)다. 九에 의해서 완성되게 되죠. 이것이 천부경 가운데서 六과 九의 의미다. 이렇게 이해할 수가 있겠습니다. 사람은 六수에 의해서, 천지를 부모로 해서 태어났고, 七八九의 九에 의해서 자기 몸의 완성을 이룹니다. 그러면 인간의 마지막 완성은 뭘까요? 내가 몸을 받아서 완전한 인체구조를 이룬 것만으로 만족할까요? 그건 아니죠. 천지 부모 입장에서는 이 인간이 다음 인간을 낳을 수 있어야 해요. 나만 나온 것으로 천지는 만족하지 않거든요. 인간의 생명이 유지되어 가고 인간이 번식되어 가야죠.

그 다음 여기서 말하지 않은 숫자(不言之數)가 10인데, 10이라는 숫자는 바로 인간이 인간을 포태한 숫자예요. 인간이 인간을 포태함으로써, 자식을 낳음으로써 인간이 천지부모 앞에 성공했다라고 말할 수 있는 것이죠. 9수로 끝나면 인간이 창조된 것으로만 끝나는 거죠. 태어난 것으로만 끝나고 다음 인간이 이어지지 않으면 안 되니까요. 천부경에서 말하지 않은 10수는 인간이 다음 인간을 포태하는 관계다. 이렇게 설명할 수 있겠습니다.

▌本心本太陽昻明 태양의 밝음을 본받는 마음
본 심 본 태 양 앙 명

그 다음에 가장 중요한 것은 천부경에서 마음과 태양과의 관계입니다. 그 구절이 本心本太陽昻明입니다. 여기서는
본 심 본 태 양 앙 명

마음과 태양과의 관계를 설명하고 있는데요. 本心本太陽昂明을 갑골문자로 옮겨봤더니, 이 글자와 이 글자의 공통점이 뭐죠? 아마 이 모양은 태양을 상징하는 거 같죠? 태양을 상징하는 거 같아요. 사실은 마음, 심장 글자도 태양을 상징하는 모양과 비슷해요.

우리가 심장은 뜨겁다고 그러죠. 그 많은 말 가운데 왜 심장을 뜨겁다고 했을까요? 그 속에 이미 태양이 내려와 있다고 믿는 게 아닐까요?

마음 心 자를 보니 태양의 볕 陽 자와 같은 글자를 그 안에 가지고 있고, 글자상으로도 마음과 태양은 일치하고 있다. 그러면 本心本太陽昂明이라는 것은 결국 뭐냐? 사람의 본심(근본 마음)이 태양의 밝음에 근본해 있다, 사람의 마음은 태양의 밝음을 떠나면 안 된다는 것입니다. 마음이나 태양이나 근본은 하늘이죠.

태양의 밝음을 설명하는 여러 말이 있습니다.『대학』에서는 명명덕明明德이라고 했잖아요. 밝고 밝은 덕. 마음은 본래 밝고 밝은 거거든요, 태양의 밝음처럼.

그러나 사람이 살면서 가리워져 어두워져요. 어두워지지 말고 항상 태양의 밝음에 근본을 두어라, 이런 뜻을 가지고

볕 양陽 자

마음 심心 자

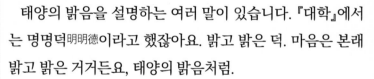

本心本太陽 갑골문자(우측부터)

있죠. 이처럼 우리 조상들은 태양을 아주 소중히 여긴 것 같아요.

우리 조상들이 태양을 얼마나 소중히 여겼냐 하면, 『태백일사』의 기록을 보면 우리 조상들은 아침저녁으로 태양에 경배※를 했다는 구절이 나옵니다. 우리 민족은 태양을 지극히 공경하고 섬긴 민족이었음을 알 수 있는데요. 태양을 공경스럽게 섬긴 것을 과학적인 이치로 설명해보면, 인류가 빙하기가 끝나면서 태양에 대한 감사의 표시가 더 극진하지 않았을까? 그리고 빙하를 녹여주는 것은, 빙하기로부터 인간을 해방시켜 줄 수 있는 것은 유일하게 태양의 힘밖에 없으니까요. 역사적으로 보면 한 1만년 전까지도 빙하기에 살았다고 하잖아요. 그 시대, 빙하기에 살아온 조상들, 생명을 이어나가기 위해서 몸부림쳤던 조상님들의 모습도 생각해볼 필요가 있습니다.

자연히 하늘을 경배하고 특히 태양을 경배하고, 그래서 빙하가 완전히 녹으면서 그 후 인류 문명은 1만년 동안에 급속히 발전이 되잖아요. 태양숭배 이면에는 자연과학적으로 봤을 때 빙하기가 끝나는 것과 연계되지 않을까, 그런 생각을 해봅니다.

가장 중요한 것은, 우리 조상들은 이 태양을 '광명의 근원이면서 삼신이 계신 곳이다'라고 믿었다는 거예요. 삼신이 어디에 계시냐? 우리가 지난 시간에 설명할 때 환웅이 사냥을 나가서 삼신※께 제를 올렸다는 구절이 있잖아요. 그 삼

※**조석경배**朝夕敬拜
이위항식以爲恒式
아침저녁으로 경배함을 일정한 의식으로 삼았다. (환국본기) 이처럼 태양을 숭배한 것은 '공동체의 밝음'을 유지한다는 것을 의미함.

※**삼신**
삼신사상은 삼신상제님 사상으로 구체화 된다.

신이 계신 곳을 우리 조상들은 태양이라고 생각을 한 거예요. 태양을 경배하는 것은 그 행위가 삼신께 경배하는 행위와 일치하는 것이죠. 태양을 자연과학적인 태양으로만 생각하지 않고, "그 안에 바로 삼신이 살고 계시다. 그렇게 믿었기 때문에 태양공경이 지극한 것이다" 이렇게 해석이 됩니다.

더불어 태양의 밝음을 숭상해서 우리 인간의 마음이 항상 태양의 밝음에 근원해야 한다. 좀 철학적이지만 마음과 태양의 관계를 언급하고 있다는 것은 천부경의 역사성과도 관계가 있다. 이렇게 생각이 됩니다.

그런 가운데 우리가 알 수 있는 것은 바로 인간은 이 태양의 빛 속에서 태양의 빛과 함께, 빛을 통해서 스스로 성화聖化를 입는, 스스로 태양의 빛을 받아서 우리 인간이 성스러워지는 성화 단계를 거치려고 한 뜻이 아니었나, 이렇게 생각합니다. 그래서 마음, 태양, 빛의 이 관계를 일러 주는 것이 바로 천부경의 本心本太陽昻明이다. 이렇게 이해하면 되겠습니다.

그 다음 화면을 보면요. 중요한 자료가 있습니다. 지난 시간에 제가 말씀을 드렸는데요. 1961년에 산동성 대문구 유적지에서 출토된 도문(도자기 문양)인데요, 바로 이 문양이 여기에 새겨져 있습니다. 시기적으로 보면 길게는 BCE 2800년 그러니까 지금으로부터 5,000년 전에 사용했던 도기다. 이렇게 추측할 수가 있겠습니다.

도기에 새겨진 이 문양은 뭘 상징하는 것일까? 신용하 교수는 이 문양을 '조선의 아사달※을 상징하는 것이다'라고 해석을 하고 있어요. 아사달이 뭡니까? 아침 해(햇빛)가 솟는 조선朝鮮, 한자로는 조선(또는 조광朝光)이고 우리말로는 아사달입니다. 아사달 문양과 관계가 있는 것이 아닌가, 이렇게 해석을 했어요. 저는 가만히 보니까 이것이 나온 시기가 근 5,000년이 다 되어간다면 그 시대가 신시시대 또는 치우천황의 청구靑丘시대라 할 수 있겠습니다.

바로 이 本_본心_심本_본太_태陽_양昂_앙明_명이 그런 뜻이 아닐까? 바로 태양을 숭배한 이러한 문양(신시 본태양 문양)이 아닐까? 천부경과 연계해서 저것을 해석해보면 아주 뜻이 깊겠다, 이런 생각을 가져봅니다.

그리고 本心本太陽昂明에는 태양이란 글자가 들어가 있어요. 우리는 실제로 아침저녁으로 태양을 경배한 민족이고, 태양을 숭배한 조상들인데요. 그것을 보면 저 문양은 단순히 태양만 그린 것이 아니라 종교적인 의식까지 포함된 적극적인 개념으로 볼 때 바로 천부경의 本心本太陽昂明을 상징하는 것이 아니냐? 여러분 생각은 어떻습니까? 이에 대해서는 자유롭게 각자 해석을 해보십시오. 해서 만약에 저것을 이름 붙인다면 '신시 시대의 천부天符문양'일 것이다. 천부경을 하나의 도형으로 그린다면 아마 저렇게 그리지 않았을까? 하나의 문양이지만 저 속에는 바로 천부경을 상징하는 말들이 들어있다, 이렇게 생각이 됩니다. 근 5,000년 전이기

※**아사달 문양**
이에 근거하여 신용하교수는 고조선 건국 연대를 BCE 3000년까지 올라갈 수 있다고 주장.

대문구 도문의 태양

때문에 시기적으로도 단군시대보다는 그 이전 시대로 소급
해 볼 수 있습니다.

人中天地一 천지의 뜻을 이루는 사람
인 중 천 지 일

다음 화면을 보겠습니다. 천부경의 마지막 구절인데요.
人中天地一 一終無終一로 끝나죠. 一終無終一은 一始無始一
인 중 천 지 일 일 종 무 종 일   일 시 무 시 일
과 연관이 되어서 설명이 되어 있고요. 실제적인 천부경 마
지막 구절은 人中天地一입니다.

결론적인 말씀인데요, 人中天地一은 바로 우리 사람과 하
늘 땅, 이 삼재가 동시에 나오고 있는 문장입니다. 그래서 이
문장은 어떤 의미에서는 천부경의 최종적인 결론이다. 이렇
게 생각할 수가 있겠습니다. 문장상으로만 보면 인중人中, 사
람이 가운데 있다. 어디 가운데? 천지 가운데 있으면서 천지
와 하나 되고, 천지의 가운데에 사람이 비로소 설 수 있게 되
는 거죠. 人中天地一을 줄이면 人一입니다.

사람이 천지 가운데에 서기 위해서는 여러 가지 조건들이
있을 것 같습니다. 왜냐하면 모든 사람이 천지의 가운데 서
느냐? 그런 것은 아닌 것 같고요. 사람이 천지의 가운데 설
수 있다는 것은, 또는 천지 사이에서 중을 유지할 수 있다는
것은 사람이 사람으로서의 역할과 책임을 다할 때 비로소
가능할 것이다. 그래서 이 말 가운데는 인간이 가지고 있는
천지 우주에 대한 책임감을 말해주는 게 아닌가? 자연히 저
절로 모든 사람이 천지 중에 하나가 된다는 그런 표현은 아

니지 않을까?

왜냐하면, 천부경은 어디까지나 경전의 성격을 가지고 있고, 이 가운데는 뭔가 우주의 원리에 입각한 인간의 도리와 인간의 책임까지도 논하고 있기 때문에, 그런 의미에서 천부경은 인간에게 하나의 과제를 부여하고 있다. 그런 측면에서 인중人中이라는 말은 참으로 좋은 말이지만, 사람이 그 중을 얻기까지는 어려운 일일 것이다.

물론 인간은 이렇습니다. 인간은 음양동정陰陽動靜의 중성적中性的인 존재입니다. 하늘이 가지고 있는 양적인 요소, 땅이 가지고 있는 음적인 요소를 동시에 다 가지고 있는 존재가 바로 사람입니다. 하늘은 순양純陽만 가지고 있고, 땅은 순음純陰만 가지고 있다면 사람은 음양을 같이 가지고 있습니다. 그러기 때문에 사람은 하늘도 될 수 있고 땅도 될 수가 있어요.

그러나 그것이 저절로 되는 것이 아니고, 사람이 소우주적인 존재라 하는 것도, 인간이 가지고 있는 음양동정의 중성적인 요소에 의해서 인간이 소우주小宇宙의 역할을 합니다. 그러나 인간이 천지 가운데서 비로소 하나가 된다고 할 때 그 하나는 결국 천지부모와 사람이 하나 된다는 그런 의미도 같이 가지고 있는 것이죠.

그래서 이것을 시천주侍天主※로 설명할 수 있겠는데요. 시천주, 천주를 모신다는 이 표현은 결국 하늘만 얘기한 것이 아니라, 천주라는 말 속에는 천지 부모를 내가 모신다는 그

※**시천주**侍天主
천주 하날님, 상제님을 내 몸에 모신다는 동학의 핵심사상. 이로부터 인격적인 天-人 관계가 성립되었고, 만인평등과 인간 존엄성의 사상이 나왔다. 侍에는 始의 뜻이 들어 있다.

런 뜻도 가지고 있는 겁니다. 천부경의 관점에서 보면, 사람이 천지부모를 모시게 되었을 때 비로소 인간의 지위가 결정되는 것이고, 그러한 인간의 지위를 설명한다면 천부경의 의미로 보면 인중人中인 것입니다. 사람이 중中을 얻었다(得中), 사람이 중中의 자리에 섰다(立中). 그러한 사람을 인존人尊이라 합니다. 천존天尊과 지존地尊 가운데 인존의 문제를 이해할 수가 있는 거죠. 진정한 천지인의 합일 사상은 바로 人中天地一에 의해서 발생이 된다. 이렇게 볼 수가 있겠습니다.

아마 천부경의 저자를 환웅천황으로 본다면 과연 환웅께서는 이 천부경을 통해서 우리 인간들에게 무엇을 요구하고 계실까? 사람으로서의 역할이 무엇일까? 또 사람이 천지 앞에 과연 어떻게 서는 것이 바른 것일까 하는 그런 문제를 동시에 제기해주고 있는데요. 바로 그것을 통해 사람은 완성의 길을 가는 것, 그것이 아마 천부경을 통한 깨달음이 아니겠는가. 이렇게 생각이 됩니다. 결국 천부경을 통해서 이 우주는 '인간 완성'을 이루고, 그 다음에는 뭐가 완성될까요? 사람의 완성을 통해서 결국은 '우주 완성'을 추구하려고 한 게 아니겠는가. 그 완성된 인간(太一)※, 사람의 모습을 뭐라고 설명하든지간에 천부경은 바로 人中天地一이라는 다섯 글자 속에서 인간의 존엄성, 지위, 책임성을 강조하고 있습니다.

왜냐하면 사람이 처음에 大三合六(대삼합륙)에서 천지를 부모로 해서 포태되어 나왔기 때문에 인간은 천부적으로 그 역할을 감

당할 수밖에 없는 것이죠. 그것을 회피할 수 있는 길이 있을까요? 그것은 회피할 수 없을 것 같아요. 그래서 인간의 완성을 통한 우주의 완성, 그것이 바로 人中天地一입니다. 人中天地一은 인간의 완전한 합일, 천지인의 합일을 추구하고 있다. 그러니까 소극적으로 하늘, 땅, 사람은 하나, 이런 개념이 아니라 적극적으로 하늘, 땅, 사람은 하나여야 되는 존재라는 것이죠. 천지인 가운데서 항상 문제가 되는 것은 하늘일까요, 땅일까요, 사람일까요? 무엇보다도 사람의 역할이 중요합니다. 천부경은 우리 인간에게 끊임없는 깨달음을 요구하고 있다. 이렇게 설명할 수가 있겠습니다.

한 가지만 덧붙이면, 人中天地一에서 인중人中의 人은 누굴까? 이런 생각도 해봐요. 천부경에서 이 人이 누구를 의미할까요? 갑골문에서요, 사람 人을 넣어서 인방人方이라는 말을 쓰는데요. 이것은 사람의 방위라는 뜻이 아니라, 동쪽, 동이족이 살고 있는 방향을 인방人方이라 그래요. 중국인들이 봤을 때 人方은 바로 동쪽이죠. 동이족이 살고 있는 곳입니다. 동이족이 살고 있는 방향을 사람이 살고 있는 人方이라 합니다.

한자에서 人이라고 하면 사람인데, 많은 사람 가운데 자기가 아닌 다른 사람을 설명할 때 人이라고 해요. 사람이지만 한자를 해석할 때 人이라고 하면 다른 사람을 말하죠. 그러니까 중국 사람이 봤을 때 다른 사람이 있었나 봐요. 『산해경』을 보면 대인국大人國이라는 말이 나옵니다. 대인은 우리 동이족을 설명한 말인 것 같아요. 당시에 오히려 중국 서쪽 지방에 살았던 서하족西夏族은 동이족을 저렇게 바라본 것이 아닌가. 그 동이족의 나라를 대인국大人國이다, 또 인방人方이다, 사람이 사는 곳이라고 표현을 했습니다.

그러면 人中天地一에서 人은 과연 누구일까? 제 생각인데요. 아마 천부경에서 말하는 人*은 환웅을 얘기하는 것이 아닌가. 그런 생각이 들어요. 저는 천부경을 연구할 때마다 그 문제가 완전히 풀린 것은 아닌데, 그런 의미일 것이다. 조상들은 그 역사 속에서 사람 중의 사람, 천지인이 합일된 태일의 사람을 환웅을 통해서 발견하려고 한 게 아닌가, 이런 생각을 저는 가끔 해봅니다.

그리고 『삼국유사』에 있는 내용인데요. 어떤 의미에서는 환웅이 지상에 강림함으로써 사실은 이 세계가 천지인의 세계를 이루게 되는 거잖아요. 그래서 사람을 인격적으로 보면 그렇게도 이해할 수 있겠다, 이런 생각입니다. 『삼국유사』에서 환웅이 이루고자 한 뜻은 홍익인간, 재세이화였죠? 이 세상을 어떻게 홍익인간 하느냐. 여기에도 인간이거든요. 지금 생각하는 이런 인간의 개념과는 약간 달랐을 거예요. 인간 세상을 널리 이롭게 하는 것이다. 『삼국유사』「고조선조」에 나와 있는 홍익인간 이화세계의 근본 목적은 바로 환웅이 하늘로부터 가지고 온 이상이었을 것이다. 그 신표가 천부인이죠.

그렇다면 하늘로부터 가져온 이상을 지상에서 구현하는

※ 人(인)
천부경이 기록되기 이전에는 환인을 의미했을것이다. 桓因은 桓仁, 桓人으로 쓸 수 있다.

것! 그것이 바로 우리가 천부경에서 찾는다면 人中天地一이 아니겠는가. 이렇게 해석을 해보는 겁니다.

▌ 우주는 신성 그 자체, 그 신성을 회복해 가는 인간

천부경을 통해서 우리가 또 하나 발견할 수 있는 게 있습니다.

천부경은 우주의 신성(神性, 神聖 : 검)을 말해주고 있다. 우리가 천부경을 문자적으로 이렇게 저렇게 여러 가지 해석은 가능하지만, 이 81자 속에서 무엇을 발견해야 하는 것이냐? 숨어있는 뜻이 뭐냐? 그것은 우주가 가지고 있는 신성, 그 신성함을 찾아야 되는 것이 아니냐. 그럼 그것을 어디에서 찾을 수 있나? 바로 제가 처음에 말씀드린 一과 無의 관계, 無와 一의 관계에서 발견할 수가 있습니다.

一과 無는 서로 의지하고 있어요. 서로 떨어질 수도 없고, 같다고 할 수도 없고, 떨어졌다고 할 수도 없는 그런 관계입니다. 그런 관계를 형성하면서, 一과 無가 우주를 지탱할 수 있는 힘은 바로 우주가 가지고 있는 신성성神聖性이다, 이렇게 볼 수가 있겠습니다. 우주가 가지고 있는 신성성이 사람한테는 태양으로, 태양의 빛으로 옵니다. 인간으로 화해서 사람이 다시 신성을 입는 것인데, 이 신성을 매개로 해서 천지인 합일이 되는 것입니다. 천지인이 합일하는 것도 사람이 신성을 회복할 때에 가능하다는 거죠. 가능할 뿐만 아니라, 사람이 신성을 되찾아야 된다는 도덕적인 의무감까지도 제기해주고 있다, 이렇게 생각이 됩니다.

또한 천부경은 사람이 本心本太陽昂明(본심본태양앙명)을 하면, 즉 내 본심을 太陽昂明(태양앙명)에 근원을 하면 바로 그 신성의 길이 저절로 열린다는 가능성도 제기해주고 있다는 것입니다. 여기에 천부경의 훌륭함이 있는 것이죠. 이러한 신성 관념은 우리 역사 속에서 많이 표현되고 있죠. 우리가 그것을 잊고 지내는 것뿐입니다.

예를 들면, 여러분 잘 아시죠? 안함로의 『삼성기』에 '오환건국吾桓建國이 최고最古라' 우리 환족이 나라를 세운 것이 가장 오래되었다. 여기서 우리 환족※이 세운 환국이 가지고 있는 신성성을 발견할 수가 있습니다. 역사가 오래되었으니까 자랑스럽다는 표현 이상의 우리 민족이 가지고 있는, 환족이 가지고 있는, 신성성도 발견할 수가 있는 거죠.

※**환족**桓族
광명족. 우주의 빛을 체험하고 깨달은 사람들. 신앙상으로는 천신족이며, 토템은 새 토템으로 설명할 수 있다.

인류시원문화의 주인공 환국, 동이족

"東夷天性柔順(동이천성유순)하야 異於三方外(이어삼방외)하니…." 중국책인 『한서』「지리지」에 나와 있는 말이죠. '동이東夷※는 천성天性이 유순柔順하다.' 앞에서 말한 세 방위의 바깥사람하고는 우리 동이족이 가지고 있는 천성은 다르다. 유순한 천성, 하늘 본래의 성품은 인방人方에만 가지고 있는 것이다. 人方이 아닌 다른 세 방위와는 다르니까 말이죠. 이것은 우리가 한 얘기가 아니라 중국 사람이 한 이야기입니다. 벌써 기원전 1세기에 중국 사람들은 우리 동이족을 그렇게 봤어요.

※**동이**東夷
이 말은 周나라 사람들이 우리 민족을 부른 상대적인 호칭이지만, 東과 夷는 그 자체로 신성을 의미한다. 치우천황의 머리에는 큰 활(노弩)을 이고 있는데, 夷자는 여기에 근원을 두고 있을 것이다.

또 『후한서』「동이전」도 마찬가지죠. "東方曰夷. 夷者, 柢也. 言仁而好生, …至有君子, 不死之國焉." 동방은 夷라고 한다. 우리가 이 夷를 잘못 해석해서 오랑캐 이夷 자다, 이렇게 말하는데, 오랑캐 이夷는 중국 사람이 해석한 말이고, 이 夷 자는 '뿌리(柢: 根)'라 그랬어요. 夷 자를 파자하면, 큰 활, 대궁大弓이죠. 夷를 보면, 큰 대大 자와 활 궁弓 자가 합해서 이夷 자가 되죠. 그래서 큰 활을 쏘는 동이족인데요. 저것을 중국 사람이 나중에 나쁘게 표현을 해서 오랑캐라고 그랬는데, 저 夷 자는 어질 인仁 자와 관계가 있어요. 어질어서 호생好生, 좋아할 호, 살릴 생, 살리는 것을 좋아한다. 그것이 바로 夷가 가지고 있는 뜻인데요. 夷자는 바로 뿌리를 의미합니다. 모든 생명의 뿌리가 되는 '뿌리 민족'이 결국은 우리 동이족이죠.

모든 생명의 뿌리가 되는 민족이다. 뿌리가 되는 민족이기 때문에 인仁과 호생好生을 가지고 있는 것이죠. 뿌리란 말 속에는 동쪽이 가지고 있는 상징성을 포함하고 있어요. 태양은 동쪽에서 떠오르기 때문에 태양의 뿌리가 동쪽에 있는 것이라고 믿은 것이죠. 태양이 떠오르는 곳이 동쪽이기 때문에 동은 모든 뿌리를 대표한다. 또 환桓과 단檀, 모두 밝다는 뜻이고, 환하다는 의미를 가지고 있죠. 이러한 용어 속에서 이미 신성의 의미를 발견할 수 있고요. 또 우리 조상들이 생각한 광명이세光明理世의 정신을 동북 간방艮方이라 했습니다. 간艮 자를 보면 해의 뿌리를 얘기한 거거든요. 날 일日에, 해

산동성 무씨사당 화상석
이 그림은 치우인데, 치우가 곰족임을 상징

∷오랑캐(夷)
오랑캐는 본래 번개에서 나온 말로 비속어가 아니다. 훗날 왜곡된 말이다. 요즘은 어질 夷로 새긴다.

의 뿌리(氏씨)가 합해서 간이죠. 동북 간방이라는 얘기는 해의 뿌리가 있는 곳, 그곳이 바로 간방이라는 것이죠.

지금 여기서 이 뿌리 사상을 말씀드리는 것은, 후천 시대에 가더라도 뿌리 사상은 잊을 수가 없는 것이죠. 뿌리 사상을 본래부터 가지고 왔기 때문입니다. 다른 말로 표현하면 원시반본¹이다. 이렇게 얘기할 수가 있겠는데요.

모든 결실은 다시 뿌리로 돌아가서 이루어지죠? 그렇기 때문에 뿌리의 역할은 그렇게 중요합니다. 결실은 뿌리에서 이루어진다. 우리 스스로 한 얘기가 아닙니다. 중국 사람들이 이미 증명한 대로 우리는 인류의 뿌리 민족입니다. 뿌리 민족이기 때문에 새로운 세상이 와도 그 결실을 맺는 데 가장 중요한 역할을 하는 것은 바로 우리 민족입니다. 모든 결실은 뿌리를 통해서 이뤄집니다. 이 뿌리 민족을 통해서 우주는 결실을 기다리고 있습니다. 결론적으로 한민족이 가지고 있는 뿌리 민족으로서 종주국宗主國의 이상, 또는 도道의 종주의 이상이 바로 이 천부경 안에 들어있습니다. 이것이 바로 천부경이 가지고 있는 중요한 의미입니다.

⚑원시반본原始返本
시원을 찾아 근본
(뿌리)으로 돌아간
다는 뜻. 사계절중
가을에 겨울을 생각
하며 준비하는것.

▮ 천부경 출현의 의의

이 마지막 구절을 보면, 천부경이 물론 5,000년전 환웅 시대에 나왔지만, 그동안 역사 속에 묻혀 있다가 왜 20세기 초에 등장했을까? 책으로는 1911년에 『환단고기』가 나왔으니까 올해가 천부경이 공식적으로 드러난 지 만 100년입니다. 천부경의 역사는 아주 오래지만, 우리 세대가 역사적으로 체험하면서 천부경을 다시 인식한 것은 100년 역사밖에 안 됩니다.

다시 천부경을 이해하기 시작하는 것, 이런 의미에서 봤을 때 천부경이 가지고 있는 후천적인 의미, 그 오랜 세월동안 땅 속에 묻혀 있다가 100년 전에 비로소 왜 우리한테 다시 나타났냐 이거예요. 그것은 분명히 천부경의 후천적인 의미로 다시 우리한테 등장하고 있다 이렇게 볼 수 있겠는데요. 바로 그것은 천부경을 통해서 앞으로 우리가 인류의 새 문명을 건설할 때 신성을 토대로 한 신성 문명을 건설해야 한다는 뜻을 함축하고 있다. 바로 천부경은 '가운데 中'에서 놀랍게도 '바를 正 자'를 일러주고 있습니다.

마지막 장을 보겠습니다. 천부경을 81자로 배열했을 때, 가운데에 六 자가 들어갑니다. 처음에 말씀드렸죠. 천부경은 9×9 = 81로 9자씩 배열해서 놓고 보면 정중앙에 六 자가 들어갑니다. 아까 六은 뭐라고 그랬죠? 천지 부모가 인간을 포태한 숫자다. 이 六은 우주론적으로도 중요한 의미를 갖고 있어요. 태양으로부터 수성, 금성, 지구, 화성, 목성, 토성 이렇게 나열되어 있죠? 이 6개의 별이 태양계에서 중요한 일들을 하고 있는 별들이죠.

전통적으로 오성을 얘기할 때는 수성, 화성, 목성, 금성, 토성을 말합니다. 그때 토성은 태양계의 토성을 말하는 게 아니라, 지구를 말하는 거예요. 바로 六성은 실질적인 태양계의 중심을 형성하고 있고, 六은 천부경 81자의 정중앙에 있어서 결국 이 六에 의해서 천부경은 앞으로 40자, 뒤로 40자에요. 전후가 40:40이고 가운데에 六이 들어있어요. 이것은 바로 우주가 전후 또는 좌우로 균형을 이루고 있는 상입니다. 마치 바르게 정립正立되어 있는 우주의 모습을 간접적으로 일러주고 있는 것이 아닌가 합니다.

그래서 천부경은 9 × 9 = 81의 원리에 따라서 가운데에 六이 들어가고, 六이 의미하는 것은 천부경 81자가 40 : 40으로 전후 좌우가 균형을 하고 있는 우주의 모습이다. 천부경은 이 자체가 우주의 본 모습을 나타낸 것이다. 이런 법칙에서 천부경은 바를 정正, 바른 가치를 말하는데, 그것이 인류 문명사적으로 얘기하면 앞에서 말씀드린 신성神聖 문명으로 우리가 가야되는 것을 일러주는 것이 아닌가. 거기에 다시 전개되는 후천 문명사의 의미로 놓고 보면 천부경의 의미도 그런 것에 있을 것입니다.

결론적으로 환웅시대에 읽혀졌던 천부경이 역사 속에 묻혀 있다가 왜 100년 전에 이 땅에 다시 등장했을까? 또 오늘의 우리를 통해서 무엇을 일러주고 있을까? 그것은 바로 이제부터 우리가 할 일, 즉 천부경의 이상, 바로 그러한 새로운 신성문명 세계를 이 땅에 건설해야 한다는 그러한 가르침이 아니겠는가, 이렇게 생각을 합니다. 천부경은 결코 완성된 해석, 완성된 경전이라 할 수는

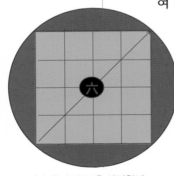

六은 中과 正을 상징한다.

🌀신성문명神聖文明
신성문명이란 영성靈性의 문명을 의미한다. 종교적으로 지상천국과 같다. 전병훈은 神聖文明之邦國(신성문명지방국)이라고 했다.

없습니다. 그러므로 많은 사람들에 의해 다시 연구되고 재해석되어져야 합니다. 또 그 시대의 정신에 따라 다시 읽혀져서, 천부경이 정말 국민의 경전, 나아가 모든 인류의 경전이 되는 그런 날이 오기를 기다려 봅니다.

여러분 감사합니다.

2부

천부경의 새로운 이해

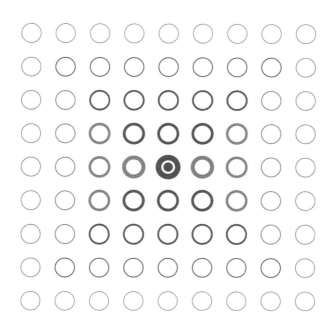

천부경 길라잡이

천부경은 독립운동선상에서 출현한 것이다.

1. 태초와의 만남

┃ 천부경으로부터 시작된 청춘

　필자가 천부경을 처음 만난 것은 20대 후반인 1983년이다. 이때 필자는 『주역』의 대가로 이름을 날린 아산亞山 김병호 선생으로부터 명함 크기의 흰 종이에 81자를 세로로 인쇄한 천부경 1장을 받았다. 받기는 받았으나 본문 81자 밖에 없고, 그 뜻이 어려웠다. 그래서 암송만 하면서 어느 때 시간이 되면 여쭤 보겠다고 마음만 먹고 있었는데, 그 이듬해 갑자기 아산 선생이 운명하여 배움 길을 잃고 말았다. 그 뒤 아산 선생의 동문인 대산大山 김석진 선생을 뵙고 『주역』과 천부경을 공부할 수 있었다.

　대산 선생의 천부경 강의는 『주역』 1독 강의를 마친 다음에 하는 것을 관례로 삼아왔다. 선생의 주역강의는 1985년 10월부터 시작되었고, 주역 1독을 하기까지는 1년이 걸리므로 공개적인 자리에서 천부경을 강의한 것은 1986년 이후로 생각된다. 필자가 1987년 4월에 백산白山이라는 필명으로 발간한 『천부사상과 한단역사』(처음 이름은 『桓檀古記選

解』)에 「천부경과 주역의 관계」라는 대산선생의 글이 처음 실려 천부경을 알리는데 일조를 하였다.

▍천부경은 홍익인간을 바탕으로 한 '천지인합일天地人合一' 사상

대산선생이 강의한 천부경의 요지는 야산의 학설에 따라 '1947년(丁亥)에 선천을 끝내고, 1948년(戊子)부터 시작된 후천개벽을 맞이하여 우리의 정신도 따라서 바뀌어야 한다'는 것이다.

천부경은 81자라는 매우 짧은 문장으로 이뤄져 있지만, 그 속에는 하나에서 시작하여 하나로 돌아가되 그 하나는 시작도 끝도 없다는 '한(一) 사상', 하나의 원리가 원·방·각과 하늘·땅·사람의 셋이 조화를 이루며 우주 만물을 생성·변화시킨다는 '천지인 사상' 그리고 이러한 원리에서 나오는 실천적 지침으로 널리 모든 인간과 모든 만물을 이롭게 하는 '홍익인간 사상'이 두루 담겨 있다는 특징을 갖고 있다.

이런 의미에서 천부경은 모든 종교를 초월해 존재하며, 모든 종교를 포괄한다. 포괄하여 군림하는 것이 아니라, 포괄하여 수렴하는 것이다. 이러한 바탕위에서 우리가 지향해야 할 정신은 바로 홍익인간에 바탕한 '천지인합일天地人合一'이다.

계절이 바뀌면 농부는 그 때에 맞게 씨를 뿌린다. 4월에는 볍씨를 뿌리고, 10월에는 보리씨를 뿌린다. 그 때를 넘기면 그 해 농사를 망치게 된다. 농사는 그 때에 맞는 씨를 뿌리는 일이 가장 중요하다. 4월에 보리씨를 뿌릴 수 없고, 10월에 볍씨를 뿌릴 수 없는 것이 하늘 땅의 철칙이다. 사람이 그 때를 맞추어 씨를 뿌려 수확을 거두니, 그 공덕이 하늘 땅과 같은 것이다. 대풍을 거두면 하늘땅도 같이 좋아하지만, 흉작이 되면 하늘땅도 싫어한다. 이처럼 천부경은 우리 민족에게 그 때를 일러주고, 그 때에 맞는 종자가 무엇인지를 일러주고 있다.

대산선생께서 20여년 전에 처음 강의할 때는 '대삼합륙大三合六'의 6을 천이天二, 지이地二, 인이人二로 보았으나, 최근에는 이를 바로 잡아 천삼天三, 지삼地三으로 새롭게 해석하였다. 대삼합륙 안에는 사람이 들어가지 못하고, 그 다음 '생칠팔구'가 되어야 비로소 사람이 나오고, 그 사람이 가야할 길이 나오기 때문이다.

따라서 천부경의 핵심은 하늘 땅 사이에서 사람의 바른 자리와 바른 역할을 일러주는데 목적이 있다. 나아가 천부경은 사람의 일뿐만 아니라, 우리 민족의 올바른 진로와 함께 인류의 방향까지 가르쳐주고 있는 것이다. '천지인합일天地人合一'에 기초한 새로운 문명국文明國의 건설이 바로 그것이다. 전병훈은 『천부경 주해』에서 과거 우리민족에 대해 '동한東韓의 대한민국이 가장 오랜 신성문명국神聖文明國'이라고 말했다. 그러나 오늘날 우리에게 중요한 것은 미래의 문제다. 앞으로 천부경을 연구하여 복원해야 할 시대적 책무가 있다면, 그것 역시 천지인 합일에 바탕한 신성문명국神聖文明國의 건설을 통한 홍익인간의 구현이 아니고 무엇이겠는가?

천부경의 오랜 역사-태초부터 근대까지

『환단고기桓檀古記』에 의하면, 천부경天符經은 9천 년 전 환국桓國 시대로부터 입에서 입으로 전해 내려온 글이다. 환웅이 하늘에서 내려온 뒤 신지혁덕神誌赫德에게 명해 녹도문鹿圖文(사슴 발자국 모양의 문자)으로 기록하여 오랫동안 전해오다가, 고운 최치원이 전서체篆書體로 쓴 옛 비석을 보고, 이를 81자 한문으로 번역하여 비전祕傳하였다. 다행히도 16세기에 이맥이 『태백일사』를 엮을 때에 천부경과 함께 『삼일신고』를 넣어 비전의 맥을 이어갔다.

그렇지만, 이 천부경이 비전이 아닌, 세상에 공개적으로 알려지기까지는 최고운으로부터 1천 년의 세월을 기다려야 했다. 이 『태백일사』가 『환단고기』라는 이름으로 다시 태어난 것이다.

오늘날의 『환단고기』를 처음으로 편집한 사람은 계연수桂延壽 (1864~1920)다. 1911년 계연수는 천부경이 들어있는 『태백일사』를 비롯하여 1천년의 시간속에 쓰여진 『삼성기』(상·하) 『단군세기』 『북부여기』등 다섯권의 사서를 한권의 단행본으로 엮어 발간하였다. 필사본 30부 인쇄라는 아주 제한적인 의미를 갖고 있었다.

뿐만 아니라, 계연수는 1916년 9월 묘향산 어느 바위에 새겨진 천부경을 발견해 그 글씨를 탁본하는데 성공하였다. 그러니까 천부경이 『태백일사』 천부경과 묘향산 석벽石壁탁본이라는 두 판본의 천부경으로 알려지기 시작한 것은 이 때부터이다. 계연수는 『환단고기』를 발간하여 보급하는 한편으로 묘향산에서 발견한 석벽탁본을 세상에 공개하기 위해 1917년 서울에 있는 단군교본부(대표 정훈모)로 보냈다. 그가 보낸 서신 1통이 천부경의 실존을 세상에 알리는데 결정적인 근거가 되었다. 1921년 1월에 창간한 단군교본부의 『단탁檀鐸』이라는 교단 잡지에 이 서신과 천부경81자 그리고 최고운이 새겼다는 「천부경도天符經圖」를 게재했다. 단군교檀君敎는 교단 조직을 활용하여 주도적으로 일반인에게 천부경을 알리는데 주력하였다. 급기야 불교계(조선불교청년회 통도사지회) 잡지인 『조음潮音』(1921년 11월)에 까지 천부경과 『천부경도』가 실렸다. 반면에 대종교(대표 나철)은 천부경에 대해 침묵을 지키고 있었다. 발빠른 반응을 보인 단군교와는 대조를 이뤘다.

　이즈음 1920년 도교사상가이자 정신철학자인 전병훈(1857~1927)이 북경에서 『정신철학통편』을 발간하면서 그 안에 『천부경주해』를 실었다. 전병훈은 망명객으로 북경에 들어가 많은 중국의 지식인들과 교류하고 있었다. 그의 『천부경주해』가 우리가 볼 수 있는 본격적인 천부경 해제 중에 최초라 할 수 있다. 그 후 1922년 창강 김택영(1850~1927), 1930년 단암 이용태(1890~1966) 등의 천부경 해제가 잇따라 나왔으며, 1937년 『단군교부흥경략』에 실린 김영의의 천부경 주해 등이 있다. 그리고 임시정부의 간부로 활약했던 이시형이 1934년에 『감시만어感時漫語』를 통해 해제없이 천부경 전문만을 소개하였다. 이는 당시 만주지역에서 활동하던 대다수 독립운동가들이 천부경을 애독하거나 애송했다는 것을 알려주는 것이다.

최초의 『환단고기』　　　『단군교의 부흥경략』 (김영의 주해)

이처럼 일본강점기에 천부경이 널리 알려지고 주해서들이 집중적으로 나오게 된 것은 천부경을 민족정신의 원형으로 인식하고 독립정신을 고취시키는 민족 정체성의 근원으로 인식하였기 때문일 것이다.

2. 전래 과정에 대한 의문과 그 해답
- 천부경과 민족의 바른 정체성 찾기

┃ 계연수의 서신과 의문점

천부경이 바깥 세상에 처음 알려지게 된 계기는 1917년 계연수가 단군교당에 천부경을 발견했다고 보낸 서신 1통(이를 '단군교당 서신'이라 함)이 1921년에 잡지에 실리면서 부터이다. 편지에 따르면 계연수는 1916년 9월 9일 묘향산에서 수도하던 도중 석벽에 새겨진 천부경을 발견하였다고 한다. 이때부터 천부경은 그 자체가 신비로운 데다가 발견 과정에서의 신비성까지 더해 세상에 널리 퍼지기 시작하는 계기가 되었다. 단군교당 앞으로 보낸 서신내용을 일부 인용하면 다음과 같다.(앞에서 말한 것과 다소 중복됨)

> 단군교당檀君敎堂 도하道下
> "…저는 이 말씀(천부경에 대한 스승의 말)을 명심하고 그 글(천부경)을 얻고자 하였으나 구할 수 없었습니다. 성품을 수련하고 약초 캐기를 일삼아 십여년간 여러 산을 구름처럼 떠돌다가 지난 가을날 태백산에 들어가 깊은 골짜기를 더듬어 인적이 닿지 않는 곳에 이르렀는데, 시내위의 석벽에 옛 새김(古刻)이 있는 것을 발견한지라. 덮인 이끼를 손으로 쓸어내니 글자의 획이 선명하게 드러나는데 바로 천부경이었습니다. 저는 두 눈이 홀연히 밝아지며 절을 하고 꿇어앉아 경건하게 들여다보니 한편으로는 단군의

보배로운 글임에 기뻤고, 또 한편으로는 고운선생의 신기한 발자취라 매우 기뻤습니다. … 길에서 서울 가는 사람을 만나 이 박은 책을 보내드리오니 바라건대, 이 글 뜻을 풀어 중생들에게 가르치면 그들이 꼭 복록을 얻고, 교운敎運이 이로부터 일어날 것이니 그윽이 귀 교의 하례가 될 것입니다. … 丁巳(1917) 正月 初十日 향산유객香山遊客 계연수桂延壽 재배再拜"

필자는 이 서신을 보고 묘향산 석벽본 발견과정에 대해 의문을 제기하려고 한다.

계연수는 1911년에 『환단고기』를 최초로 편집하였으므로, 이미 천부경 81자를 알고 있었을 것이다. 그럼에도 계연수는 1916년에 묘향산 어느 석벽에서 천부경을 처음 발견하여 정성스레 탁본하고, 감격한 나머지 단군교당에 이 탁본 천부경을 보낸다고 했다.

계연수 자신의 『환단고기』에는 천부경이 이미 실려 있는데도, 1916년 묘향산 석벽에서 처음 발견한 것처럼 편지를 썼다면 그것은 모순된 말이다. 물론 1911년에 나온 『환단고기』는 필사본 30부를 인쇄한 것이므로 오늘날의 인쇄 개념으로 그 책을 평가할 필요는 없다. 1916년 당시 서울 형편으로는, 1911년 『환단고기』필사본은 아무 의미가 없는 것이다. 그렇기 때문에 서울 사람들에게 그런 자초지종을 구태여 말할 필요도 없는 것이므로 1916년 묘향산 석벽본의 발견은 그 자체로 대단한 일이 아닐 수가 없다.

전병훈의 천부경 입수과정

그런데 이즈음 계연수는 석벽본 천부경을 서울 단군교당으로 보낸 것 외에도 북경의 전병훈(1857~1927)에게도 단군교를 통해 전해 주었다.

전병훈은 이를 입수한 과정을 자신의 저서인『정신철학통편』(1920년)에서 상세히 밝혀놓고 있는데, 1918년에 묘향산 석벽본 천부경을 유학자 윤효정尹孝定으로부터 받았다고 했다. 사실 이 윤효정은 단군교 간부였다. 다음은 전병훈이 밝힌 그 유래와 입수과정이다.

> 동방의 현인 선진仙眞 최치원이 말하기를 단군檀君의 천부경 81자는 신지神志의 전문篆文인데 옛 비석에서 발견하여, 그 글자를 해석해 보고 백산白山(묘향산)에 새겨놓았다. 제가 살펴보건대 최치원이 당나라에 가서 벼슬을 하고, 한국에 돌아와서 신선이 되었다. 이 경문經文이 작년 정사년丁巳年(1917년)에 이르러 처음으로 평안북도 영변寧邊 백산에서 출현하였다. 백산에서 약초를 캐는 도인 계연수라는 분이 약초를 캐기 위해 깊은 골짜기까지 들어갔는데 석벽에서 이 글자를 발견하고 조사照寫했다고 한다. 제가 이미 정신철학을 편성하고 바야흐로 인쇄에 맡길 것을 계획하였을 즈음에 유학자 윤효정으로부터 이 천부경을 얻게 되었다.(『정신철학통편』)

계연수선생이 서울 단군교당에 냈다고 전하는 편지

김택영의 천부경 유래

전병훈이 중국에 살았던 것처럼 김택영도 중국에 살았다(1905년 망명)는 공통점이 있다. 창강 김택영은『차수정잡수借樹亭雜收』(1922년)에서 천부경의 유래에 관해 역시 전병훈과 비슷한 내용의 말을 전해 주고 있다. 이 두 사람이 교유했다는 근거는 아직 발견되지 않고 있다. 김택영은 자신의 입수경위를 말하지는 않았지만, 천부경 주해 말미에 다음과 같이 그 유래를 밝혔다.

> 대한제국이 망한 7년(정사년) 평안도 사람 계연수가 태백산에 약을 캐러 갔다가 신라학사 최치원이 절벽에 갈아 새긴 천부경이란 것을 보았으니, 아마도 단군의 신하인 신지가 전서篆書로 비에다가 경을 새겨 두고서 단군의 탄생지에 세워두었던 것이었는데 최치원이 잡힐까 두려워 그 산에 도망해 들어갔다가 이를 해서로 풀어서 다시 새긴 것인 듯하다. 계연수가 이를 이상하게 여겨 탁본해가지고 돌아와서 세상에 전했으니, 이에 사람들이 단군을 믿지 않을 수 없게 되고 더욱이 그가 신성함을 알았다.…

앞에서 다룬 전병훈의 글, 계연수의 단군교당 서신, 김택영의 글은 두 가지 공통적인 사실을 기술하고 있다.

- 계연수는 묘향산에서 약초 캐던 도인이다.
- 계연수가 묘향산 석벽에서 천부경을 발견하였다. 전병훈은 조사照寫했다고 했고, 김택영은 탁본[搨搨]했다고 했다.

한편 단재 신채호는 『조선사연구초』(1929년)에서 독립운동가들 사이에서 읽히고 있는 천부경을 두고 '후인後人이 위조僞造한 것'이라고 주장했다.

> 역사를 연구하려면 사적 재료의 수집도 필요하거니와 그 재료에 대한 선택이 더욱 필요한지라. 고물이 산같이 쌓였을지라도 고물에 대한 학식이 없으면 일본의 관영통보寬永通寶가 기자의 유물도 되며, 십만책의 장서루藏書

婁 속에서 좌와坐臥할지라도 서적의 진위와 그 내용의 가치를 판정할 안목
이 없으면 후인 위조偽造의 천부경 등도 단군왕검의 성언聖言이 되는 것이
다.(『조선사연구초』, 1929년)

신채호는 처음에는 이렇게 부정하다가 후에 이를 인정하는 듯이 하였
다. 1931년 6월 조선일보에 연재한 『조선상고사』에서 "근일에 와서 천
부경, 삼일신지 등에 대해 믿는 사람이 없으나 우리나라서적에는 그리
진위의 판별에 애쓸 것이 없다."고 하여 천부경이 위서가 아니라고 말했
다.

이병도가 단군의 실재를 부정했다가 죽기 전에 단군을 인정했지만, 그
의 단군 부정설은 오늘날도 없어지지 않고 살아서 맹위를 떨치고 있는
것과 같이 단재의 위조설이 천부경 위서론에 차용되고 있는 실정이다.

윤효정이라는 인물

여기서 검토할 것은 전병훈에게 천부경을 건넨 '윤효정'이라는 인
물이다. 윤효정은 이기李沂의 대한자강회 창립에 참여하였으므로 그 이
전부터 둘은 잘 알고 있는 사이였다. 아울러 이기의 제자인 계연수도 대
한자강회에 속했기 때문에 윤효정과 알고 지냈을 것이다. 다만 계연수
가 윤효정을 통해 의도적으로 전병훈에게 주었는지, 아니면 윤효정이
계연수로부터 얻은 천부경을 우연히 전병훈에게 전한 것인지 알 수 없
다. 아니면 윤효정은 당시 단군교(정훈모 계열)의 대선사로 활동하고 있
었기 때문에 계연수가 아닌 단군교로부터 직접 받은 천부경을 (계연수와
는 무관하게) 주었을 수도 있다. 몇 가지 가정을 상정할 수 있지만 여기서
는 생략한다. 다만 결과적으로 묘향산 '석벽본 발견'이라는 단군교당 서

신 1통이 실로 한민족의 잠든 정신을 강타하였고, 그런 신비성이 천부경 애독을 끊임없이 가열加熱시켜 주고 있다는 긍정적인 면도 부정할 수 없다. 석벽본 발견 운운은 천부경의 신비성을 높이고 세인의 관심을 끌기 위한 과욕이었을지도 모른다. 30년 동안 천부경을 공부해온 필자가 이런 말을 한다는 것은 자가당착일 수 있다. 하지만 천부경을 진실로 좋아하고, 천부경의 진리를 누구보다도 사랑하기 때문에 이제 계연수에서 한 발짝 나가자는 것이다. 천부경 81자를 아무런 가식 없이 그대로만 보자는 뜻이다.

> "저는 두 눈이 홀연히 밝아지며 절을 하고 꿇어앉아 경견하게 들여다보니 한편으로는 단군의 보배로운 글임에 기뻤고, 또 한편으로는 고운선생의 신기한 발자취라 매우 기뻤습니다."

이런 계연수의 단군교당 서신에서 나타난 기쁨의 고백이 묘향산 석벽본 천부경을 찾은 것이 아닐지라도, 『태백일사』 속의 천부경을 찾은 것만으로도 우리는 계연수의 기쁨 못지않다. 천부경은 이맥의 『태백일사』를 근거로만 말한다 해도 최소한 500년의 역사성을 고스란히 간직하고 있다. 묘향산 석벽본이 발견되면 참으로 좋지만, 그 석벽본이 아니어도 천부경의 독립적인 가치가 훼손되지는 않는다.

그러나 계연수의 또 다른 진정을 이해해야 한다. 천부경 최초의 발설자인 계연수의 당시 마음을 헤아려 받아들여야 한다는 말이다. 근 백년이 다 되어가는 지금도 천부경을 부정하고 있는데, 하물며 암흑기인 일제 시기는 말해 무엇하리요?

그러나 천부경은 어느 약초 캐는 노인이 산중에서 산신령처럼 우연히 발견하여 세상에 나올 수 있는 것이 아니다. 『태백일사』의 「소도경전본훈」를 통해 500년 동안 오늘의 우리에게 전수되어 온 것만으로도 천부경은 경이롭고 신비로운 것이 아닌가? 지금부터라도 천부경에 대해 새로운 인식을 필요로 하는 것이다.

　매천 황현, 홍암 나철, 해학 이기가 보여준 것처럼 위기에 빠진 나라를 왜적으로부터 건지기 위해 목숨을 스스로 끊지 않을 수 없었던 그 순결함, 그 절박함, 그 비범함 속에서 천부경은 민족 앞에 우뚝 출현한 것이다. 그래서 천부경은 어느 종교, 어느 단체의 소유물이 아니다. 천부경은 특정 종교단체의 천서가 아니다. 천부경은 민족 갱생更生의 천서요, 활인活人의 성경이다. 민족을 다시 살리기 위해서는 내가 먼저 죽어야 하는 살신성인殺身成仁, 선사후생先死後生의 경문이다. 매천이 죽자 유림은 의병투쟁에 불같이 나섰고, 홍암이 죽자 대종교는 항일무장투쟁에 나서 나라를 지켰다. 해학과 운초는 죽어 『환단고기』로 꽃피었다. 이런 독립운동이라는 처절한 현장, 그 생사의 고투苦鬪 속에서 천부경은 우리 앞에 나타났던 것이다. 이것이 천부경의 바른 정체성正體性이다. 따라서 천부경을 구름 속에서 찾을 것이 아니라, 이렇게 독립운동사의 현장 속에서 찾지 않으면 아니 되는 것이다. 그 이유로 필자는 대종교의 종사 서일을 예로 들어 본다.

　중국 길림성으로 망명한 서일은 1918년 8월 김좌진을 만나 대한군정서를 조직하고, 총재가 되어 독립군을 양성한 바 있다. 이 독립군들이 1920년 청산리 전투에 참여하여 승리를 거두었다. 삼신三神 사상을 체계화한 『회삼경』의 저자이기도 한 서일徐一은 청산리전투 승리 보고문에서 "오호라 3일 간 전투에 식량길이 막히어 5~6개의 감자로 배고픔을 달래고, 하루 낮 하루 밤에 능히 1백50여 리의 험한 밀림을 통행하거나 전투 후 수백 리의 긴 숲과 눈밭을 걸어 동상에 걸림이 적지 않으나 이를 조금도 탓함이 없었으니, 참으로 독립의 장래를 위하여 희망한 바이더라."

이 글을 통해 우리는 당시 만주에 있었던 독립투사들의 뜨거웠던 민족애를 엿볼 수 있고, 이런 뜨거운 민족애를 바탕으로 역사를 탐구하였으며, 독립무장 투쟁을 전개하는 한편으로 천부경등을 통해 민족정신을 길러 국권을 회복하고자 했던 것이다. 『태백일사』를 계연수에게 전해주고 1911년 『환단고기』를 감수한 해학 이기李沂도 민족 앞에 목숨을 바쳤고, 계연수 역시 비장하게 최후를 마쳤다. 이런 면이 외면되고, 도리어 묘향산 석벽 운운하여 천부경을 신비화한다는 것은 천부경과 그 선각자들에 대한 모독이 될 것이다.

계연수는 1916년 이전에 작성한 어느 독립선언서에서 천부경을 언급하고 있다는데 주목하여야 한다. 때는 1914년, 계연수, 이관집(이유립의 부), 최시흥, 오동진, 김효운, 이덕수, 박응백, 양승우, 이용담, 이태집, 서청산, 백형규 등 12인의 선인仙人들은 굳은 제천祭天의 혈맹을 맺고, 민족주의 교학과 사관을 정립하므로 항일독립통일전선을 확대하는데 힘쓰기로 하였다. 그 이듬해 홍범도, 이상룡의 동조를 얻고, 이어 박응룡, 이진무 등 14인이 추가로 발기하여 모두 28인의 발기인과 회원 5만여 명이 가입하여 독립운동 전선을 구축하였다. 이때가 1915년인데, 이때 나온 발기문에는 다음과 같은 내용을 천명하고 있다.

여기에서 아등이 인人의 성性! 잃을까 두려워하고 또 다시 나라의 권리! 잃음을 한탄하여 기어코 조국 고유의 신앙을 회복하고 자강정신을 계발함으로써…우리 배달 6천년의 역사로 하여금 고쳐 다시…감히 일성으로 질호하여 권하는 것은 모두 일신一神을 인식하고 함께 모름지기 "一始無始一, 일시무시일
一終無終一"의 진盡함 없는 대도를 체인한다면 곧 천제天帝 환국桓國의 홍익인간주의가 또한 본래 스스로의 신神으로 하고 선仙으로 하여 인간세상을 탐구貪求하는 무량홍원이 될 것이 분명하다.1

이렇게 만주에서 독립전선에 뛰어든 독립투사들의 선언문 속에 이미 천부경의 첫 구절과 끝 구절이 등장하는 것이다. 이는 그 당시 독립운동가들 사이에 천부경이 널리 퍼져 있었다는 증거이며, 천부경의 힘으로 국권을 회복하고 역사를 회복하려는 절절한 마음이 가슴에 사무쳐있었다는 것을 느낄 수 있다.

따라서 천부경은 묘향산 석벽 이전에 이미 독립전선의 피끓는 현장에서 울려 퍼지고 있었다는 사실을 직시해야한다. 그렇다고 하여 석벽본 천부경 자체를 부정하거나 포기하자는 말은 아니다. 이럴수록 제2, 제3의 계연수가 나와 그 어느 석벽 속에 잠자고 있을지도 모를 그 천부경을 꼭 찾아내야 할 것이다. 뿐만 아니라, 최고운의 서첩書帖도 발견해야 할 것이다. 문제는 오늘의 우리에게 그런 꿈이 있느냐는 것이다. 그 날이 오면, 계연수가 말한 1916년 9월 9일은 역사 속에서 다시 길이 빛날 것이 분명하다. 이렇게 하는 것이 참으로 천부경과 계연수를 진실에서 해방시켜주는 일이 될 것이다.

그러므로 우리는 묘향산 석벽에만 의지하지 말고, 이맥의 『태백일사』에 전하는 천부경을 중심으로 삼아 연구하는 것이 좋을 것이다. '갑골문 천부경'도 훗날 사실 여부가 밝혀지면 더없는 금상첨화일 것이다.

---

1 양종현 『백년의 여정』, 103-104쪽.

"『태백일사』에는 환단桓檀이래 전해오는 교학敎學과 경문經文이 모두 갖추어 있고, 실로 삼일심법三一心法의 핵이 이 안에 있으니, 손과 발이 절로 덩실거리며, 흥겨워 소리를 지르니 기뻐 미칠 듯하다"는 계연수의 말이 어찌 빈말이겠는가? 여기에서 우리는 천부경의 정체성을 담보하고, 참으로 민족의 정체성을 확장시켜 나가야 할 것이다. 천부경이 이상으로 제시한 신성문명국神聖文明國의 건설은 우리와 모든 인류의 이상이 될 것이다.

천부경의 새로운 해석

1. 수천년을 이어 온 천부경

오늘날 일반국민들 사이에서도 관심의 대상이 되고 있는 천부경은 어떤 경전인가? 천부경은 81자라는 매우 짧은 문장으로 이뤄져 있지만, 그 속에는 하나에서 시작하여 하나로 돌아가되 그 하나는 무無와 끊임없이 교섭을 갖는다는 '한(一)과 무 사상'을 비롯하여 우주 만물의 생성과 조화를 말한 '천지인 합일사상', 그리고 이러한 원리에서 나오는 '홍익인간 사상'이 두루 담겨 있다는 특징을 갖고 있다.

그런데 천부경은 환웅과 단군시대에 제천의식과 백성의 교화에 경전으로써 사용되었으나 불교와 유교가 다스리던 시대에 지하로 들어갔다. 이 천부경을 근대에 처음 공개한 사람은 1911년 『환단고기』를 편집한 계연수桂延壽이고, 처음으로 주해집을 발간한 사람은 전병훈이다. 전병훈은 자신의 저서인 『정신철학통편』(1920년) 을 통해 천부경의 입수경위와 주해를 적고 있다, 원문이 한문으로 되어 있다. 대종교는 1980년대에 천부경을 경전에 편입하였다.

2. 천부경 81자 해석

그러면 이제부터 천부경의 본문에 들어가보고자 한다.

○ 一始無始一 : '핟'에서 비롯하되 '없'에서 비롯된 '핟'이다
（일 시 무 시 일）

옛 사람들은 둥근 하늘을 그림으로 그릴 때 원圓(○)으로 형상하였고, 이 하늘을 가장 작은 것으로 말할 때는 점點(·)으로 형상하였으며, 하늘을 무한히 넓혀서 말할 때는 한 일一로 표현하였다. 더불어 짝할 자가 없기 때문에 '한(一)'이다. '한'이란 말 속에는 하나와 하늘·땅의 의미가 함께 들어있다. 그것을 '핟'이라고 쓴다. 그런데 이 '한'의 '핟'이 늘 '없음'의 '없無'과 함께 한다는데 천부경의 묘미가 있다. 무無를 '없다'는 형용사가 아닌 명사적 개념으로 '없'이라 쓴다. 환인의 桓자가 나무木에 一日一로 구성된다. 그런데 이 첫 구절 다음에, "그러나 '없'은 '핟'이 있어야 비롯을 이룰 수 있다"는 말이 생략되어 있다.

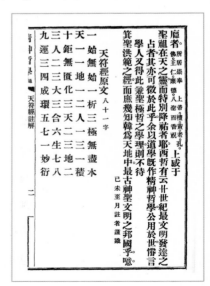

전병훈의『천부경』주해 서문 및 본문(1920년)

○ 析三極 無盡本 : 세 꼭대기로 나누어도 근본은 다함이 없다

석 삼 극 무 진 본

　천부경은 一을 주체로 하였으나 또 三을 주장하고 있다. 처음부터 삼극三極이 나오는 것이 아니라, 그 무엇에서 三이 나오고 그것이 극極(꼭대기)이 된 것이다. 삼극三極이라는 고유명사는 나중에 나온 말이다. 원초적인 표현으로는 태초에 하나, 둘, 셋이 나와 그것이 극을 이루었다는 뜻이다. 또 무진본의 무를 없음으로 보면, 없음이 다하여 근본이 된다는 뜻이다. 무無에서 三이 나왔기 때문이다.

○ 天一一 地一二 人一三 : 하늘은 하나이면서 첫 번째요, 땅은 하나이면서
　두 번째요, 사람은 하나이면서 세 번째이다

천 일 일 지 일 이 인 일 삼

　그런데 그 순서로 보면, 먼저 하늘이 나오고, 땅이 그 다음이요, 마지막으로 사람이 나온다. 이 셋을 잘 살펴보면, 하늘도 하나요 첫 번째이고, 땅도 하나요 두 번째요, 사람도 하나요 세 번째이다. 하늘 땅 사람이 다 같이 하나이지만 여기서는 그 순서를 일러 주고 있다. 천일, 지일, 인일은 삼신三神의 의미로도 볼 수 있고, 정精·기氣·신神이나 양자·중성자·전자의 작용으로도 볼 수 있다.

○ 一積十鉅 無匱化三 : 하나가 쌓여 열로 커가며 삼극의 조화는 어그러짐
　이 없다

일 적 십 거 무 궤 화 삼

　하나가 쌓여서 열이라는 큰 수를 이룬다. 하나가 쌓여 둘이 되고, 셋이 되고, 넷이 되고, 다섯이 되고, 여섯이 되고, 일곱이 되고, 여덟이 되고, 아홉이 되고, 열이 된다. 아무리 큰 수라도 하나로부터 시작한다. 하나가 없으면 둘이 없고, 셋이 없다. 항상 시작은 1이고, 마침은 10이다.

거鉅는 톱질하는 것, 나뉘는 것, 커가는 것이다. 십十은 완성 또는 완성된 세상을 의미하며, 이 세상은 태초부터 삼三의 원리에 의해 창조적으로 지속된다는 것이다. 여기에서 세상을 바르게 다스리는 힘이 필요했던 것이며, 그것의 하나가 홍익인간의 정신이다.

○ 天二三 地二三 人二三 : 하늘도 본성은 둘이요 작용은 셋, 땅도 둘이요 셋, 사람도 둘이요 셋이다
<small>천 이 삼 지 이 삼 인 이 삼</small>

천지인에 둘과 셋이 공통적이다. 둘은 음양이라 할 수 있다. 하늘에도 음양이 있고, 땅에도 음양이 있고, 사람에도 음양이 있다. 그것이 천지인의 본성이다. 그런데 음양은 만나면 하나를 낳게 된다. 그래서 수로는 셋이다. 둘이 셋이 되는 이치가 여기에 있다. 둘이 둘에 그치지 않고 셋이 될 때 생명은 안정성을 유지한다. 삼三은 극수極數이면서 생명수生命數이며, 작용수, 창조수이다.

○ 大三合六 : 큰 셋을 합하여 여섯이 된다
<small>대 삼 합 륙</small>

큰 셋이란 무엇인가? 천지인 중에서 사람은 하늘 땅에서 나왔으므로 근본은 하늘과 땅이다. 따라서 하늘이 가지고 있는 三의 극수極數, 땅이 가지고 있는 三의 극수極數가 합하여 여섯이 나온다. 사람이 천지天地를 부모로 삼아 나온다는 뜻이다. 그래서 합륙合六은 만물의 어머니(萬物之母)와 같다. 6은 포태의 수이다.

○ 生七八九 : 일곱, 여덟, 아홉을 낳고
<small>생 칠 팔 구</small>

그러면 6 다음은 어떻게 나오는가? 앞에서 합륙合六의 6이 천삼天三과

지삼地三의 합이라 한만큼 나머지 인삼ㅅ三이 문제이다. 이 인삼ㅅ三의 역할이 중요한 것이다. 6에 바로 인삼ㅅ三의 3을 차례로 더해가는 것이다. 사람이 셋이므로, 6에 인일ㅅ一을 더해 7이 되고, 인이ㅅ二를 더해 8이 되고, 인삼ㅅ三을 더해 9가 되니 비로소 사람이 극수를 이룬다. 이것은 모든 만물을 대표해서 사람이 형성되어 가는 이치를 밝힌 것이다. 9는 완성의 수이다.

○ 運三四 成環五七 : 三과 四로 운행하고, 五와 七로 고리를 이룬다.
<sub 운삼사 성환오칠>

　운행하는 수에 3과 4가 있고, 고리 이루는 수에 5와 7이 있다. 천도가 운행하는 데는 시간(3개월씩 4계절)과 공간(5星과 북두칠성)의 두 가지가 있다. 시간과 공간이라는 두 측면에서 천도의 운행을 말할 수 있다. 운運은 시간적이며 무형의 하늘을 의미하고, 고리(環)는 공간적이요 유형의 하늘(별세계)을 의미이다.

○ 一妙衍 萬往萬來 : '핟'이 묘妙한 작용으로 커져 만이 되어가고 만이 되어 오나니

　'핟'이 묘妙(묘)하게 넓혀간다. 한없이 오고 간다. 모든 일마다 하나가 작용하지 않는 것이 없다. 작용하지만 작용하지 않는 것 같기에 참으로 묘한 것이다. 또 '핟'은 '없'과 '핟'의 하나되는 작용을 의미한다. 이 때의 '핟(一)'은 과정적 '하나됨'이다. 만萬은 수의 가장 지극히 큰 수이다. 만사萬事, 만물萬物이 하나로 이루어지지 않는 것이 없다. 이처럼 수가 무수히 오고 가는 것은 3과 4로 운행하고, 동시에 5와 7로 고리를 이루며 영원히 무왕불복無往不復하며 순환하기 때문이다.

○ **用變不動本** : 쓰임은 변하나 근본은 변하지 않는다.

언제나 뿌리는 움직이지 않는다. 하늘의 별자리를 셀 때에도 중심 되는 북극성은 수에 넣지 않는다. 중앙이나 중심은 근본이기 때문에 변하지 않는다. '핟'이 만 가지의 중심이 되나 자기 본성을 잃지 않고 끊임없이 활동한다.

○ **本心 本太陽昂明** : 사람의 본심이 태양의 밝음을 뿌리삼으니

사람의 근본은 곧 마음이다. 하늘에는 태양이 있다면 사람에게는 마음이 있다. 태초에 사람들은 태양을 神신의 근원으로 여겼다. 태양은 곧 삼신三神이다. 그래서 신명神明이며 심명心明이다. 민족의 사상적 맥은 이 본심本心의 마음을 깨닫는 것을 소중하게 여겨왔다. 이 본심에서 만 가지 생각이 나오나 결국은 이 본심으로 돌아간다. 본심은 생각이 일어나기 이전의 하늘광명의 근본마음이다. 이 본심자리에서 삼신이 운행한다.

○ **人中天地一** : 사람이 하늘 땅의 가온(中)을 얻어 비로소 천지인이 하나 된다.

사람은 높은 하늘의 성품만을 받길 원하지만, 낮은 땅의 성품도 받을 수 있어야한다. 그래야 참으로 천지인 삼재三才로서의 인간이 바른 자리에 서고, 천지인이 인간을 통해 참된 하나 즉 완전한 합일合一을 이룰 수 있다. 이것이 천부경이 말하는 진정한 의미의 천지인 삼극三極의 합일이다. 처음에 말한 석삼극析三極이 여기에서 와서 완성되는 것과 같다. '석삼극'이 씨앗이라면, '인중천지일'은 열매와 같다. 본래 인중人中의 人은 천지의 '가온'에 서서 一을 얻은 새로운 인일人一 즉, 태일太一이며, 신神

그 자체이다. 『노자』39장에 하늘은 하나를 얻어 맑아진다(天得一以淸)
고 했듯이 사람이 하나를 얻어 신령해진다. 안경전이 이 구절을 "사람은
천지의 중심 존귀한 태일太一이니"라 번역한 것은 선천적 인일人一과 후
천적 인일人一(=太一)을 구별한 탁견이다. 인중천지일을 한 글자로 쓰면
工공이다. 또 壬님이다.

○ 一終無終一 : '핟'에서 마치되 '없'에 돌아가 마치는 '핟'이다

'핟'으로 시작하여 '핟'으로 마친다. 그러나 그 마침은 마친 것이 아니
다. 끝이 없는 끝이다. 진정 끝이란 것이 있는가? 언제나 하나일 뿐이다.
그런데 그 하나는 항상 무無와 관계된다. 무無는 없음의 '없'으로써 존재
하나 가장 큰 자이다. 천부경은 바로 이 핟(一)과 없(無) 사이의 변함없

天符經 八十一字

一始無始一析三極無盡本
天一一地一二人一三一積十鉅无匱化三
天二三地二三人二三大三合六生七八九運三四成環
五七
一妙衍萬往來用變不動本
本心本太陽昂明人中天地一
一終無終一

『태백일사』에 전하는 천부경 81자

고 끊임없는 교섭 이치를 우리에게 일러주고 있다. '한'은 홀로 다시 시작하지 못하지만, '없'에서 다시 '한'이 나온다. '없'이란 '없다'의 의미와 '없이 한다'는 의미를 동시에 갖는다. 즉 공空, 영零, 허虛이다. 그래서 시작도 끝도 없는 무시무종無始無終의 영원성을 간직한다. 또한 '없'은 업(業)으로서 모든 일을 만들어 내는 창업創業의 의미도 갖는다. 이것이 최치원의 난랑비문에 전하는 현묘玄妙의 도道가 아니겠는가. 이처럼 우주와 천지와 인간이 이 원리로 같이 살고 있는 '한' 생명임을 천부경은 가르쳐 주고 있다. 일시一始와 일종一終을 한 글자로 쓰면 환桓이다.

3. 천부경의 우리말 이해

필자의 천부경 번역은 일자일어一字一語를 원칙으로 한다. 한자 1글자에 우리말 1글자로 대역對譯하는 것이다. 이는 일반의 번역이 일자다어一字多語 위주로 하는 것에 대비된다. 언어는 갈수록 간략화한다. 일자일어一字一語의 대역對譯을 특히 즉역卽譯이라 한다. 그러나 이 즉역卽譯에도 허점이 있다. 그 허점을 바로 잡은 것을 일자일어一字一語에 의한 본역本譯이라 한다. 근본을 찾아 다시 해석하는 것이다.

(1) 一字一語에 의한 즉역 : 一始無始一
     한 빈 없 빈 한

(2) 一字多語에 의한 대역 : 一始無始一
     일 자 다 어
     하나 비롯하니 없음에서 비롯된 하나이다

(3) 一字一語에 의한 즉역과 본역 : 太陽昂明
   일자일어

    큰 볕 높 밝 — 즉역

    해 돋 높 밝 — 본역

한자체인 태양을 그대로 즉역하면 〈큰볕〉이다. 이것은 한자를 위주로 삼아 번역한 것이다. 그러나 원말을 알 수 있는 것은 원말을 찾아 번역하는 것이 옳다고 본다. 태양의 원말이 〈해돋〉이다. 이런 때는 본역을 중심으로 삼는다. 우리말로 옮긴 천부경 81자는 다음과 같다.

天符經
할 뜻 글

一始無始一 析三極 無盡本
한 빈 없 빈 한 쪽 셋 꼭 없 다 밑

天一一 地一二 人一三 一積十鉅 无匱化三
할 한 한 달 한 둘 살 한 셋 한 쌓 열 클 없 담 될 셋

天二三 地二三 人二三 大三合六
할 둘 셋 달 둘 셋 살 둘 셋 크 셋 뫃 엿

生七八九 運三四 成環五七
낳 닐 연 앋 돌 셋 넷 잂 둥 닫 닐

一鈔衍 萬徃萬來 用變不動本
한 룻 퀒 잘 갈 잘 올 쓸 갈 못 움 밑

本心 本太陽昂明 人中天地一
밑 맘 밑 해 돋 욷 밝 살 온 할 달 한

一終無終一
한 맏 없 맏 한

이상에서 보듯이, 우리말의 어원을 더듬어 보면, 대개 명사형은 단음절이다. 눈, 코, 입, 뼈, 손, 발 등이다. 고조선 시대만 하더라도 고유어 사용이 우선하였다. 우리말로 돌아가려는 것은 중국식 한자문화가 들어오기 이전의 고조선의 우리말 문화로 돌아가려는 노력의 일환이다. 이는 고조선 문명의 부활을 시도하는 첫 작업이다. 세종의 『훈민정음』은 중국의 한음漢音과 〈우리나랏소리〉를 분명하게 구별하고 있고, 이것이 국가 정책임을 선언하고 있다.

기본수 알기

○ 一(일 : 한) : 『계림유사』에 一(일)은 하둔河屯이라고 썼다. 하나는 하둔, '한운'에서 하닫의 〈한〉이 조어이고, 안은 접미사이다. 하나는 생략형인 〈하〉로 쓸 수 있으나, 하늘과 하느님의 〈하〉가 바로 건乾과 연결되므로 하나(一)의 〈한〉이 아니라, 하나의 무한한 작용성을 〈한〉으로 쓴다. 오늘날 〈홀〉이 남아 있다. 홀몸, 홀이불 등이다. 한(一)은 해(日)와 관계된다. 또 해海와 연계된다.

○ 二(이 : 둘) : 『계림유사』에 〈두블〉(둡을)로 읽는다. 둘의 조어祖語는 〈둔〉이나 현재대로 〈둘〉로 쓴다.

○ 三(삼 : 셋) : 셋의 조어는 〈섣〉이다. 본래 〈셋〉의 옛말은 〈사히〉 〈서히〉 〈사이〉 〈서이〉이고, 이는 〈세우다〉(立)는 말과 어근이 같다. 지금도 황해 평안 함경 충청 경상도 말에 셋을 〈서이〉라고 한다. 셋이 나옴으로써 이 우주가 바로 서는 것이다. 현재대로 〈셋〉으로 쓴다.

○ 四(사 : 넷) : 넷의 조어는 〈넌〉이나 그대로 〈넷〉으로 쓴다.

○ 五(오 : 닫) : 다섯의 조어는 〈닫〉이므로 〈닫〉으로 쓴다.

○ 六(육 : 엿) : 여섯의 조어는 〈옅〉이므로 녇〉녓〉옛이 되었다고 보아 여덟과 구별하기 위해 〈엿〉으로 쓴다.

○ 七(칠 : 닐) : 일곱은 닐굽으로 조어는 〈닐〉이므로 〈닐〉으로 쓴다.

○ 八(팔 : 열) : 여덟의 어근語根은 〈열〉이므로 〈열〉으로 쓴다. 다석은 여덟은 〈열에서 둘없다〉는 뜻으로 새겼다. 이 〈둘없다〉에서 〈두렵다〉라는 말이 나왔다고 했다.

○ 九(구 : 앋) : 아홉의 조어는 〈앋〉이므로 〈앋〉으로 쓴다.

○ 十(십 : 열) : 열의 어근은 〈엹〉이나 현재대로 〈열〉로 쓴다. 하늘이 열리고, 10달만에 어머니 자궁이 열리므로 〈열〉이다.

○ 萬(만 : 잘) : 만은 잘 된 것이므로 〈잘〉로 쓴다.

이상은 서정범의 학설에 기초한 것이다. 서정범은 우리말 조어祖語에서 〈ㄷ〉을 강조한다. 그러한 근거를 필자는 『훈민정음』(합자례)에서 찾고자 한다. 붓(筆)을 붇, 기둥을 긷, 곡식을 낟, 못(釘)을 몯으로 쓰고 있다.

천지인 고유말 알기

○ 天(천 : 할) : 하늘은 한을, 한울처럼 어근이 〈한〉이며, 〈해(陽)〉나 〈하늘〉의 조어형은 〈한〉이나, 여기서 天(천)은 하늘의 줄임말로 〈할〉으로 쓴다. 모든 행위의 근원이므로 〈할〉이다. 그러나 이 때의 천天은 하느님, 하날님이 아니다. 천부경은 천天은 말하되, 하날님을 언표하지 않는다. 천부경의 하날님은 말할 수 없는, 불언지천不言之天의 하날님이시다. 天(천)은 〈할〉로, 乾(건)에서는 〈ㅎ〉로 쓰고, 또 一(일)은 〈한〉으로 써서 '한'의 구성요소가 된다.

○ 地(지 : 달) : 『훈민정음』(해례본)에는 〈따〉로 썼다. 땅은 평음 〈다〉로

소급된다. 〈땅〉은 붙어있는 것들을 말한다. 음달, 양달의 〈달〉이 地(지)의 뜻이며, 아사달阿斯達의 〈달〉이다. 결국 〈다〉는 〈달〉로, 〈달〉은 〈단〉으로 올라간다. 두더지의 〈둔〉과 〈단〉은 서로 통한다. 여기서는 천의 〈할〉에 대비하여 〈달〉로 쓴다. 坤(곤)에서는 〈따〉로 쓴다.

○ 人(인 : 살) : 사람의 어근 〈살〉은 〈산〉으로 소급된다. 사돈이라는 말과 숀〉손(客)에 그 흔적이 남아 있다. 여기서는 사람의 줄임말 〈삶〉으로 쓸 수 있으나, 〈할〉과 〈달〉에 맞추어 〈살〉로 쓴다. 〈ㄹ〉은 모든 살아있는 생명을 대표한다. 사랑하다의 사랑도 그 근원은 〈산〉이다.

○ 本(본: 밑) : 밑, 민, 바탕, 뿌리, 본디의 〈밑〉으로 쓴다.

○ 心(심 : 맘) : 마음은 현재대로 〈맘〉으로 쓴다.

○ 無(무 : 없) : 『훈민정음』(언해본)에는 〈업슬〉이라고 썼다. 없다의 옛말은 〈어부시다〉이다. 없음의 옛말은 〈어부실〉이다. 없을의 어근은 〈업〉또는 〈ㅅ〉을 붙여 〈없〉으로 쓴다. '없'은 '없다'는 뜻과 '비우다', '없이한다'(空)는 뜻이 있다. 〈없〉은 또 창업創業의 業(업)과 통한다. 業(업)에 일을 처음 시작한다는 창시創始의 뜻이 들어 있다. 오늘날 業(업)은 직업의 뜻으로 축소되어 있으나, 원래는 〈없〉에서 온 것이다. 無(무)의 하시는 일이 업業이다. 학업學業, 수업授業의 업은 본래가 우주 사업이다. 업業은 근원과의 만남이다. '업주가리'라는 말이 있다. 시속에서는 곡식의 씨앗을 담아놓거나 불씨를 담아 놓는 그릇으로도 불린다. 오늘날에는 가정을 지키는 가업신家業神 정도로 격하되었으나, 본래가 우주의 무한 창조신이 업신이다. 이 보이지 않는 거대한 빔의 우주적 업신이 곧 '없'이다. '없'의 일은 누가 하는가? 일 業이니, 결국 일一이 일(業)을 하는 것이다. 그러므로 '할'과 '없'은 떨어질 수 없다. 원래 〈없〉의 〈어〉는 부정의 뜻과

숨어 있는 어머니의 모성이 들어있다. 경상, 충청도 말에 〈웂다〉, 〈읋다〉가 있다, 무無의 〈우〉 발음에 비교하면 〈웂다〉가 더 가까운 고유 말인지도 모른다. 반면에 있다(有)의 어원은 〈이시다〉이다. 〈잇〉(있)의 뜻이다. 있는 것은 잇게 해주는 것이다. '있'(有)은 '잇'(繼)에 그 역할이 내재해 있다. 『계사전』에 '잇'는 것이 가장 선한 것이고(繼之者 善), '이'루는 것이 성이다(成之者 性)고 했다. '없'에 대응하여 '잇(있)'이라 한다. 모두 〈ㅅ〉이 받쳐주고 있다. 주격 〈~이〉는 〈이시다〉에서 나왔다고도 한다.

'우리말로 철학하기'에 두 선구자가 있다. 다석 류영모와 소래 김중건이다. 다석은 『노자』 28장의 無極(무극)을 〈없꼭대기〉로 썼고, 신神을 〈없이 계신 이〉로 썼다. 소래는 『도경』에서 무가무無加無를 〈없더없〉으로 즉 無(무)를 〈없〉으로 썼다. 옛글자에 무無는 화살 세 개를 걸어놓은 형상이다. 화살이란 말속에는 '햇살'이라는 말이 숨어있다. 햇살이 셋 모이면, 너무 밝아 앞이 안 보인다. 볼 수 없는 세상이다. 반면에 있을 유有는 여기서 '잇'('있')으로 쓴다.

○ 太陽(태양 : 해돋) : 태양의 양陽은 〈한〉이다. 태양은 한마디로는 〈해〉이며, 〈돋〉이다. 〈해돋이〉라는 말에서 〈해돋〉의 흔적을 알 수 있다. 여기서는 '해돋'으로 쓴다. 太는 해, 陽은 돋이다. 太는 태우다의 태.

요즘 해돋이는 해뜸, 일출日出 즉 〈해뜨기〉의 뜻으로 쓰인다. 일중日中은 한낮, 낮때, 정오正午, 정중正中, 오간午間, 일오日午, 정양正陽, 탁오卓午, 오천午天 등으로 쓴다. 해짐의 일몰日沒은 해거름, 해넘이, 해질녘, 해질

결, 석양夕陽, 일모日暮, 일진日盡, 일입日入 등으로 쓴다.(배해수의 학설)

　여기서 태양을 〈큰 한〉으로 쓰면 즉역이 되고, 〈해돋〉으로 쓰면 본역이 된다. 양陽과 함께 일日을 생각하지 않을 수 없다. 일日은 〈알〉또는 〈날(낟)〉로 쓴다. 덧붙여 말할 것은 〈님〉이란 말이다. 님이란 말의 〈니〉, 마니산의 〈니〉, 니사금의 〈니〉, 닙폰의 〈니〉도 태양을 근원으로 삼은 말이다. 〈님〉은 본래 上의 뜻이니 태양신 숭배사상과 관계가 깊다. 〈어머니〉의 〈니〉도 같이 생각해볼 만하다. 〈님검〉도 태양신과 관계있다. 님금, 님굼, 님군이 다 같다. 한자로는 님굼 황皇, 님굼 제帝, 님굼 군君, 님굼 후侯 등이 『훈몽자회』에 나온다. 양주동은, 니사금은 닛금 즉 사왕嗣王, 계군繼君으로 보았다. 또 이와 유사한 말로 〈님자〉가 있다. 주역의 군자君子는 〈님자〉와 같다.

　○ 中(중 : 온) : 가운데, 가온의 〈온〉으로 쓴다. 〈온〉은 백百과 통한다. 중심이 된다.

▌동사 등 알기

　○ 始(시 : 빈) : 비로소, 비롯하다, 비롯다, ~으로부터, 롯부터. 비롯의 어간은 〈비롯〉이고, 어근은 〈빌〉이다. 〈빌(빈)〉은 빛(빈)과도 통한다. 비롯하다는 〈빛으로부터 하다〉는 뜻이다. 비로소의 〈비〉는 비추다의 〈비〉와 같다. 터키어 birinč(최초의)과 대응된다. 이 빈(始) 이전을 우리는 없(無)이라 할 수 있다. 김상일은 빔(空)에서 비롯(始)이 나왔다고 했다. 그래서 '없'은 비우기이다.

　동학에서는 혼원한 한 기운(渾元之氣)이라고 하는데, 이 혼원渾元이 원元으로 돋되기(進化)하는 것이 무시無始이다. 『회삼경』에 사람은 시始

가 있고, 하날님은 시始가 없다고 했다.(惟人有始오 而神은 則無始而已니라) 따라서 하날님은 빈(始) 이전이라는 뜻이다.

○ 析(석 : 쪽) : 쪼개다. 가르다. 나누다의 뜻. 쪼는 조각(쪼각) 조각(쪼각)의 뜻을 가능하게 한다. 쪼개다는 조각(쪼각), 조각(쪼각) 나누는 것이다. 여기서는 〈쪽〉으로 쓴다. 석삼극은 세 쪽으로 나누는 것이다. 류영모는 태극에서 음양으로 〈나뉜다〉는 표현을 못마땅하게 생각했다. 태극에서 음양이 〈나온다〉고 해석해야한다는 말이다. 나뉨은 죽음이다. 나옴은 삶이지만, 태초의 창조는 각각 나뉨으로써 생명이 존재하게 된다. 지금 우리는 108개의 원소로 나뉘어 있는 우주를 본다.

○ 極(극 : 꼭) : 지극하다. 꼭대기의 〈꼭〉으로 쓴다. 『회삼경』에 극極을 중中으로 보고 〈바름대〉라 했다.

○ 盡(진 : 다): 다되다, 다하다, 줄다, 없어지다의 〈다〉.

○ 積(적 : 쌓) :쌓다, 모으다, 가득하다의 〈쌓〉으로 쓴다. 류영모는 일적一積을 하느님(하나)이 가득 쌓였다로 풀었다.

○ 鉅(거 : 클) : 크다, 단단하다, 높다, 톱질하다의 〈클〉로 쓴다. 『훈민정음』에는 〈톱〉으로 쓰고 있다.

○ 匱(궤 : 담) : 다하다, 어그러지다. 여기서는 궤匱는 궤櫃와 통하므로 궤櫃는 함, 상자의 뜻. 무엇을 다 담는다는 뜻으로 〈담〉으로 쓴다.

○ 化(화 : 되) : 되다의 뜻으로 〈되〉 또는 〈됨〉. 〈되기〉로 쓴다.

○ 大(대 : 클) : 크다, 키우다의 〈크〉으로 쓴다.

○ 合(합 : 뽕) ; 『훈민정음』(언해본)에는 합合을 〈어울〉로 썼다. 여기서는 모화혜다, 뫃다, 모이다에서 〈모〉와 〈합〉을 취해 〈뽕〉으로 쓴다. 류영모는 대삼합大三合을 〈한 셋 맞둠〉으로 풀었다.

○ 生(생 : 낳) : 살 생, 날 생이다. 살 생生으로 보면 살은 〈숨쉬다〉와 연계되어 〈숨〉이 되고, 날 생生으로 보면 〈날〉이 된다. 여기서는 현재대로 〈낳〉으로 쓴다.

○ 運(운 : 돌) : 돌다, 돌리다의 뜻으로 여기서는 〈돌〉로 쓴다.

○ 成(성 : 읾) : 일우다, 이루다, 이루어지다, 일다, 이다, 성취하다. 『훈민정음』(언해본)에 성成을 〈일〉로 썼다. 여기서는 일 사事와 구별하기 위해 〈읾〉로 쓴다.

○ 環(환 : 둥) : 둥근 고리, 돌다에서 〈둥〉으로 쓴다.

○ 玅·妙(묘 : 룻) : 야릇하다의 〈룻〉으로 쓴다. 류영모는 노자 1장에서 묘妙를 〈야믊〉로 풀었다.

○ 衍(연 :큇) : 크다, 커지다. 넓다, 뻗혀 나가다에서 〈큇〉로 쓴다.

○ 往來(왕래 : 갈올) : 갈 왕, 올 래는 그대로 〈갈〉 〈올〉로 쓴다.

○ 用(용 : 쓸) : 쓰다의 〈쓸〉으로 쓴다.

○ 變(변 : 갈) : 변하다. 바꾸다. 바뀌다, 갈다, 갈리다를 줄여 〈갈〉으로 쓴다. 변화變化는 〈갈되기〉로 쓴다.

○ 動(동 : 움) : 움직이다의 〈움직〉 또는 〈움〉으로 쓴다.

○ 昂(앙 : 욷) : 오르다, 높다, 들다, 우러르다의 〈욷〉으로 쓴다. 우러르다는 고어가 〈울얼다〉 〈우럴다〉이다.

○ 明(명 : 밝) : 밝다의 〈밝〉으로 쓴다.

천부경의 없(無)과 과정철학

1. '없'(無)과 석삼극析三極 무진본無盡本의 의미

이 글에서는 무無를 '없'으로 표현한다. 일찍이 소래 김중건은 『도경』에서 무가무無加無를 〈없더없〉으로 즉 無(무)를 〈없〉으로 쓴 것에 따랐다.[1] '없'에 대응하는 一은 '한', 상대되는 有의 '있다'는 '잇다'(繼)와 같으므로 '잇'으로 쓴다.[2]

'없'(無)을 일개 형용사로 본다는 것은 천부경 81자가 지니고 있는 심오한 뜻을 간과하거나, 아주 낮게 평가할 우려가 많다. 만약 무를 명사로 본다면 천부경 81자의 뜻이 보다 더 분명하게 부각될 것이다. 아니 81자 중에 가장 중요한 것이 '없'이라고 단언할 수 있다. 그래서 필자는 천부경의 無(무)가 가지고 있는 의미를 새로운 각도에서 조명하고자 '없'과 '한'(一)과의 관계에 주목하였다. 나아가 왕필과 화이트헤드의 과정철학적 관점에서 문제제기를 하였고, 나름의 의미를 찾고자 하였다.

『노자』 40장의 "천지의 만물은 유에서 나오고, 유는 무에서 나온다.(天下之物 生於有, 有生於無.)"에서 '잇'(有)은 유한자有限者, '없'은 무

---

1 김지용, 『새로 펴낸 소래집』(2집 『도경』), 명문당, 2009, 279쪽.

2 김상일, 『한사상』, 온누리, 1986, 101쪽.

한자無限者로써 유무의 관점을 잘 밝혀 주고 있다.3 노자의 무는 순수한 무, 곧 없음이 아니라 실은 무한자라는 말이다. 이 무한자는 스피노자처럼 타자에 근거하지 않는 자기원인自己原因이며, 능산적 자연을 뜻한다. 한대漢代의 하상공河上公에 의해 무형無形인 도道가 천지天地인 유有를 낳고, 유가 만물을 낳는다는 우주생성론이 제시되었고, 이후 왕필王弼(226~249)에 의해 '없'이 만물의 근본이라는 이른바 귀무론貴無論4과 함께 숭본식말崇本息末5이 대두되었으며, 배위(267~300)는 반대로 숭유론崇有論6을 제시하였다. 이것이 바로 유무有無논쟁의 발단이다.

당시 사상계에 많은 영향을 끼친 하안何晏과 왕필의 우주생성론은 "천지의 모든 만물이 다 무로써 근본을 삼는다.(天地萬物 皆以無爲本.)"(『진서』권40)에 근거한 것인데, 최고운이 이를 모를 리 없을 것이다. 왕필의 『노자』(1장) "이름없음이 만물의 시작이고, 이름있음이 만물의 어미이다.(無名天地之始, 有名萬物之母.)" 이하의 주석註釋을 보기로 한다.

---

3 안재오, 「노자의 무와 무한자」, 『인문학연구』6집, 211쪽.

4 귀무론은 위(魏)·진(晉)시대의 학자 하안(何晏)·왕필(王弼) 등의 철학사상이다. 先秦시대의 道家思想을 발전시켜 무(無;無名·無形·虛無)를 유(有;有名·有形·實有)의 근거로 보았다. 이 無는 천지만물의 관념적인 근원이라고 하였다. 또한 그들은 "위로는 조화(造化)에, 아래로는 만사(萬事)에 이르기까지 무(無)보다 귀한 것이 없다"는 관점을 제시하였다. 귀무론은 무 즉 無爲自然의 도를 체득한 성인을 이상적인 인간형으로 내세워 군주의 無爲之治를 강조하였다. 귀무론이 자연주의에 흐르는 것에 반대하여 숭유론이 나왔다.

5 "崇本以息末 守母以存子…"(왕필, 「노자지략」) ; 本을 높여서 末을 그치게 하고, 어미를 지킴으로써 자식을 보존한다.…그러나 김충열은 息을 消息의 息으로 해석하고 있다.(김충열, 『김충열 교수의 노자강의』, 263쪽.) 그러니까 본을 높여 말을 자라게 한다.…

6 배위는 숭유론에서 '도'(道)를 혼연일체의 분리될 수 없는 사물의 총체로 인식되며, 또한 '이'(理)는 '유'(有:존재·물질)와 또 다른 '유' 사이에 작용하는 상호의존적인 법칙으로 보았다. 나아가 유는 '무'(無)에서 나올 수 있는 것이 아니며, 모든 사물은 자기 자체에서 발생하는 것이라고 주장했다. 무는 유의 나머지, 즉 유가 잃어버린 부분이라는 것이다. 따라서 유가 먼저 존재하게 됨으로써 무가 나중에 생겼으며, 무는 유의 변화로부터 나오게 되는 것이다.

두 가지(무명, 유명)는 시작과 어미이다. 나온 곳이 같다는 것은 아득함에서 같이 나왔다는 것이고, 이름이 다르다는 것은 펼쳐지는 차원이 같을 수 없다는 말이다. 앞에 있으면 그것을 시작이라 하고, 끝에 있으면 그것을 어미라 한다.

兩者, 始與母也. 同出者, 同出於玄也. 異名, 所施不可同也.
在首則謂之始, 在終則謂之母. (『노자』1장 注)

왕필의 주석대로 해석한다면 『노자』1장은 "無名, 天地之始, 有名, 萬物之母."로 구두점이 나뉘어야한다. 즉 무명無名은 무형無形을 의미하므로 천지의 시始라는 것이고, 유명有名은 유형有形을 의미하므로 만물의 모母라는 것이다. 사실 만물의 모母는 '없'인데, 만약 '잇'(有)이 만물의 모母라면 유有와 무無의 차원이 없게 된다는 모순에 빠진다. 그러므로 『노자』1장은 노자의 개념명사를 정의하는 대목이라는 면에서 주목할 필요가 있다. 도道 다음으로 나오는 개념명사가 무명無名, 유명有名이 아니라, 없(無)·잇(有) 그 자체여야 한다는 근거는 40장의 "有生於無"에서 구할 수 있다. 즉 진고응陳鼓應의 주장처럼 유와 무는 철학 명언상 하나의 상용명사常用名詞로 볼 수 있는 것이다.7 여기서 우리는 고문 천부경을 한자로 번역한 천부경 한역자(예컨대 최고운)가 노자와 왕필의 주석에 나타난 여러 개념 중에 무無, 시始, 종終의 개념은 취하였으나 유有, 모母의 개념은 취하지 않았다는 것을 할 수 있다. 바로 최고운은 천지만물이 유래由來하는 근원인 '없'을 종과 시로써 설명하였으며, 유有 모母 대신에 수리數理로써 설명을 대체했다고 볼 수 있다.8

7 김충열, 『김충열 교수의 노자강의』, 132쪽.
8 당시 중국사상계는 현학의 有無논의에 대해 佛家가 등장하여 眞諦와 俗諦의 二諦로써 유무

노자가 도의 양면으로 제기한 무와 유라는 개념은 "무無는 천지가 배판하는 시始를 이름하는 개념명사가 되고, 유有는 만물이 그 천지로부터 나오는 모태를 이름하는 것"9이다. 대만의 여배림도 왕필의 해석을 취하지 않고 왕안석의 방식을 따라 유와 무를 명사로 보았다.10 우선 필자는 노자의 무명無名, 유명有名에서 살펴 본 것처럼 "一始無始一"의 무無를 개념명사로써 접근하려고 한다. 이는 진리의 최고개념이었던 천지天地 위에 또 다른 '없'을 세웠다는 것을 의미한다. 당시 노자가 도道를 제일개념어로 사용했다면 천부경 한역자는 도라는 말이 이미 낡은 개념으로 전락한 것을 보고,11 노자에서 덜 여문채로 남아있던 무를 최상위 개념어로 쓴 것이라고 볼 수 있는 것이다. 천부경에서 '없'의 용례는 다음과 같이 4회 사용되었다.

를 설명하고 있었다. 그 사유도식은 본질과 현상세계를 설명한다는 점에서 서로 흡사하였다. 최고운보다 먼저 중국에 들어가 이름을 날린 고구려 고승으로 僧朗(495~512 ?)이 있었다. 眞諦와 俗諦문제는 본래 龍樹가 第一義諦와 俗諦를 무와 유에 해당하는 개념으로 사용하면서 그 中道를 제시한 것인데, 승랑에 의해 비로소 第一義諦를 眞諦로 개념화하였고, 한걸음 나아가 승랑은 이 眞俗이체를 하나로 합한 二諦合明論을 제시하여 궁극적인 不二의 中道를 밝혔다.(박종홍, 『한국사상사』, 47쪽.) 여기서 이체합의의 오묘성은 유무의 兩執을 버리고 유무의 어디에도 머물지 않으며, 보다 높은 단계에서 그 병폐를 밝혀 어디에도 머물지 않음으로써 비결정적인 본질을 드러내는 것이다. 다시 말해 俗는 말할 것도 없이 眞까지도 배제하여 양극단을 버리고, 이런 두 존재가 서로 만나(合), 서로 비추어서(明) 진정한 中道에 이르되, 그 중도에도 집착하지 않는 것이다. 이것을 박종홍은 "無住로써 體中을 삼는 것(絶對 中)"(앞의 『한국사상사』, 52쪽.)이라 했다. 최고운이 유무에 빠지지 않으려는 고민 끝에 無와 數로써 篆古碑文을 해석하여 81자로 밝힌 것도 이런 中道 合明의 정신에서 非결정적인 본질을 밝히려 한 것이 아닐까한다.

9 앞의 『김충열 교수의 노자강의』, 135쪽.

10 余培林/박종혁, 『도덕경에 대한 두개의 강의』, 47쪽.

11 예컨대, "道可道 非常道"라는 첫구는 이미 도가 낡은 개념임을 스스로 폭로하고 있는 것이다.

㉠ 一 始 無 始 一

[한에서 비롯한다. 없(無)에서 비롯된 한이다]

㉡ 析 三 極 無 盡 本

[쪼개져 세 극이 나온다. 없(無)이 극진히 다하여 모든 뿌리가 된다]

㉢ 一 積 十 鉅 無 匱 化 三

[하나가 쌓여 열로 커간다. 없(無)이 다하여 조화의 셋이 된다]

㉣ 一 終 無 終 一

[한에서 마치다. 없(無)에서 마치는 한이다]

이상의 설명 중에 석삼극析三極 무진본無盡本에서 간과 할 수 없는 것은 석析과 본本이다. 천부경이 일종일시를 『주역』처럼 "一陰一陽"(「계사」 상 5장)으로 표기하지 않은 것은 일음일양一陰一陽으로는 삼극三極을 설명하기에 미흡하기 때문이다. 천부경의 종시원리는 음양론으로 그치는 것이 아니고, 다시 삼극론으로 발전해야 한다. 삼극으로 나가는 기폭제가 바로 석析이다. 이 석析자는 「태백일사본」, 「계연수본」, 「전병훈본」에 나타나는데, 「고운선생 사적본」에는 석碩이라 했고(「孤雲集」 14면), 김형탁본은 석釋이라 했다. 즉 생生과는 다른 차원의 의미를 담고 있는 석析이 더 정확하다고 본다. 석은 쪼개져서 나오는 것이다. 그래서 석析[나무 木 + 도끼 斤]은 설문에 "나무를 쪼개는 것이다(破木也)"라 하였다. 나무를 쪼갤 때 나오는 소리처럼 "우주가 폭발한다"[12]는 말과 석析은 서로 통한다. 우주는 새로운 충격에 의해 폭발을 하고 새로운 모습을 나타내게 된

---

12 현대 우주론에는 이설도 많지만, 그 중에 빅뱅(big bang)이라는 설이 있다. 대폭발이다. 그 자리에 블랙홀이 형성된다고 한다. 우주에는 블랙홀을 비롯해서 수많은 구멍들이 있다. 이 우주의 구멍을 콜은 철학적 無의 의미로 사유하고 있다. 콜, 『우주의 구멍』(해냄출판사, 2002.)

다. 나무를 쪼갤 때 그 가운데를 도끼로 내리치듯이, 음양이 그 균형을 유지할 때 새로운 것이 나타난다. 동학에서는 이것을 음과 양이 고루어 만물이 나온다(陰陽相均, 萬物化出.)(「논학문」)고 했다. 이것을 천부경에 대입해보면 우주의 종시작용이 中의 시점에 이르러 폭발함으로써 삼극을 갖추게 된다는 것이다. 이것이 석삼극의 의미이다. 다시 말해 석析은 천지天地 양극兩極이 있은 후에 사람의 인극人極이 나와 비로소 삼극三極이 되었다는 말이지만, 그렇다고 하여 인극人極을 천지의 하위개념에 두는 것은 아니다. 그런 오해를 불식하기 위해 삼극이 함께 터져 나온 것에 비유하여 설명하는 것이다.

다시 『노자』를 보자. 즉 "도에서 하나가 나오고, 하나에서 둘이 나오고, 둘에서 셋이 나오며, 셋에서 만물이 나온다(道生一, 一生二, 二生三, 三生萬物.…)"(『노자』 42장)이 그것이다. "천하만물은 유에서 나오고 유는 무에서 나온다(天下萬物生於有, 有生於無.)"(『노자』 40장)에서 말한 것처럼 천하만물은 유有에서, 유有는 무無에서 나온다. 이 무無는 허무의 무가 아니라 천하만물의 근원으로써의 도道이다. 우주본체인 무無는 음양 미분未分의 일기一氣를 낳고, 일기一氣는 음양의 이기(陰陽二氣)로 나뉘고, 이 이기二氣는 충기沖氣를 아울러 삼기三氣를 낳고, 이 삼기가 만물을 낳는다는 것이다. 여기서 충기는 본연의 기가 아니라, 생성에 필요한 일시적인 기운으로 본다. 따라서 노자의 생성과정은 "무—유—만물"의 구도를 갖게 된다.13 또 서화담도 일一은 이二를 지니고 있기 때문에 일一이 이二를 낳지 않을 수 없다고 보았다.14 다시 말해 일석삼극은 일一, 이二, 삼

13 정용두, 「노자의 도에 관한 연구」, 『논문집』3집, 138쪽.
14 "一自含二 旣曰 太一 一便函二 一不得不生二"(『화담집』, 「원리설」)

三의 단계를 설명하면서 이二를 생략한 것에 지나지 않는다. 이二를 지나치게 강조하면 삼三이 제자리를 찾을 수 없기 때문이다. 이二를 미완으로 보고, 삼三을 완성수로 이해한 고대 한국인의 사상적 특징을 알 수 있다. 우리말 '셋'은 '세우다'로 발전한다. 집을 세울 수 있기 때문에 '셋'이다.

그러면 천부경은 『노자』의 사유구도와 어떤 의미가 있는가? 천부경의 입장에서 재해석하면, "무에서 하나가 나오고, 하나에서 둘이 나오고, 둘에서 셋이 나오고, 셋에서 만물이 나온다(無生一_{무생일}, 一生二_{일생이}, 二生三_{이생삼}, 三生萬物_{삼생만물}.)"이 될 것이다. 그러나 천부경은 이와 다르다. 천부경은 『노자』처럼 도道에서 만물萬物로 하향식으로 내려가지 않는다. 『노자』와 달리 "無始一_{무시일}"앞에 "一始_{일시}"를 놓았다. 그러니까 "無始一_{무시일}"과 "一始_{일시}", 또는 "一始_{일시}"와 "無始一_{무시일}"사이에는 어떤 관계가 이어지고 있다는 것을 알 수 있다. 천부경의 시始를 노자의 생生으로 바꾸어서 이해해보자. 그러면 "一生 無生一_{일생 무생일}"이 된다. 이것을 노자식으로 이해하면 "一生二 無生一_{일생이 무생일}"이 될 것이다. 이렇게 되면 일一이 맨 앞에 오고, 일一이 앞에 오면 다음에 이二가 와야 하므로 노자의 "도道 → 일一 → 이二 → 삼三"이라는 하향식 틀이 천부경에는 적용될 수 없다. 그러므로 천부경에서는 "一生二_{일생이} 無生一_{무생일}"의 구조가 될 수 없으므로 이二가 "一生[二] 無生一_{일생[이] 무생일}"처럼 생략될 수밖에 없고, 이렇게 생략될 뿐만 아니라, 생生이라는 말을 쓸 경우에 이러한 모순이 발생하므로 생生 대신에 결국 시始로써 우주생성론을 설파하는 것이다. 그래서 "一始/無/始一_{일시 무 시일}"이 되는 것이다.

따라서 천부경은 『노자』의 생生이라는 말 대신에 시始와 석析을 구별하여 세분화하였다는 것에서 천부경의 치밀성과 독창성을 엿볼 수 있다. 천부경에 생生이라는 말은 "대삼합륙大三合六 생칠팔구生七八九"에서야 나온다. 이 때의 생生은 천지인의 음양합일을 의미하는데, 생生은 순서상 시始, 석析, 합合의 다음단계라 할 수 있다. 즉 시始 → 석析 → 합合 → 생生의 순서가 성립하게 된다. 이를 두 단계로 구분하면 시석始析 → 합생合生이 된다고 할 수 있다. 합생이란 일자一者를 낳기 위한 통합적 과정이라 할 수 있다.

이런 관점에서 석삼극析三極 무진본無盡本이란 "쪼개져 나온 삼극은 '없'의 극진한 뿌리가 된다"는 말이다. 즉 '없'이 삼극의 뿌리(바탕)가 된다. 삼극이란 물론 천지인天地人의 극진한 작용성을 의미한다. 이 천지인이 무無의 극진極盡한 결과로 각기 뿌리가 되어 나왔기 때문에 천天은 무無의 하늘뿌리바탕이며, 지地는 무無의 땅뿌리바탕이며, 인人은 무無의 사람뿌리바탕이 된다. 하늘뿌리, 땅뿌리, 사람뿌리가 삼극성三極性을 지니고, 그것이 삼극三極으로서 동체同體를 이룰 수 있는 것은 '없'에 근저한 같은 뿌리에서 나왔기 때문이다. 따라서 무無는 삼극三極 작용성의 본本이 된다. 본本은 삼본三本이다. 다시 말해 천본天本, 지본地本, 인본人本이다. 여기서 우리가 주목할 것은 이 삼본三本이 '없'에서 나왔지만, 본本은 무無로부터 독립된 자성自性을 갖는다는 점이다. '없'에서 나온 삼본三本의 자성自性이 바로 천지인 스스로의 삼극三極 작용성이다.

천부경에서 무無를 무극無極이라 말하지 않은 것은 무에는 어떤 경우에도 극성極性조차도 띌 수 없기 때문이다. 흔히 태극에 견주어 무극을 말하지만, 천부경에서 무극이란 말은 적용되기 어렵다. 무無가 극성을 띄지 않는다는 것은 예컨대, 무집착無執着의 의미이며, 이는 노자의 무위無爲와 같은 뜻이다.[15] 또 그것은 음이 양을 머금고 있어 움직이기 이전以

---

15 勞思光, 『新編 中國哲學史』, 230쪽.

前의 상태, 즉 미분未分의 상태를 의미하기 때문에 극성을 갖지 않는다. 즉 음양론으로 보면 "음이 양을 포함한다(陰含陽)"16는 상태로써 고요히 움직임이 없는(寂然不動)(「계사」상 10장) 그 '없'을 의미한다. 이 때의 '없'을 빔(空)이라 할 수 있다. 빔은 어머니 자궁과 같다. 텅빈 것이나 가득 참이며, 채움이다. 채움이 있기 때문에 비움이 가능하다. 그래서 비움이 없이는 비롯이 없다고도 말한다.17 '없'은 '없이 하는 것'으로써 비움이 시작되(빈)는 단계이다.

또 음양은 전기학電氣學인데, 무는 전기가 흐르기 이전의 진공眞空상태이며, 一은 전기가 흐른 상태를 의미한다. 우주폭발이란 진공의 우주에 음전기, 양전기가 흐를 때 갑자기 발생한다. 우주폭발이 곧 일시一始이다.

2. 한(一)의 종시성終始性과 묘연성妙衍性

천부경의 일시一始와 일종一終은 한번 시始하고 한번 종終하는 시종始終, 즉 종시終始운동으로 파악할 수 있다. 일시일종一始一終을 종시終始라는 천도天道의 운동개념으로 파악하려는 것은 주렴계의 「태극도설」에서 말하는 일동일정一動一靜과 비유가 가능하기 때문이다. 「태극도설」의 전반부 핵심구절을 인용해보겠다.

무극이면서 태극이다. 태극이 동하여 양을 낳고, 동이 극하면 정이 되며, 정은 음을 낳고, 정이 극하면 다시 동이 된다.
한번 동하고 한번 정하면서 서로 간에 근원이 되고, 음과 양으로 나뉘

---

16 이 말은 「易本義圖」에 있는 소강절의 표현임.
17 김상일, 『한사상』, 온누리, 1986, 103쪽.

어 양의가 있게 된다.

無極而太極, 太極動而生陽, 動極而靜, 靜而生陰, 靜極復動.
一動一靜, 互爲其根, 分陰分陽, 兩儀立焉. … 〈태극도설〉

　여기서 태극동이생양太極動而生陽은 일시一始를 설명한 것과 다름 아니
다. 또 정이생음靜而生陰은 일종一終을 설명한 것과 같다.「태극도설」의
태극은 동정動靜을 함유含有하고 있기 때문에 일동일정一動一靜은 일태극
一太極의 동정이라고 할 수 있다. 그러니까 천부경의 일시일종一始一終은
「태극도설」의 정극부동靜極復動에서 확인할 수 있듯이 무한 순환작용이
다. 그래서 무한적無限的 종시終始작용이 된다. 여기서 무한적無限的이란
직선적 무한이 아니라, 순환적 무한이란 뜻이다. 천부경은 이 순환적 무
한에 근거하여 영원히 일시일종一始一終를 반복하며 종시終始운동을 전
개한다고 본다.

　그러면 이런 종시終始운동의 소이所以는 어디서 나오는가? 이율곡
은 정명도가 말한 "음과 양은 시작도 없고, 동과 정도 그 끝이 없다
(陰陽無始, 動靜無端.)"는 말에 근거하여 태극이 만화萬化의 소이所以가
되는 것은 시작도 없는 음양이 태극과 함께 있으면서 끊임없이 동정의
작용을 하기 때문이라고 보았다.18 다시 말해 동정자체는 음양의 행위
이지만, 그것을 가능케 하는 소이연은 태극이라는 것이다. 그런데 음양
은 이처럼 무시무종인데, 천부경은 왜 일시일종인가 하는 의문이 제기
될 수 있다. 일시일종의 일一은 바로 무無가 시始로, 또는 종終으로 가는
한 찰나점과도 같다. 그러므로 일시一始가 일시一始로 끝나는 것이 아니

18 이이, 『율곡전서』, (권9-1, 答박화숙 서신)

고, 일종一終을 만나자 마자 다시 마치면 곧 시작이 있다(終則有始)(『주역』恒괘 「단전」). 이처럼 천부경은 무시무종無始無終이 아니라, 유시유종有始有終하되 순간에 순환반복을 하기 때문에 그 종시의 운동 자체는 시작도 없고 끝도 없는 무시무종無始無終이다. 이는 정이천이 말한 것처럼 "마치면 다시 시작하니 항상하여 다함이 없다(終而復始, 恒而不窮)"(『주역』恒괘, 또는 『근사록』)는 말이다. 항恒이란 일정一定하게 한 모퉁이에 붙어 있는 것이 아니고, 항동恒動하므로 상도常道의 원리가 된다. 그런데 동즉종動則終이라 모든 움직임에는 마침이 있게 마련이다. 여기서 종終이란 정靜의 극한極限이며(終者靜之極), 시始란 동動의 단서端緖(始者動之端)(『근사록』)이다. 그리하여 정이천은 옛 선유들이 수양에만 집착한 나머지 너무 정靜을 중시한 것을 비판하고, 움직임의 실마리(動之端)가 곧 천지의 마음(天地之心)이라고 강조했다. 이 마음이란 구체적으로 천지가 만물을 낳고 키우는 마음(生物之心)이다. 필자는 그 만물을 낳고 기르는 마음의 천리적天理的 변화를 사시변화四時變化라고 본다. 사시는 당연한 것 같지만, 그 사시의 운행이야말로 천지 마음의 극치에서 나온다. 그러므로 동정動靜과 종시終始는 곧 사시의 '때'라는 한 말로 귀결된다. 다시 말해 일시일종一始一終의 '한'(一)은 바로 '때'이며, 종시終始는 '때'의 변화를 말한 것이다. '때'는 수數로써 표현된다.

　일찍이 『주역』도 "天一地二 天三地四 天五地六 天七地八 天九地十"(「계사」상 9장)이라 하여, 천수 오五와 지수 오五가 각각 1·6, 2·7처럼 서로 자리를 얻어 합을 이룸으로써(相得有合) 수가 변화를 이루며(成變化) 귀신이 행하게(行鬼神) 하는 것이라 하였다. 모든 변화란 때에 따라 일어나는 것임으로 수시변화隨時變化라 한다. 소동파는 "음양이 서로 양가

陰陽加陰 음가양陰加陽하여 오행이 나온다"[19]고 했고, 최수운은 "천지의 영허盈虛와 동정動靜으로 음양상균이 있고, 삼재三才가 정정定해지며, 오행五行의 수數가 나온다"[20]고 했다. 이는 음양—삼재—오행으로 나아가는 천지의 아주 정연한 천칙을 말한 것이다. 또 채침은 『홍범황극』에서 이렇게 말했다.

천지를 비롯되게 하는 것도 수數이고, 인간과 만물을 출생하게 하는 것도 수數이며,
만사의 득실이 있게 하는 것도 수數이다.〈서문〉[21]
물物에는 각각 그 법칙이 있다. 수數란 천하 만물의 법칙이다.
사事에는 각각 그 이치가 있다. 수數란 천하 만사의 이치를 다한다.〈내편〉[22]

이와 같이 수數는 천지만물의 본원이다. 수가 작용하여 음양의 변화가 일어나고, 거기서 삼재三才[三極]가 나오고, 오행五行이 나온다. 이런 관점에서 천부경의 수數는 음양변화를 함의하며, 그것은 때에 따라 변화를 동반하므로 결국 시간時間을 의미한다. 또 그 시간은 운동에 의해 지속성을 갖는다. 노자는 "되돌아가는 것은 도道의 움직임 자체이다(反者, 道之動)"(『노자』 40장)라고 했다. 중국철학사에서 노자사상의 근저로 "상

---

19 "陽加陰則, 爲水爲木爲土, 陰加陽則, 爲火爲金."(「계사」 상9장 세주) ; 1·6수, 2·7화가 나오는 이치를 말한다.

20 "有盈虛迭代之數, 無動靜變易之理, 陰陽相均, … 故로 定三才之理, 出五行之數."(『동경대전』, 「논학문」1, 2장)

21 "天地之所以肇者 數也, 人物之所以生者 數也, 萬事之所以失得者 亦數也."(「홍범황극 서문」 ; 『주역철학사』, 882쪽.)

22 "物有其則, 數者盡天下之物則也, 事有其理, 數者盡天下之事理也."(「홍범황극 서문」 ; 『주역철학사』, 882쪽.)

常, 도道, 반反"의 세 가지를 들기도 한다.[23] 이 중에 특이한 것은 아래의 反(반)에 대한 설명이다. 경험세계가 따라야 할 궁극적인 법칙은 '되돌아 감'(反(반), 返(반))으로 귀결된다.

> 움직임[動]은 즉 운행이다. 되돌아감[反]은 순환하여 서로 바뀐다[循環交變]는 뜻을 포함한다. 반反은 도道의 내용이다.
> 순환하여 서로 바뀐다는 의미로 反을 말하고, 이것으로써 道를 묘사하였다.[24]

이 반反은 세 가지 뜻 즉 "돌아온다, 다른 일면으로 발전한다, 상반되나 서로 같은 점이 있다"[25]라고 풀이할 수 있다. 이처럼 『노자』의 반反운동은 순환循環과 교변交變[A가 非A로 변해가는 것], 발전發展과 반동反同이라는 두 가지 의미를 갖고 있다는 것이다. 되돌아감은 다시 전진하기위함이므로, 순환과 발전으로써의 '반反'은 중요한 의미를 지닌다. '반'은 천부경에서 말하면 고리를 이루는 것이며, 발전의 기본 토대이다. 천부경에서 시始 → 종終 → 시始로 성환成環[고리를 이루는 것]하는 것을 순환작용이라 하면, 일묘연一妙衍 만왕만래萬往萬來나 일적십거一積十鉅는 발전이라 할 수 있겠다. 1년 360일이 1에서 180까지 갔다가, 다시 180에서 1로 돌아오는 것과 같이 일一의 쉼 없는 반복순환反復循環에 근원하여 음은 양을 타고(陰乘陽(음 승 양)), 양은 음을 타며(陽乘陰(양 승 음))[26] 음양의 종시終始가

---

23 勞思光『新編 中國哲學史』(一), 227쪽.
24 노사광, 『신편 중국철학사』(一), 228쪽. ; "動卽運行, 反則包含循環交變之義…"
25 余培林/박종혁, 『도덕경에 대한 두개의 강의』, 197쪽.
26 『회남자』「천문훈」의 표현. 하지에 음이 양을 타고 들어오고, 동지에 양이 음을 타고 들어오는 것.

일어나고, 일묘연一妙衍에 의해 조화造化가 전개된다. 이것이 '한'의 힘, 즉 열려있는 시간時間의 힘이라 할 수 있다. 태허太虛와 기氣로써 우주를 설명한 서화담은 이를 기자이機自爾(:기틀이 스스로 그러함 ;「原理說」)라 했고, 대진戴震은 기氣의 변화가 영원히 정지하지 않는 과정을 생생生生27이라 한 것은 다 '한'이 가지고 있는 태극적인 작용이 그러함을 말한 것이다.

3. 천부경에 대한 여러 생각들

천부경은 왜 천부天符의 경인가? 천부란 하늘의 부호符號로써 기록한 경전이라는 뜻이 있는가 하면, 천부란 하늘의 뜻에 부합한 경전이라는 의미를 갖고 있다. 그 근거는 천부인에 있다.

천부경의 말씀은 사계절의 운행처럼 자연스럽다. 자연의 질서는 비인격적인 천의 유행을 의미한다. 천부경의 천天은 비인격적인 천도세계天道世界를 언표하고 있다. 다만 본심本心의 심心에 유의할 때, 인격적 측면을 전혀 무시할 수도 없다. 그러면서도 천부경은 수리數理로써 문장을 전개했다는 면에서 보면 초인격적이라 아니 할 수 없다. 천부경은 1에서 10까지의 수를 전문 81자 중에 무려 31회나 사용하고 있다. 천부경의 수리체계는 오늘날의 진법과 다른, 삼진법에 기초한 60진법의 체계를 이루고 있다고 보았다. 수의 본질은 공간이나 물질이나 시간의 성격을 규정하며, 모든 사물의 속성이며, 무형의 내면세계이며, 동시에 유와

---

27 "氣化之于品物, 可以一言盡也, 生生之謂歟."(대진, 原善) ; 방입천,『문제로 보는 중국철학』, 98쪽.

무의 존재적 의미를 갖는다고 규정하였다.28 최고운이 그 한역漢譯의 방법을 수리로써 서술하였다는 것은 인격적 요소를 배제하고 초인격적인 관점에서 무형의 절대세계를 객관적 상대세계로 밝히려는 의도가 있었던 것이 아닌가 한다.

천부경이 대중에게 알려지기 시작한 것은 1980년대에 『환단고기』 번역본들이 나오면서부터이다. 필자는 여러 판본 중에 「태백일사본」을 소개하고자 한다.

一 始 無 始 一 析 三 極 無 盡 本
天 一 一 地 一 二 人 一 三 一 積 十 鉅 無 匱 化 三
天 二 三 地 二 三 人 二 三 大 三 合 六 生 七 八 九
運 三 四 成 環 五 七 一 玅 衍 萬 往 萬 來 用 變 不 動 本
本 心 本 太 陽 昂 明 人 中 天 地 一 一 終 無 終 一

우선 주목할 것은 천부경의 처음과 끝을 구성하고 있는 '일시무시일—始無始—', '일종무종일—終無終—'이다. 이 '일시무시일—始無始—'(1 2 3 4 5)에 대한 해석은 네 가지 길이 있다.

　㉠ 一始, 無始一 (하나 비롯, 하나 비롯 없다 ; 1—2—5—4—3)

　㉡ 一始無, 始一 (하나 없음에서 비롯, 비롯된 하나 ; 1—3—2)

　㉢ 一始無始, 一 (하나 비롯없음에서 비롯, 하나 ; 1—4—3—2—5)

　㉣ 一始, 無始 一 (하나 비롯 비롯없는 하나 ; 1—2—4—3—5)

그러면 이에 대한 다른 견해는 어떠한가? 먼저 『대종교요감要鑑』에는 '일시무시일—始無始—'을 "하나란 우주의 근본이요, 만유의 비롯되는 수

---

28 홍성렬, 「천부경 수리부의 수학적 해석」, 『산업개발연구』 제6집, 255-259쪽.

이니, 이 하나보다 먼저 비롯됨이 없다"[29]라고 풀이했고, 또 '일종무종일一終無終一'을 "하나란 근본으로 돌아가면 마침이 되나니 하나에서 더 마칠 수는 없다"[30]고 풀이했다. 일一이 모든 수의 으뜸인 것은 사실이지만, 이 요감은 미쳐 무無를 살피지 못하고 그저 '없다'라는 일개 형용사로 취급해버렸다. 하나에 대한 지나친 집착이 가져온 결과라 아니할 수 없다. 대종교의 이런 시각은 노주 김영의의 해석을 기본으로 한 것 같다. 충청도 선비로 유명했고, 한때 종로에 살며 대종교에 출입했던 김영의의 한문 해석본은 널리 알려져 있었다.[31] 여기서 김영의는 유학자의 한계를 넘지 못하고 도道란 하나일 따름이라(道者, 一而已矣)고 밝혔던 것이다. 1990년에 나온 새 경전 『대종교 한얼글』에는 김영의의 주해 번역본이 그대로 인용되어 게재되었으나,[32] 2002년도에 나온 개정판인 『대종교경전』[33]은 이러한 문제점을 인식한 듯, 이 해석을 취하지 않고 삭제하였다.

또 각세도覺世道의 천지원리학회에서 발간한 『천서삼경 대경전』도 "하나로 시작이나 그 시작은 없으며, 하나로 끝이나 그 끝도 없다는 이 하나는 영원히 돌아가는 끝없는 원圓"[34]이라고 했다. 여기서 일一은 태극

---

29 앞의 『대종교요감』, 9쪽.

30 앞의 『대종교요감』, 10쪽.

31 대종교의 한 분파였던 단군계(시흥지방)가 1937년에 발간한 『단군교부흥경략』에 김영의 주해본이 실려 있다. 이어 이 주해본은 1972년 대양서적의 한국명저시리즈 15권에 올라가 발간(『삼일신고 外』 ; 대종교인 강천봉 편집, 번역)되었으며, 졸저 『인부경 81자 집주』(동신출판사, 1993년)에도 게재되었다.

32 대종교총본사, 『대종교 한얼글』, 18-22쪽.

33 대종교총본사, 『대종교경전』, 21쪽.

34 이성재(천지원리학회), 『천서삼경 대경전』, 43쪽.

이고 원圓인데, 종시始終 간에 있으므로 두 개의 원, 즉 이원二圓이 된다고 말했다.

한편 선불교의 경전『훈법』은 이 구절에 대하여 이르기를, "우주만물은 하나에서 나오고 하나에서 비롯되나, 이 하나는 하나라고 이름 붙여지기 이전의 하나이며, 본래부터 있어온 하나이다"35라고 풀이했고, 또 "우주만물은 하나로 돌아가고 하나에서 끝이 나지만, 이 하나는 하나라고 이름 붙여지기 이전의 하나이며, 끝이 없는 하나이다"36라고 풀이했다. 전자의 경전처럼 '하나'에 주목한 점은 같으나, 그 하나를 '이름 붙여지기 이전의 하나', '본래부터 있어온, 끝이 없는 하나'로 재규정하여 일一의 의미를 무無에 가깝게 인식한, 즉 무적無的 일一을 언급하고 있는 것이 특징적이다.

최근에 나온 해석본은 '일시무시일一始無始一'을 "하나는 천지만물 비롯된 근본이나 무에서 비롯한 하나이니라"라고 했고, '일종무종일一終無終一'을 "하나는 천지만물 끝을 맺는 근본이나 무로 돌아가 마무리된 하나이니라"라고 새로운 번역을 시도했다.37

'일시무시일一始無始一', '일종무종일一終無終一'의 무를 허사가 아닌 명사로서의 근원자로 본 학자는 박용숙과 김상일이다. 박용숙은 천부경 첫 구절 해석을 "하나의 시작은 무無에서 시작되며 그 하나가 불어나서 세 극極을 이루고 무無의 다함이 없는 근본이 된다"38라고 풀었다. 다만

---

35 선불교,『훈법』(선불교경전), 41쪽.

36 앞의『훈법』, 43쪽.

37 안경전,『환단고기』(대형판), 507쪽.

38 박용숙,「천부경의 해독과 원형사상」,『한국의 시원사상』, p93.(한배달,『천부경연구』, 221쪽.)

박용숙은 무를 어둠 속에 감추어진 미지의 세계정도로 이해하였다. 그리고 김상일은 일시무一始無와 시일절始一折 삼극三極으로 문맥을 나눈 후에 일시무一始無를 "하나가 없음에서 시작되었다"[39]라고 해석하고, 이 궁극적 존재ultimate being 즉 없음과 있음에 대한 도가와 유가의 논쟁을 실례로 들어 무無의 중요성을 강조했다. 필자도 이런 관점에서 '일시무시일一始無始一'을 '하나 비롯, 없음에서 비롯된 하나'(1—2—3—4—5)라고 해석했던 것이다.

천부경의 무無를 이해하기 위해서는 또 다른 경전인 『삼일신고』에 주목하지 않을 수 없다. 이 『삼일신고』는 크게 5장으로 나누어져 있는데, 제1장 「천훈天訓」을 살펴보고자 한다.

저 푸르고 푸른 것이 하늘이 아니며,
저 아득하고 아득한 것이 하늘이 아니다.
하늘은 형체와 바탕이 없고, 처음과 끝도 없으며,
위아래와 동서남북도 없다.
또한 겉도 비고 속도 비어서 있지 않은 곳이 없고,
감싸지 않는 바가 없다.

창 창 비 천　현 현 비 천　천　무 형 질　무 단 예
蒼蒼非天, 玄玄非天, 天, 兒形質 兒端倪
무 상 하 사 방　허 허 공 공　무 부 재　무 불 용
兒上下四方, 虛虛空空, 兒不在, 兒不容 〈삼일신고, 천훈〉

여기서 하늘은 2비非 5무無의 성격을 갖는다. 창창비천蒼蒼非天(푸르고 푸른 것이 하늘이 아니다), 현현비천玄玄非天(아득하고 아득한 것도 하늘이 아니다)은 두 가지 하늘 아닌[非] 것이며, 무형질無形質(하늘은 형체와 바탕이 없

---

39 김상일, 『한철학』, 120쪽.

다) 무단예無端倪(처음과 끝도 없다) 무상하사방無上下四方(상하 사방도 없다) 허허공공무부재虛虛空空無不在(겉도 비고 속도 비어서 있지 않는 곳이 없다) 무불용無不容(무엇이나 감싸지 않은 것이 없다)이 바로 다섯 가지 하늘에 없는 [無] 것이다. 다만 사람의 말로써 할 수 있는 최상의 표현은 虛虛空空^{허 허 공 공}이다. 허허공공은 단순히 외허내공外虛內空의 강조 말이 아니라, 허지허虛之虛요, 공지공空之空을 의미한다. 이처럼 2비非 5무無와 허공虛空조차 초월한 허지허虛之虛(허에 또 허하고) 공지공空之空(공에 또 공한것)을 81자 천부경에서는 무無라 한 것이라고 본다. 이 때의 무는 '없'으로써 빔(空)의 뜻이다.

이처럼 『삼일신고』의 「천훈」편이 천부경의 '없'에 대한 설명이라 할 때, '한'과 관련하여 「신훈神訓」편을 참고할 필요가 있다.

하느님은 위없는 으뜸자리에 계시어 큰 덕과 큰 지혜와 큰 창조력으로 하늘세계를 생겨나게 하시고, 헤아릴 수 없이 많은 세계를 주재하신다. 많고 많은 것을 지으시되, 티끌만한 것도 빠뜨림 없고, 무한히 밝고 신령하시어 감히 이름지어 헤아릴 수 없다. 겉으로 소리와 기운으로만 내어 기도하면 하느님을 친견할 수 없으니, 너의 본성에 있는 삼신의 씨(子)를 구하면 이미 하느님이 네 머리골 속에 내려와 계시니라.

檀, 在兄上一位, 有大德大慧大力,
生天, 主無數世界, 造姡姡物, 纖塵兄漏,
昭昭龥龥, 不敢名量, 聲氣願禱, 絶親見,
自性求子, 降在爾垴. 〈『삼일신고』神訓〉

여기서 논란이 되는 곳은 絶親視^{절 친 시}이다. 절絶은 끊는다는 뜻과, 매우(절대로)의 뜻이 들어 있다. 그러니까 친견할 수 없다는 뜻과 반드시 친견할 수 있다는 두 가지 뜻이 나온다.

하느님은 시작도 끝도 없는 근본 자리에 계시며, 큰 덕과 큰 지혜와 큰 창조력으로 하늘의 생겨나는 이치를 만들고 온 누리를 주관하여 만물을 지으시되 아주 작은 것도 빠진 게 없으며 밝고도 신령하여 감히 사람의 말로는 이름지어 헤아릴 길이 없는 분이다. 이런 하느님을 천부경은 일시일종一始一終의 一로써 설명하고 있다. 일시무一始無, 일종무一終無의 '없(無)'를 영원히 '없(無)'에 머물게 하지 않고, 무형無形을 유형화有形化하는 신령한 작용, 그 이름할 수 없는 태극과 같은 것을 천부경은 '한(一)'이라 했고, 『삼일신고』는 하느님이라 한 것이다.

이처럼 『삼일신고』가 천天과 신神을 구별하여 경전을 편집했다는 것은 우리에게 시사하는 바가 많다. 그것은 천부경 자체부터 이 두 개념을 구별하고 있는데, 천天이 곧 '없', 신神이 곧 '한'인 것이다. 「천훈天訓」편을 혹은 허공虛空편이라 이름하는 것에서도 그것이 '없'의 뜻임을 알 수 있다. 그러면 천부경과 『삼일신고』는 왜 '없'과 '한', 천天(하늘)과 신神(하느님)을 구별하여 우주진리를 설명하는 것일까?

4. '없'(無)과 '한'(一)의 관계에 대한 문제

일찍이 천부경을 순 우리말로 옮긴 두 분을 소개한다.

하나 비롯 없는 비롯, 하나, 풀어 셋 가장…
하나 마침 없는 마침 하나.(류영모)40

---

40 박영호, 「천부경 우리말 옮김 및 풀이」, 『천부경 연구』, 199쪽.

하나가 시작하기를 무無에서 했고, 비롯한 하나를 셋으로 나누니 무無가 다 본本이다 ⋯ 하나가 끝나고 무無도 끝나기를 하나에 한다.(권태훈,)41

권태훈은 일시무시일에서 '없'의 중요성을 정확하게 지적하였으나, 일종무종일에서는 "一과 무無가 끝나기를 하나에 한다"고 함으로써 '한'과 '없'의 관계를 불명확하게 종결짓고 말았다. 그런데 필자가 문제로 삼는 것은 '한'과 '없'과의 관계를 규명하는 일이다. 류영모는 一을 하느님으로 보았고, 그것을 또 무시無始로 보았다. 상대적 존재인 인간은 절대를 볼 수 없고, 상대세계에서 一은 신神을 말하므로 절대의 一도 곧 신神이라는 말이다. 여기서도 '없'의 문제는 해결되지 않고 있다.

일찍이 왕필에게도 이런 '한'과 '없'과의 관계설정을 어떻게 할 것인가로 고민한 흔적을 발견할 수 있다. 『노자』 42장의 "道生一, 一生二⋯"에 대한 왕필의 주注를 보기로 한다.

수많은 사물과 모든 형체는 一로 돌아간다.
무엇으로 말미암아 一에 이르는가? 무無에서 말미암는다.
무無에서 말미암아 一에 이른다고 했으니 一을 가히 무無라 할 수도 있겠다.
이미 一로 (돌아간다) 했으니 어찌 말이 없을 수 있겠는가?42

이 부분은 왕필사상의 독창성을 발휘한 곳으로 "만물의 무차별성, 동

---

41 권태훈 구술/정재승 엮음, 『천부경의 비밀과 백두산족 문화』, 72-73쪽.

42 "萬物萬形, 其歸一也, 何由致一, 由於無也, 由無乃一, 一可謂無, 已謂之一, 豈得無言乎⋯"(왕필, 『노자주』 42장)

일성과 동일성의 근거로서 무無개념을 정립한 것"[43]이라고 할 수 있다. 그럼에도 왕필의 마지막 고민은 무無개념 정립에 있어서 一의 위치를 어떻게 설정하느냐는 데에 있었을 것이다. 무無(道)에서 一을 완전히 떼어내면 無는 절대자의 반열에 올라가게 되지만, 무無없이 一만을 강조하면 유형적有形的 세계의 담론밖에 아니 되는 것이다. 하상공河上公도 "一은 도道가 처음으로 낳는 태화太和의 정기精氣"[44]라 했다. 一은 도道와 동격이면서도 도의 소생자所生者이고, 만물을 낳는 정기精氣가 된다. 이런 고민을 누구보다도 잘 파악한 최고운은 노자식老子式 "道(無)生一…"의 논리를 따르지 않고 一과 무無를 적절히 떼어놓은 후에 생生이 아닌 시始의 개념으로 대체했다. 그것이 바로 一始/無/始一이 갖고 있는 독창성이라고 생각한다. 그리고 노자의 "有生於無"(『노자』 40장)에 머물지 않고, 유有가 아닌 수數로 대체하여 사물을 수리數理로써 설명했던 것이다. 이런 의미에서 "一은 수數의 시작始作이며 사물의 궁극"[45]이라는 왕필의 말에서 한걸음 나아가 천부경의 한역자는 '한'을 사물의 시始에서 종終으로까지 확대하여 인식하는 한편으로 '없'을 되살리고 있다.

그런데 왕필보다 먼저 一에 대해 의문을 제기한 사람이 있다. 유안(BCE 2세기경)의 저술로 알려진 『회남자』(「천문편」)에는 "도道는 一로부터 시작하는데, 一만으로는 그 무엇도 발생시킬 수 없다"[46]고 했던 것이다. 회남자는 이처럼 一만으로는 아니 되는 것을 음양론으로 해결하고 있는데, 천부경은 그 근원인 '없'으로 돌아가 '한'과 '없'의 관계를 해결

---

43 임채우, 「왕필 현학체계에서의 노자와 주역의 관계」, 『주역연구』 1집, 254쪽.

44 "一者, 道始所生, 太和之精氣也."(이석명, 노자도덕경 하성공장구, 49쪽.)

45 "昔, 始也, 一, 數之始而物之極也…"(왕필, 『노자주』 39장)

46 "道始於一, 一而不生, 故分而爲陰陽…"(『회남자』 권3, 「천문편」)

하고 있는 것이 다른 점이다.

'한'과 '없'을 변화의 시각에서 보면, '없'은 음양 분리이전의 근원자이며 동시에 음양을 머금고만 있다는 면에서 원초적原初的 적연부동寂然不動이며, 이 적연부동寂然不動이란 달리 말해 "시간을 머금고 있는 고요함"의 극치를 뜻한다. 천부경이 자연의 질서를 담고 있다면, 이를 주역의 12벽괘로 설명할 수 있을 것이다.

예컨대, 중지곤重地坤괘에서 일양一陽이 시생始生하는 것이 바로 일시一始이다. 또 중천건重天乾괘에서 일음一陰이 시생始生하는 것도 일시一始이다. 여기서는 앞의 일양시생一陽始生을 중심으로 설명해보겠다. 왜냐하면 중지곤重地坤(☷ ; 10월괘)은 순음純陰이며, 순음純陰이란 양陽이 전무全無하다는 것이므로, 중지곤괘는 순음무양純陰無陽괘가 되고, 이 적연부동寂然不動한 순음무양純陰無陽괘에서 공교롭게도 초효初爻 일양一陽이 복장復長[始生(시생)]하여 지뢰복地雷復(☳ ; 11월 동지괘)괘가 되기 때문이다. 이것이 무시일無始一이라는 말이다. 사시四時의 절기로 보면, 추운 동지冬至에 땅속에서 따뜻한 일양一陽이 다시 나는(寒氣(한기)에서 熱氣(열기)가 솟는) 것과 같다. 여기서 거듭 말해야 할 것은 중지곤(☷)은 순음純陰이나 양陽으로 보면 무양無陽이므로 곧 무無라는 말이다. 그 속에는 음이 양을 머금고(陰含陽(음함양)) 있어 양이 머리를 내밀지 못하고 감추고 있는 무수무양無首無陽의 형상이며,47 순음純陰만이 고요하여 닫혀 있는 형상인 것이다.48 반면에 일종무종일一終無終一의 종終은 음陰의 마침인 건乾괘와 양陽의 마침인 곤坤괘의 두 가지 유형이 있다. 동動은 기奇요, 정靜은 우偶이며, 시始는 양陽이요, 종終은

---

47 본래 머리가 안 보이는 것을 無라 함.

48 "其靜也, 翕(흡), 故, 含弘, 其動也, 闢, 故, 光大."(「중지곤괘, 광평유씨 注」)

卦	復	臨	泰	大壯	夬	乾	姤	遯	否	觀	剝	坤
六爻	䷗	䷒	䷊	䷡	䷪	䷀	䷫	䷠	䷋	䷓	䷖	䷁
月	11	12	정	2	3	4	5	6	7	8	9	10
季節	겨울		봄			여름			가을			겨울
陰陽	1陽生	2陽生	3陽生	4陽生	5陽生	皆陽	1陰生	2陰生	3陰生	4陰生	5陰生	皆陰
地支	子	丑	寅	卯	辰	巳	午	未	申	酉	戌	亥
律呂	黃鐘	大呂	太蔟	夾鐘	姑洗	仲呂	蕤賓	林鐘	夷則	南呂	無射	應鐘

음陰이므로 일종一終은 일음一陰의 변화를 의미하는 것이다. 그러므로 상효가 음陰인 택천쾌澤天夬(☱)의 상륙효 일음一陰이 마침에 순양무음純陽無陰의 중천건괘重天乾卦(☰)로 변해 무종일無終一하는 것이다. 이처럼 음양이 쉬임없이 동정종시動靜終始를 반복해 가며 1년 사시를 이룬다. 결국 무無와 일一은 음양의 동정動靜변화를 표현한 말로 이해할 때, 순음무양純陰無陽에서 일양一陽이 시생하고, 마지막에 일음一陰이 종終하여 순양무음純陽無陰에서 마치는 것이 천지의 운행질서라 할 수 있다.

5. 과정철학의 형성적 3요소와의 비교

앞의 『삼일신고』에서 본 것처럼 우리 조상들은 천天과 신神을 구별하여 사용하였다. 천부경은 이를 '없'과 '한'으로써 설명하고 있다. 다만 『삼일신고』는 그 사이에 천궁을 두었고, 천부경은 그 사이에 일묘一妙를 두었다. 그런데 이 둘의 관계를 화이트헤드의 과정철학(유기체 철학)으로 분석하여 천부경의 지평을 넓혀보고자 한다.[49]

---

49 앞의 『한철학』, 132-139쪽 참조.

화이트헤드는 1929년에 집필한 『과정과 실재Process and Reality』에서 그 궁극적인 것을 '창조성Creativity'이라 이름 하였다. 창조성은 어떤 인격적인 존재가 아니다. 만약 창조성이 인격성을 갖는다면 곧 절대자로서의 신神이 될 것이다. 그러나 창조성은 순수 활동의 관념이다. 즉 자기 자신의 성격은 하나도 갖지 않고, 사실성에 근거해서 존재하는 가장 넓은 범위로서의 궁극적인 개념이다.50 마치 노자의 도가 "낳으나 소유하지 않는다"(生而不有)(『노자』 2장)는 것은 마치 무無와 같다. 갑골문에 무無를 舞(무)와 같다고 본 것은 특이한 생각이다.51 본래 舞(무)란 비를 내려달라고 기원하는 춤을 의미한다. 비가 내린다는 것은 없음에서 있음으로의 변화를 의미한다. 춤은 그 변화의 과정 속에 있으면서 그 무엇인가를 창조하는 하나의 행위이다.

다시 천부경의 일시무시일一始無始一을 보자. 아무리 무無가 일시一始의 근원이 된다고 하여도 정작 움직이는 시동始動은 一이 하는 것이다. 무無는 시작 자체를 품고 있을 뿐, 운동의 실마리는 항상 一이 먼저 하기 때문이다. 서화담은 一은 음양陰陽의 시작始作이라고 했고, 그래서 一은 수數가 아니라 수의 본체라 했던 것이다.52 그럼에도 '없'은 종시終始운동의 불멸적不滅的이면서 궁극적 원리가 된다. 과정철학에서 창조성을 "궁극적인 사태를 특징지우는 보편자들의 보편자"53라 규정한 것은 창조성이 없이는 현실적 존재를 만들 수 없기 때문이다.

50 A.N. 화이트헤드/오영환 역, 『과정과 실재』, 96쪽.(원본 1978년 Macmillan판)

51 徐中舒, 『甲骨文字典』, 630-631쪽.

52 "一者, 何謂也, 陰陽之始, 坎離之體"(『화담집』, 「원리설」) ; "一, 非數也, 數之體也"(『화담집』, 「補允」)

53 앞의 『과정과 실재』, 78쪽. (PR, 21쪽.)

그런데 화이트헤드는 이 창조성創造性에만 만족하지 않고, 또 다른 무엇을 말하고 있다. 바로 신神God을 연계하여 설명하고 있다. 신은 창조성에 있어 원초적으로 만들어진 것이면서 동시에 창조성도 제약하고 있다고 본다.[54] 그래서 신은 질서화를 꾀함으로써, 창조성을 간섭하여 새로움novelty을 가져오게 한다는 것이다. 그래서 과정철학에서 신神은 "원초적인 피조물primordial creature"[55]이다. 이는 기독교의 절대신絶對神과 다른 것으로써, 과정철학의 신神은 궁극적인 원리는 될 수 없으며, 만물과 한 가지이나 만물의 원초적 본성이 된다는 면에서 선善과 질서 매김의 근거가 되며, 비非시간적인 현실적 존재로 인식한다. 왜냐하면 신은 존재의 범주에 속하고, 창조성은 궁극성의 범주에 속하기 때문이다.[56] 이것은 천부경과 『삼일신고』가 '없'과 '한', 천天과 신神을 나눈 것과 유사한 면이 있다.

그러나 천부경은 인간과 대화하는 인격적 신神에 대해 구체적으로 서술하고 있지 않다. 따라서 천지인天地人 삼재의 천天도 자연이며 만물의 하나로 다가온다. 이런 인격적 신은 아니지만 일시一始의 一은 대개 태극 또는 하느님으로 해석되고 있는데, '한'이 과정철학의 신神God과 같은 역할을 한다고 본다.[57] 여기서 神과 같은 역할이란 신의神意, 즉 운동성運動性의 유발誘發은 바로 一, 즉 신神에게 있다는 뜻이다.

그러면 과정철학에서 말하는 신神이 어떤 존재인지 더 알아보자. 화이

---

54 앞의 『과정과 실재』, 96쪽.

55 앞의 『과정과 실재』, 95쪽.

56 김상일, 『수운과 화이트헤드』, 283쪽.

57 앞의 『한철학』, 132-139쪽 참조.

트헤드는 "신은 원초적일 뿐만 아니라 결과적이다. 신은 처음이자 끝"[58]이라고 했다. 마치 천부경의 일시一始 일종一終을 설명하는 것 같다. 천부경의 一은 일시一始이면서 일종一終으로써 존재들의 처음이자 끝이 된다. 역시 一은 과정철학의 신神이라 할 수 있다. 그런데 과정철학에서 창조성과 신은 서로 떨어질 수 없다고 한다. '한'이 '없'을 떠날 수 없듯이, 신은 창조성을 떠날 수 없다는 말이다. 마치 동학에서 지기至氣와 천주天主가 서로 만나 주문21자에서 하나 되는 것과 같다.

다음으로 화이트헤드는 "모든 있음은 모든 생성을 위한 가능태"[59]라고 했다. 다시 말해 모든 존재의 본성은 '후속後續하는 생성生成'을 위한 가능태라는 말이다. 이 가능태를 특별히 영원적 객체eternal object[60]라 한다. 따라서 과정철학에서 말하는 형성의 3요소는 바로 "창조성, 영원적 객체永遠的 客體, 신神"을 말한다. 창조성과 영원적 객체는 가능태를 의미하며, 반면에 신은 구체적인 현실태의 근거를 의미한다. 따라서 하나의 현실적 존재는 현실태이며, 그것은 이 창조성과 영원적 객체의 결합으로 이루어진 것이다. 다시 말해 이 창조성과 영원적 객체라는 두 상관적인 궁극자는 현실적 존재에서 비로소 현실화되는 것이다.[61] 마치 성리학에서 말하는 이理, 기氣와 같다. 천부경의 '없'을 창조성이라 한다면, "용변用變 부동본不動本"의 本을 영원하여 본성을 향유하고 있으나 본체는 될 수 없는 의미에서 '영원적 객체'에 비유 할 수 있다. 이는 "쓰임에 따라 수시로 변하되 아니 움직이는 바탕"으로 이법理法의 작용과 같다.

---

58 앞의 『과정과 실재』, 593쪽.

59 앞의 『과정과 실재』, 120쪽.

60 앞의 『과정과 실재』, 122쪽.

61 문창옥, 『화이트헤드 과정철학의 이해』, 97쪽.(注11 참조.)

무無와 유有의 세계를 연결하는 상징적 가능태이다. 또 본本은 "본심本心 본태양本太陽"으로 이어진다. 본본은 형상形相(이데아, 본질)같은 것이며, 구체적으로 그 마음이며, 그 하늘이며, 태양이다. 본심의 心은 주역에서 말하는 "회복하는 괘에서 천지의 마음을 본다(復見天地之心)"(복괘「단전」)와 같다. 이에 대해『정전程傳』은 다음과 같이 해석하고 있다. 즉 겨울이 가면 봄이 오듯이, 회복回復하는 것에서 천지의 마음을 본다는 것은 천지가 만물을 낳는 마음이 그렇다는 것이며, 나아가 모든 움직임의 단서가 이 천지의 마음(만물을 낳는 마음)이라는 것이다.62 '모든 움직임의 실마리'가 가능태이며, 영원적 객체이다. 하늘이 만물을 낳고 기르려는 마음을 근본으로 삼고 있기 때문에 왕래소장往來消長의 움직임이 일어난다는 뜻이다. 만약 하늘이 이런 마음을 갖지 않는다면 만물은 사멸할 수밖에 없다는 것이다. 이 일양래복一陽來復의 회복하는 마음(復心)이 곧 천지가 가지고 있는 역학적 창조성易學的 創造性이라 할 수 있다.63

한편 왕필은 주注에서 "회복(復)이란 그 근본으로 돌아감(反本)을 이름이다. 천지는 본本으로 심心을 삼는 자"64라 했는데, 본래 주역에서 말한 심心의 뜻은 우주심령宇宙心靈에 가까우나, (노자의)천지는 본본을 핵심核心(마음이 아닌 사물의 근본)으로 삼는다는 뜻으로 보는 것이 왕필의 형이상학적 관념이다.65 이런 면에서 천부경의 일시일종一始一終은 바로 천지마음의 본성적本性的 발동이면서 어떤 창조성에서 연유한다는 것을 유추할 수 있다. 이것이 다시 "부동본不動本 본심本心 본태양本太陽"과 직결

---

62 "一陽, 復於下, 乃天地生物之心也, …蓋不知動之端, 乃天地之心也"(「복괘」,『程傳』)

63 모종삼/송항룡 역,『중국철학의 특질』, 227쪽.

64 "復者, 反本之謂也, 天地以本爲心者也"(『왕필 주』,「복괘」)

65 勞思光,『新編 中國哲學史』(二), 177쪽.

될 때, 시동始動의 초발심이 되고,[66] 우주는 천지인을 살리는 지공심至公心[67]으로 존재한다.

그리고 본本의 상대적 속성은 일묘연一妙衍 만왕만래萬往萬來이다. 만왕만래는 영원적 객체가 다양한 현실적 존재actual entity들 속에 들어가는 것과 같다. 화이트헤드는 이를 '영원적 객체의 진입進入'[68]이라고 부른다. 그렇기 때문에 일묘연의 一은 '하나'의 의미가 아니라 '없'과 '한'의 '하나됨'의 과정적 의미로 볼 수 있다. 본本은 현실로 진입하는 순수한 가능태의 본질을 의미한다. 그리하여 그것은 현실적 존재들의 성격을 특징지울 수 있는 한정限定의 형식이기도한 것이다. 가능태는 한정을 뛰어넘으려고 한다. 다시 말해 '영원적 객체'란 생성의 주체는 못되나, 현실적 존재의 생성으로 진입하기 위한 가능태이며, 그 가능태는 한정 속에 갇히기도 하나 가능태 그 자체는 무시간적 영원성을 갖는 본바탕이다. 이 본바탕으로서의 본本은 부동不動의 본체가 되며, 무진본無盡本에서의 무無와 본本은 영원적 가능태로써 작용한다.

또한 천부경의 '없'(無 · 業)을 창조성에 비유한 것은 창조성은 '새로운 존재'(新 一者)를 끊임없이 창출(業)해내는 새로움의 원리이기 때문이다. 이 새로움을 가능하게 하는 것이 일묘연一妙衍과 무진본無盡本이다. 우선 시始는 자체가 신新의 뜻을 내포하고 있다. 시始와 신新은 똑같이 우리말로 '굿'이다.[69] 그렇다면 종終은 영원히 사라지는 것이 아니라 다만 옛(舊)일 뿐이다. 과정철학을 한마디로 말하면 곧 송구영신送舊迎新이다. 그

---

66 앞의 『한철학』, 139쪽.
67 최수운은 동학의 하날님을 至公無私하신 분으로 표현하고 있다. (『동경대전』, 「팔절편」)
68 앞의 『과정과 실재』, 81쪽.
69 이병선, 『한국고대 국명지명연구』, 65쪽.

런데 필자가 과정철학의 관점에서 새롭게 제시하고자 하는 것은 천부경의 '없'이 갖고 있는 또 다른 특성이다. 그것을 "일적십거一積十鉅 무궤화삼無匱化三"에서의 화化에서 발견할 수 있다. 하나에서 열로 점점 쌓아가게 하는 것이 화化이다. 화이트헤드가 "다자多者는 일자一者가 되며 그래서 다자多者는 하나만큼 증가된다"[70]라고 말했는데, 일적십거一積十鉅의 화化는 '하나만큼 증가한다'는 뜻과 상통한다. 무언가 새로운 것을 우주에 첨가해나간다는 것이다. 즉 화化는 무無의 무한한 힘을 상징하며, 그것이 영원적 객체의 진입을 촉진시킨다. 그 조화의 힘이 하나에서 열을 이루어가게 한다. 그리고 三은 만물萬物의 수이듯이 여기서는 극수極數로서, 최수운이 말한 "수의 많음(數之多)"(「논학문」)을 의미한다는 것이다. 이것은 과정의 전망을 상징한다. 앞에서 갑골문에 기우제祈雨祭를 위한 춤을 무舞라 한다고 했고, 『설문說文』에는 무舞를 낙樂이라 했다. 그무舞가 곧 무無라니 이는 참으로 역설적인 표현이지만, 춤은 마당과 춤꾼의 동작에 의해 이루어지고, 그러면 비가 내린다(즐거움)는 것이다. 즐거움은 창조성의 결과이다.

과정철학은 과정에서 나오는 그 새로운 것에 초점을 맞추고 있다. 일一과 다多의 문제에서도 다多는 다多로써 만족하는 것이 아니라, 다시 '새로운 일자一者'를 만들어 창조적 전진을 한다. 우주는 끊임없이 다多에서 일一로, 잡雜에서 순純으로, 이접離接에서 연접連接으로 전진한다. 일一에서 다多로 가는 것은 말하지 않았다. 그런 과정 속에 나타난 새로운 일자一者는 다자의 공재성인 동시에, 뒤에 남겨놓은 이접적인 다자 속의

---

70 앞의 『과정과 실재』, 79쪽.

일자이기도 한 것이다.71 이런 과정의 한자식 표현이 송구영신送舊迎新이며, 그 가능태가 천부경의 본本이며, 일적십거一積十鉅의 화化가 생생불식生生不息하는 창조적 추동력이 아닌가 한다.

6. 소결 : '없'(無)과 '한'(一), '없'(無)과 '잇'(有)

천부경의 도道는 노자식老子式 사유구조인 '없'-'잇'의 관계가 아닌, 『삼일신고』와 같이 '없'과 '한'과의 상호관계 속에서 파악했다는 면에서 독창성을 갖는다. 필자는 이런 일一과 무無의 관계를 화이트헤드의 과정철학에서 인용하여 '한'은 신神으로, '없'은 창조성創造性으로 해석하였다. 창조성은 순수하고 영원한 행위에 대한 개념이다. 즉 무불유無不由(모든 것이 말미암지 않은 것이 없음)72하면서도 자기 자신의 성격은 하나도 갖지 않는 최후의 보편자이며 궁극적인 개념이다. 천부경을 화삼化三이 갖는 조화의 원리라고 말할 수 있는 것은 바로 '없'의 창조성을 잘 간직하고 있기 때문이다. 하지만 무無가 일시一始의 근원이 된다고 하여도 정작 시작始作운동은 一이 하는 것이다. '한'은 「태극도설太極圖說」의 태극동太極動과 같고, 『주역』의 천하지동天下之動 정부일자야貞夫一者也(「계사하」 1장)와도 같으며, 과정철학의 신神과 같고, 태양(日)과 같다. '한'의 이런 동정動靜과 종시終始의 지속적인 운동은 만물을 살리려는 천지의 본연한 마음바탕에서 일어난 것이다. 이는 태양(해, 日) 사시변화四時變化에서 알 수 있다. 이런 변화의 관점에서 보면, '한'이 시時라면 '없'은 시간

---

71 앞의 『과정과 실재』, 78쪽.

72 "道者, 無之稱也, 無不通也, 無不由也"(『논어』, 「술이」 왕필注)

時間을 머금은 근원이다. 나아가 음양陰陽을 머금은 숙연부동寂然不動의 고요함이 '없'이다.

하나의 종시終始작용에 의해 천지음양이 동정 순환불식하고, 천지음양에서 삼극이 나와 우주는 천지인이라는 삼극체의 존재양식을 갖는다. '없'이 '핱'의 근원자이지만, 반면에 '핱'이 '없'에 대해 제약적인 관계를 갖고 있다는 데에 천부경의 신묘함이 있다. 여기에 천부경과 과정철학의 묘한 만남이 있다. 기본적으로 자연을 유기체적으로 인식할 때, 천부경과 과정철학은 언어상의 차이는 있지만, 만남이 열려 있다. 과정철학에서 말하는 형성적 3요소중의 하나인 신[一 ; 終始의 원리]은 창조성[無 ; 化]과 영원적 객체[本]를 매개하는 기능을 갖는다. 이 삼자三者는 서로 상대방의 뿌리가 되어주는 호근적互根的 작용作用을 한다. 특히 신이 없다면 이 양자는 결합하여 새로운 존재를 창출할 수 없다. 그래서 과정철학에서 창조성과 달리 神은 한정의 원리이며, 구체화의 원리로써 다시 창조성과 만난다. 그리하여 우주는 끊임없이 多에서 一로, 잡雜에서 순純으로, 이접離接에서 연접連接으로 전진하며 새로운 一을 산출하기 위해 창조적 전진을 함께 한다는 것이다. 천부경의 화삼化三의 화化는 바로 이런 우주의 창조적 전진을 상징한다.

이 글의 핵심적 과제였던 '없'(無, 空)과 '핱'(一)과의 관계에 대한 고민은 그 근원을 따져 올라가면 3세기 왕필이후 계속되어 온 것이다. 특히 천부경의 한역자는 이 둘의 상대적 조화調和를 이룸으로써 철학적 난제를 극복하고자 하였다. 이러한 상대적 조화를 추구한 가까운 예가 바로 최수운과 화이트헤드였다. 19세기 동학의 최수운은 '지기至氣'를 창조성 즉 '없'으로, '하날님[天主]'을 신神 즉 '핱'으로 이해하여 동학주문 21

자로 조화의 극치를 이루었다. 김상일은 천도교와 수운교의 동학을 화이트헤드가 말한 과정종교라 규정하고, 동학사상의 중심은 지기(창조성, 없)와 천주(신, 한)의 균형조화에 있다고 보았다.[73] 특히 수운교는 이런 초기동학의 지기 — 천주의 2자 조화에서 한 걸음 나아가 불佛 — 천天 — 심心 일원의 교리를 체계화하여 불佛 — 천天에 심心의 조화를 추가해 3자 융합을 시도하고 있다.

이처럼 지기가 '없'(창조성)에 해당하고, 천주가 '한'(신)에 해당하는 초기동학의 2자 조화에 기초하여 증산도는 신神이 융합된 혼원한 기氣와 제帝를 말한다. 기氣를 바탕으로 하여 우주만물을 이끌어내는 것은 신(삼신)이고, 무극대도無極大道로써 전체를 주재主宰하는 자는 제(玉皇上帝)라고 한다. 천부경의 "일시무시일一始無始一"에서 '무시일無始一'은 신이 융합된 혼원한 기에 해당하고, 그 '일一'의 자리에 주재자(옥황상제)가 있다고 본 것이다. 다시 말해, 혼원한 기(또는 神氣)를 '없(無)'에, 제帝(옥황상제)를 '한(一)'에 대응시키면서도 창조성創造性으로 신의 융합을 말하고 있는 것이다. 이것은 화이트헤드가 말한 창조성과 신神과의 관계에 대한 문제를 새롭게 제기하는 입장이다.

이처럼 창조성과 하느님의 문제는 결국 궁극성과 존재의 두 범주에 관한 문제인데, 틸리히가 말한 하느님은 존재자체being-itself였고, 존재자체인 하느님은 창조를 통하여 실재하는 것이었으나 화이트헤드는 하느님도 현실적 존재인 동시에 비시간적 현실적 존재라고 규정하여, 전통적인 유신론적 신개념에서 '신'과 '창조성'을 분리한다. 그런 다음에 그는 하느님의 세 가지 본성을 말한다. 원초적 본성과 결과적 본성, 그리

---

73 김상일, 『수운과 화이트헤드』, 지식산업사, 2001, 336쪽.

고 자기 초월적 본성이 그것이다.

여기서 원초적 본성은 통일적 조화造化로써 '창조성創造性'의 역할이고, 결과적 본성은 물리적 파악으로써의 '합생'의 역할이며, 자기 초월적 본성은 실용적 가치로써의 '주재자', '통치자'의 역할이라고 이해 할 수 있다. 창조성의 최초의 피조물primordial creature은 신의 원초적 본성 primordial nature of God 이기 때문이다. 이러한 신의 원초적 본성이 각각의 현실적 존재의 합생과정에 개입한다. 우리의 전통적인 표현으로는 조화 주造化主, 교화주敎化主, 치화주治化主라 할 수 있다.74 그렇기 때문에 창조 성은 그 피조물을 떠날 수 없으며, 신은 창조성과 시간적인 피조물을 떠날 수 없고, 피조물은 창조성과 신을 떠날 수 없다. 따라서 '삼신일체의 도道'와 기氣와 제帝가 삼위일체적인 연관을 갖는다는 것은 전통적인 하느님을 신과 창조성으로 구분하는 오류를 스스로 극복하여 '3자의 동시적 융합'이 진리임을 말하려는 것으로 본다.

우리는 『삼일신고』에서 보듯이 천天[허공]과 신神[일신]을 구별하였으되, 그것의 균형과 조화를 유지하는 것이 얼마나 중요한가를 잘 알고 있다. 이것은 옛 조상들이 천天과 신神, 무無와 일一 즉 '없'과 '한'을 섞지도, 나누지도 않고 '함께 창조적인 관계로 사유'해왔다는 것을 알려 주는 것이다. 나아가 『삼일신고』는 천[허공], 신[일신]에 천궁을 구별하여 이 3자의 동시적 창조융합을 꾀하고 있다. 이때 천궁은 대길상, 대광명 처로서 천과 신을 매개하는 오묘한 관계를 이룬다. 이것이 천부경에서 없(無, 空, 業)과 한(一, 日, 業) 사이를 매개하는 일묘一妙와 같다.

---

74 문계석은 원초적 본성의 신을 조화신, 결과적 본성의 신을 교화신, 주재적 본성의 신을 치화신으로 해석하였다.(문계석,『생명과 문화의 뿌리, 삼신』, 상생출판(2011), 59쪽.

이제 그동안 천부경연구에서 간과되어 온 '없'(無)과 '한'(一)과의 관계에 대한 연구는 더욱 지평이 넓어져야 할 것이다. 앞으로 과정철학은 천부경 연구에 많은 기여를 할 것이다. 끝으로 모든 논의의 귀결점은 인간의 문제라 할 것이다. 인간의 문제를 "앙명인昻明人을 통한 인일人一의 구현"이라 할 때, 이에 대하여는 태일太一의 관점과 관련하여 더 깊은 연구가 있어야 할 것이다.

천부경 '大三合六'의 우주론

1. 주역의 음양관과 일생이법—生二法

천부경 해석의 중요한 분기점이 되는 곳은 경문經文 81자 중에 바로 '대삼합륙大三合六'이다. 특히 六은 9×9배열의 정중앙에 위치하고 있을 뿐만 아니라, 다음의 생칠팔구生七八九로 이어지는 중간역할을 하고 있다는 면에서 중요한 의미를 지니고 있다고 생각한다.

필자는 주역과 천부경이 갖고 있는 수리전개의 기본 원리를 비교해 보려고 한다. 필자는『주역』이 일생이법—生二法의 음양관에 기초한 것이라면, 천부경은 일생삼법—生三法의 천지인天地人 삼극관에 기초하고 있다는 관점에서 출발한다. 이것은 대삼합륙大三合六의 수리론을 이해하는 데 있어서 의미 있는 비교 작업이 될 것이다.

노자는 음양설에서 우주창성을 설명하고, 장자는 음양설에 의해 만물의 생성소멸을 설명하고 있다. 음과 양은 각기 그늘과 햇빛을 표한 것인데, 아라카와 히로시는 음양의 기원에 대해 수화水火로 추측된다고 말했다.[1] 그 근거로『논어』에 "백성의 어짐에 있어서는 수화水火보다 심하다"[2]에서 수화水火가 보이고,『맹자』에 "백성은 수화水火가 아니면 생활

---

1 荒川 紘,『東と西の宇宙觀』, 173쪽.

2 "子曰 民之於仁也, 甚於水火"(『논어』,「위령공편」)

하지 못한다"3고 했고, 순자는 "수화水火는 기氣는 있으나 생명生命이 없고, 풀과 나무는 생명은 있어도 지각능력은 없다"4라고 했다. 이렇듯이 수화水火는 기氣로서 자연과 인간을 낳는 음양陰陽과 동일한 역할을 하고 있었던 것이다. 그런데 이 음양설은 음양과 독립해서 생긴 역易과 융합하여 서로를 보완하고 있다.5

오늘날 『주역』을 구성하는 기본 축을 음양陰陽이라고 말한다. 괘상卦象을 형성하는 기본 토대가 음陰과 양陽에 근거하고 있기 때문이다. 괘상에서의 음양은 특히 대대성對待性과 상의성相依性을 바탕으로 통일적 세계를 형성한다. 「역서易序」에서도 "역은 음양의 도이고 괘는 음양의 물건이고 효는 음양의 운동"6이라 하여 괘효에 기초한 역이 바로 음양임을 명시하고 있다. '역'을 음양론이라고 주장하는 사람들은 주로 「역전易傳」의 다음과 같은 구절에 주목한다.

한번은 음이 되고 한번은 양이 되는 것을 일러서 도(一陰一陽之謂道)라고 한다.
음과 양의 헤아릴 수 없는 작용을 일러 신(陰陽不測之謂神)이라 한다.

이처럼 두 대비되는 개념인 "一陰一陽之謂道"(「계사」 상5)와 "陰陽不測之謂神"(「계사」 상5)은 이 세계가 음양으로 인식 가능한 세계가 있는 반면에 음양으로 인식할 수 없는 또 다른 세계가 있다는 점을 보여준다. 즉 도道와 신神의 영역이 그것이다. 본래 『춘추좌전春秋左傳』에 의

---

3 "民非水火, 不生活"(『맹자』, 「진심 상」)

4 "水火有氣而無,生 草木有生而無知"(『순자』, 「왕제편」)

5 荒川 紘, 『東と西の宇宙觀』, 174쪽.

6 "易者, 陰陽之道也, 卦者, 陰陽之物也, 爻者, 陰陽之動也"(「易序」)

하면 음양은 천天의 6기氣 가운데에 있는 2기氣로 인식된다. 6기氣란 음·양·바람·비·어둠·밝음을 말한다.7 이처럼 음양은 氣를 말한다. 陰이 지나치면 한질寒疾이 나고, 陽이 지나치면 열병熱病이 나온다는 것이다.

그런데 『주역』에서 음양론은 다시 태극관으로 귀결된다. 본래 태극은 점칠 때 사용하는 시초蓍草의 수를 가지고 말해왔다. 왕필은 50개의 시초 중에 사용하지 않는 최초의 하나를 태극이라 한 반면에 당唐의 최경은 50개의 시초 중에 하나를 제한 나머지 49개를 태극이라 하였다. 왕필은 쓰지않는 불용일수不用一數를 신성시 한 것이고, 최경은 나누어지지 않은 미분사십구수未分四十九數를 신성시 한 것이다. 여기서 신성시 했다는 말은 근본으로 삼았다는 뜻이다.

이런 까닭으로 易에 太極이 있으니, 이것이 양의를 낳고,

양의가 사상을 낳고, 사상이 팔괘를 낳으니,

팔괘가 길하고 흉함을 정하고, 길하고 흉함이 큰 일을 낳는다.8

위 인용문(「계사」 상11장)은 『노자』 42장의 "道生一, 一生二, 二生三, 三生萬物"의 관점을 역易에 적용한 것이다.9 이 "易有太極, 是生兩儀…"에서 양의兩儀는 곧 음양을 의미하며, 태극은 이 음양의 생성적 근원이 된다. 그것은 기氣의 운동과정을 의미한다. 그것이 태화太和의 개념과 결합하면서 태극은 기氣로서 조화의 극치를 이룬다. 장횡거는 "태허太虛의 형태가 없는 상태가 기氣의 본래의 상태이고, 그것이 모이고 흩어지는

---

7 "天有六氣, …降生五味, 發爲五色, 六氣曰陰陽風雨晦明也, 分爲四時…"(『춘추좌씨전』, 「소공원년」)

8 "是故, 易有太極, 是生兩儀, 兩儀生四象, 四象生八卦, 八卦定吉凶, 吉凶生大業."(『주역』, 「계사전」 상11장)

9 荒川 紘 『東と西の宇宙觀』(東洋篇)紀伊國屋書店, 2005, 174쪽.

것은 변화의 일시적인 형태일 따름이다"[10]고 했고, "귀신은 이기二氣의 양능이라"[11]했으며, "기氣에는 음양陰陽이 있다"[12]고 했다. 그러나 주회암(주자)은 이 "易有太極"에 대한 『본의本義』에서 태극에 대해 전혀 새로운 주장을 내놓고 있다. 역은 음양의 변하는 그 자체(易者, 陰陽之變.)이며, 태극은 그 변하는 理(太極者, 其理也.)라는 것이다. 즉 '태극太極은 리理'라는 명제가 여기서 나온 것이다.

> 하나가 매양 둘을 낳는 것은 자연의 이치이니,
> 역은 음양의 변하는 것이고,
> 태극은 그 이치다.
> 양의는 처음 한 획이 나뉘어 음양이 되는 것이고,
> 사상은 다음 두 획이 나뉘어 태양, 태음, 소양, 소음이 되는 것이고,
> 팔괘는 그 다음 세 획이니 삼재의 상이 비로소 갖추어지는 것이다.[13]

이와 같이 주회암은 "易有太極"을 통해 태극의 리적理的 요소를 일매생이一每生二로 표현하였다. 필자는 여기서 태극의 일매생이一每生二를 '일생이법一生二法'이라는 말로 바꾸어 표현하고자 한다.[14] 그런데 "易有太極"은 이전 시기와 달리 송대宋代 성리학에 이르러 64괘를 구성하는 자연원리로 해석되었다. 그러면 이 태극의 일생이법一生二法'은 무엇으로 이루어지는가? 바로 음양陰陽이다. 그러나 음양은 서로 떨어져

---

10 "太虛無形, 氣之本體, 其聚其散, 變化之客形爾"(『정몽』,「태화편」)

11 "鬼神者, 二氣之良能也"(『정몽』,「태화편」)

12 "氣有陰陽, 推行有漸爲化…"(『정몽』,「신화편」)

13 "一每生二, 自然之理也, 易者, 陰陽之變, 太極者, 其理也. 兩儀者, 始爲一劃, 以分陰陽, 四象者, 次爲二劃, 以分太少, 八卦者, 次爲三劃而 三才之象 始備."(『周易傳義大全』22권 86면)

14 이에 관하여는 필자가 자세히 밝힌 바 있다. 이찬구, 『동학의 천도관 연구』, 61쪽.

있는 별개물이 아니다. 일음일양一陰一陽이란 말과 같이 음양이 결합할 때 비로소 도道가 된다는 뜻이다.15 이처럼 태극을 성리학에서 '리적理的'이며, '음양 양兩태극'으로 이해하기 시작한 것은 주회암으로부터 비롯된 것이며, 이로부터 성리학의 태극은 모든 것의 근원이 되는 궁극적 실체를 의미하게 되었다.

2. 천부경의 일석삼극과 일생삼법一生三法

우리의 전통문화에는 음양 태극太極에 기초한 양태극兩太極문양 못지않게, 그 이상의 다태극多太極문양이 많이 전해오고 있다.16 이는 우리 문화 속에 음양 양극적兩極的 사유구조가 발전해온 반면에 그와 다른 형태의 다극적多極的 사유구조가 혼재해 전승돼 왔다는 것을 알 수 있다. 여기서 『태백일사』(「소도경전본훈」)를 주목할 필요가 있다.

둥근 것은 하나이니 무극이요, 모난 것은 둘이니 반극이요,
각진 것은 셋이니 태극이로다(『태백일사』, 「소도경전본훈」)

원자　일야무극　방자　이자반극　각자　삼야태극
圓者, 一也無極, 方者, 二也反極, 角者, 三也太極.

이러한 무극, 반극, 태극이라는 삼극적 구조는 음양을 태극으로 보고 있는 오늘날의 사유구조와 다른 것이다. 음적陰的인 정靜를 무극이라 하면, 그 陰的 靜과 그에 反하는 陽的 動을 포함하여 反極으로 본 것인데, 우리의 눈길을 끄는 것은 태극太極을 三으로 본 것이다. 이미 『한서漢書』

15 朱伯崑/김학권, 『주역산책』, 97쪽.
16 음양 兩太極문양은 회암사 절터에 있고, 천지인 三太極문양은 宗廟의 정전 등에 많이 있다.

「율력지」에 "太極元氣, 凾三爲一"이라는 말이 보인다.[17] 태극은 원기로서 셋을 포함하여 하나가 된다는 뜻이다. 그러니까 태극은 일찍부터 삼태극이었던 것이다. 이런 의미에서 태백일사의 삼태극이란 말은 태극관의 원형을 보여준 중요한 자료인 동시에 한국고유사상의 근원을 찾는데도 중요한 단서가 되고 있다. 특히 이러한 三사상은 『삼국유사』의 단군사화에도 잘 계승되었다. 즉 "천신 신인 인신의 삼신三神구조, 풍백 우사 운사의 삼공三公구조, 삼위태백三危太伯, 천부삼인天符三印"등에서 삼三이 완성完成을 의미하는 것은[18] 곧 삼태극과 통하는 것으로 볼 수 있다. 그 모형으로는 원圓 一 방方 一 각角으로 표시하기도 한다.

바로 이런 연장선상에서 우리는 천부경을 만나게 된다. 천부경의 서두는 "一始無始一 析三極 無盡本"이다. 이 '없'에서 '한'이 시작되었고, 그 '한'이 낳은 '삼극'을 천부경은 바로 천태극, 지태극, 인태극으로 상징하고 있다. 이 삼극개념은 『태백일사』나 『한서』와 일치하는 것이다. 또 태극을 음陰, 양陽, 중中의 3극으로 해석하기도 한다.[19] 이런 제3의 개념은 노자老子의 '삼생만물三生萬物'에서도 확인된다.[20] 방립천도 삼생만물三生萬物에서 "셋이란 음기陰氣, 양기陽氣, 중기中氣를 말한다."[21]고 보았다. 만물의 생성요소에는 음양의 두 기운에 그것을 통일할 수 있는 제3의 기운(힘)이 있어야 비로소 소통, 화합의 작용이 일어나 만물이 완성된다고 본 것이다. 반면에 음양을 충沖한다는 충기沖氣는 있을 수 있어도

17 유흠의 三統曆에도 보인다.

18 서형요, 「고조선시대의 실천윤리와 유교지성」, 『동양철학연구』23집, 146쪽.

19 신목원, 『開天』, 129쪽.

20 "道生一, 一生二, 二生三, 三生萬物, 萬物負陰而抱陽, 沖氣以爲和."(『노자』 제42장)

21 방입천, 『문제로 보는 중국철학』, 32-33쪽.

중기中氣는 없다고 주장하기도 한다.22 또 "원기元氣에 세 명칭이 있는데, 태양太陽 태음太陰 중화中和이다. 형체에 세 가지 이름이 있는데, 天 地 人 이다."23고 했다. 이는 天이 양기陽氣이고, 地가 음기陰氣이며, 人이 중화 기中和氣가 된다는 말이기도 하다.24

그러니까 천부경은 '석삼극'에 이어 "天一一, 地一二, 人一三"에서 거듭 천지인 삼태극을 밝혀주고 있다. '없'에서 처음으로 쪼개져 나오는 것은 양태극이 아니고 삼극이다. 이것은 앞에서 말한 일생이법一生二法과는 차원을 달리하는 것으로써, 천부경은 '일생삼법一生三法'으로 우주에 새로운 통일성을 부여하고 있다.

천부경의 삼극은 경전의 내용상 천지인天地人을 규정한다. 이 때의 천지인은 그 실체이면서 관계를 의미한다. 이런 3수 관계는『삼일신고』에 이르러 9수로 발전한다. 9수란 삼진三眞(性-命-精), 삼망三妄(心-氣-身), 삼도三途(感-息-觸)로의 분화를 의미한다. 또 고유신앙에서 삼극이라는 말은 삼신三神으로 발전해 왔다. 삼신이란 "天一, 地一, 太一이라 하고 조화, 교화, 치화를 주관한다"(『태백일사』,「삼신오제본기」)고 했다. 그리고 『삼국유사』에 나오는 단군이야기도 없을 無를 중심으로 天 地 人의 구조로 되어 있는데, 이것 역시 천부경의 삼극 구조와 무관한 것이 아니다. 환인을 근원으로 하고 환웅(하늘) ─ 곰여자(땅) ─ 단군(사람)이 삼

---

22 윤사순,「동양우주관에의 명상」,『동양사상과 한국사상』, 118쪽.

23 "元氣有三名, 太陽太陰中和, 形體有三名, 天地人…"(『太平經合校』,「삼화기여제왕법」, 대만 정문출판사.)

24 이와 같이 '음양과 그 속에 있는 또 하나의 中'을 찾으려는 노력은 근대 동학에서도 시도되었다. 필자는 동학에서 말하는 '弓弓'을 그런 제3의 개념으로 설명한 바가 있다. 이 三을 혹은 三太極이라 할 수도 있겠으나, 崔水雲은 성리학적 兩太極이라는 말과의 중복을 피하여 삼태극이라고 하지 않고 天道의 새로움을 강조하기 위하여 '弓弓'이라는 새 말을 썼다고 보는 것이다.

원적 구조를 이루고 있는 것도 삼태극사상과 일맥상통한 것이라 해도 과언이 아니다.

3. 오행과 음양결합 : 10수는 어떻게 나왔나?

'대삼합륙大三合六'의 6수를 말하기 전에 먼저 『주역』에서 말하는 10수의 원리를 이해할 필요가 있다.

오행은 그 출전이 『서전書傳』「주서편周書篇」의 홍범장이다. 홍범洪範은 한마디로 오행학이다. 기자箕子의 사실성을 떠나 「홍범」은 오행이며, 오행이 「홍범」이다. 「홍범」에는 오행五行은 물론이고 오사五事, 오기五紀, 오복五福이라는 말이 나온다. 오행은 천도의 운행이치를 말한 것이다. 생성의 관점에서 보면, 오행설은 수水를 시원으로 삼고 있다. 아라카와는 水를 시원으로 삼는 것을 노자적老子的 오행으로 보았다.25 음과 양에 대응하여 수에 화가 생기고, 수화水火라는 기본적 물질에 목금토木金土가 부가된 것으로 본 것이다. 「홍범」에서 말하는 오행은 다음과 같다.

첫째는 물이요, 둘째는 불이요, 셋째는 나무요, 넷째는 쇠요, 다섯째는 흙이다.

一五行, 一曰水, 二曰火, 三曰木, 四曰金, 五曰土.

물은 불리어 내려감이요, 불은 불꽃이 위로 오름이요, 나무는 굽고 곧음이요, 쇠는 따르고 바꿈이요, 흙은 이에 심고 거둠이다

水曰潤下, 火曰炎上, 木曰曲直, 金曰從革, 土爰稼穡.

---

25 荒川 紘, 『東と西の宇宙觀』, 176쪽.

윤하는 짠맛을 짓고, 염상은 쓴맛을 짓고, 곡직은 신맛을 짓고,
종혁은 매운맛을 짓고, 가색은 단맛을 짓는다

潤下作鹹, 炎上作苦, 曲直作酸, 從革作辛, 稼穡作甘

이를 세 가지 항으로 묶어 보면 맨 처음 일수一水, 이화二火, 삼목三木,
사금四金, 오토五土는 오행의 기본차서를 말한 것이며, 그 다음 '윤하潤下,
염상炎上, 곡직曲直, 종혁從革, 가색稼穡'은 오행의 성성性이요, 마지막 '함,
고, 산, 신, 감'은 오행의 정情이라 할 수 있다. 이처럼 오행은 리理 성성性
정情으로 존재하는데, 이 오행은 윤하潤下, 염상炎上에서 알 수 있듯이 고
정된 존재가 아니라 변화하는 것들의 다양한 존재를 말해 주고 있다. 오
행의 원질은 수화목금토水火木金土이다. 오행의 계절적 기운으로는 목화
토금수木火土金水이다. 목木은 생겨나게 하는 것을 주관한다. 화火는 자
라는 것을 주관한다. 토土는 중간적 조화調和를 주관한다. 금金은 거두는
것을 주관한다. 수水는 감추는 것을 주관한다. 이 때의 감춤은 새싹을
준비하는 것이다.

이런 오행사상은 후에 오토五土를 중심으로 음양과 결합하여 1·6水,
2·7火, 3·8木, 4·9金으로 구체화된다. 그리하여 완성수 10수를 이루
게 된다. 일찍이 한대漢代에는 9수를 중심으로 한 상수론과 10수를 중
심으로 한 상수론이 활발하게 논의되던 시대였다. 후자의 10수 상수론
은 「계사전」의 "天一 地二, 天三 地四, 天五 地六, 天七 地八, 天九 地十,
天數五, 地數五, 五位相得, 而各有合"(上 9장)의 천지지수天地之數를 근거
로 오행 생성生成의 수로 전개하였다. 공안국과 정현이 그 사람이다.[26]

---

26 양재학, 『주자의 역학사상에 관한 연구』, 35쪽.

그런데 공안국은 이 천지지수를 서수적序數的 생수生數만을 언급하고, 성수成數에 관해서는 설명하지 않았으나, 정현이 비로소 지육地六에서 지십地十까지를 성수成數라 부르면서 주역해석상 음양과 오행이 만나 완전한 음양오행수, 즉 오늘날의 1·6水, 2·7火 … 5·10土가 나오게 된 것이다. 공영달에 의해 정현의 이 생성10수 이론이 전하여졌는데, 이는 방위개념에 기초하여 오행이 나온 것이다.

정현이 계사전에서 해석하기를, 천일天一은 북에서 수水를 생生하고, 지이地二는 남에서 화火를 생하고, 천삼天三은 동에서 목木을 생하고, 지사地四는 서에서 금金을 생하고, 천오天五는 중앙에서 토土를 생한다. 만약에 양의 짝인 음이 없고, 음의 짝인 양이 없으면 서로를 이룰 수 없으므로 지육地六은 천일天一과 더불어 북北에서 수水를 성成成하고, 천칠天七은 지이地二와 더불어 남南에서 화火를 성成成하고, 지팔地八은 천삼天三과 더불어 동東에서 목木을 성成成하고, 천구天九는 지사地四와 더불어 서西에서 금金을 성成成하고, 지십地十은 천오天五와 더불어 중앙中央에서 토土를 성成成한다.[27]

이처럼 본래의 천지지수天地之數는 天一, 地二, 天三, 地四 … 天九, 地十 등 음양으로만 있었으나, 여기에 오행의 수가 더해짐으로써 음양과 오행, 오행과 음양이 완전하게 결합한다. 그러면 왜 생수에서 성수가 나오는데 5를 더해야 하는가? 정현 자신은 자신의 오행십수五行十數를 하도河圖에서 구하지 않았다. 하도에서 오행십수를 구하는 것은 송대에 이르러 확정된 것이다. 정현은 오행 십수를 양무우陽無耦 음무배陰無配의

---

27 『예기 월령』, 「기수팔에 대한 공영달의 소」, "鄭注, 易繫辭云, 天一生水於北, 地二生火於南,… 陽無耦 陰無配,…地六成水於北,…地十成土於中, 與天五幷也"

이치에서 찾고 있다. 즉 쉽게 말하면 오행의 수에 배우자가 없기 때문에 배우자가 있어야 한다는 뜻이다. 기자가 말한 초생初生의 미숙한 수화목금토가 성숙하여 배우자가 결합된 것과 같다. 그래서 생수生數오행과 성수成數오행이 만나 1·6수, 2·7화, 3·8목, 4·9금, 5·10토가 나온다. 이렇게 오행 10수가 완성됨으로써 수화목금토 오행은 상생과 상극의 무궁한 작용이 가능해진 것이다. 그 또 다른 예가 바로 갑을甲乙, 병정丙丁, 무기戊己, 경신庚辛, 임계壬癸의 천간天干10수이다. 오행五行에 천간天干이 만나는 다음과 같은 생성법은 水木土는 양생음성陽生陰成, 火金은 음생양성陰生陽成으로 이루어진다.

하늘이 1로써 임수를 낳으니 땅이 6으로써 계수를 이루고

천 일 생 임 수　지 륙 계 성 지
天一生壬水, 地六癸成之

땅이 2로써 정화를 낳으니 하늘이 7로써 병화를 이루고

지 이 생 정 화　천 칠 병 성 지
地二生丁火, 天七丙成之

하늘이 3으로써 갑목을 낳으니 땅이 8로써 을목을 이루고

천 삼 생 갑 목　지 팔 을 성 지
天三生甲木, 地八乙成之

땅이 4로써 신금을 낳으니 하늘이 9로써 경금을 이루고

지 사 생 신 금　천 구 경 성 지
地四生辛金, 天九庚成之

하늘이 5로써 무토를 낳으니 땅이 10으로써 기토를 이룬다

천 오 생 무 토　지 십 기 성 지
天五生戊土, 地十己成之

다음으로 오행관계에서 중요한 것은 상생과 상극이다. 오행은 동시에 생겼으나, 일단 생겨나면 자기를 낳아준 생아자生我者를 떠나 자기가 주체가 되어 다른 오행들과 새로운 관계를 맺는다. 먼저 알 수 있는 것은 상생관계이다. 상생은 금생수, 수생목, 목생화, 화생토, 토생금의 순서로 진행된다. 상생도는 둥근 원을 그리지 않고, 화 → 토 → 금의 순서와 같이 땅속으로 한번 꺾여 들어갔다가 나온다. 다음은 오행의 상극관계이다. 오행은 상생하며 순환하지만, 서로 간에 조절작용을 하며 상극을 이룬다. 금극목, 목극토, 토극수, 수극화, 화극금으로 진행된다.

4. 천지인 삼재와 음양결합 : 6수는 어떻게 나왔나

오행五行이 음양과 결합하여 10수를 이루었듯이 삼재三才도 음양과 결합하여 6수를 이루게 된다. 그 과정을 다시 반복해 보면, 그 근본적 원리는 이미 『주역』에 배태되어 있었다.

「계사」에 '여섯 효의 움직임은 삼극의 도이다(六爻之動, 三極之道也)'(상2)란 말이 나온다. 또 「설괘」에 '삼재를 겸해서 두번한다(兼三才而兩之)'(2장)라는 말이 나온다. 『주역』에서는 삼극이나 삼재가 다 같이 천지인天地人을 의미하는 것으로 해석하고 있다. 주자는 삼극을 해석하기를, "삼극은 하늘과 땅과 사람의 지극한 이치이고, 삼재는 각각 하나의 태극"[28]이라고 했다. 삼재를 하나의 태극이라 말 할 수 있는 것은 삼재를 갈라보면 그 안에 음양이 들어 있고, 음양이 들어 있다는 것은 그 자체가 이미 태극의 작용을 한다는 뜻이다. 그런데 여기서 유의

---

28 "三極, 天地人之至理, 三才, 各一太極也"(『朱子本義』 계사상2)

할 것은 '두번한다(兩之)'라는 말이다.

음양의 두 기운은 우주 전체 속에서 인온의 상태로 있으면서, 만물 속에서 녹고 응결한다. 그러나 상호 괴리나 상호 적대가 없는 관계에 있기 때문에 양陽만 있고 음陰이 없거나, 음만 있고 양이 없는 경우는 없으며, 지地만 있고 천天은 없거나, 천만 있고 지는 없는 경우는 없다. 그러므로 주역은 건곤乾坤을 함께 세워 여러 괘의 통일적 뿌리로 삼았으니, 서로 고립되어 있는 것이 아니다. 그러나 양陽은 독자적으로 운행하는 자유의 활동성을 갖고 있으며, 음陰은 자립의 실체성을 가진다. 천天은 지地 가운데 들어가고, 지는 천의 변화를 내포하면서 자기 자신의 공능功能을 발휘한다.[29]

이렇게 양지兩之는 두 가지 뜻을 동시에 내포한다. 음양은 독자성과 자립성을 갖는다는 측면과 서로가 의지하는 상의적相依的이라는 측면을 동시에 갖는다는 말이다. 전자는 앞에서 필자가 말한 이분二分과 같고, 후자는 이접二接과 같다. '본래의 天'이 있는 반면에 '천입지중天入地中의 天'이 있는 것은 이접二接이 일어났기 때문이다.

하늘의 도를 세우니 이르길 음陰과 양陽이요,
땅의 도를 세우니 이르길 유柔와 강剛이요,
사람의 도를 세우니 이르길 인仁과 의義니,
삼재三才를 겸해서 두 번 했기 때문에 역易이 여섯 획으로 괘를 이루고,
음陰으로 나누고 양陽으로 나누며, 유柔와 강剛을 차례로 썼기 때문에

---

29 "陰陽二氣, 絪縕於宙合, 融結於, 萬彙, 不相離, 不相勝, 無有陽而無陰, 有陰而無陽, 無有地而無天, 有天而無地, 故周易, 建乾坤爲諸卦之統宗, 不孤立也, 然陽有獨運之神, 陰有自立之體, 天入地中, 地涵天化, 而抑各效其功能"(왕선산, 『주역내전』권1, 「곤괘」; 이규성의 번역 참조.)

역易이 여섯 자리로 문채를 이룬다[30]

여기서 유의할 것은 삼재三才가 분음분양分陰分陽하여 육획六畫과 육위六位를 이룬다는 사실이다. 이를 다시 말하면 삼재三才마다 본래성本來性인 태극성太極性이 내재해 있다는 말이다. 따라서 삼재가 음양과 결합하는 것은 하나의 천리天理일 뿐이다. 특히 '兼三才而兩之(겸삼재이양지)'라는 말에서 알 수 있는 것은 음양보다 삼재가 주체로 선다는 점이다. 그래서 삼재에서 6이 나오는 것이지, 음양이 삼재로 발전하는 것은 아니라는 점이다. 이렇게 나온 6수는 "여섯 효가 발휘하는 것은 두루 정을 통한다(六爻發揮, 旁通情也)(육효발휘, 방통정야)"(건괘 「문언전」)라 한 것처럼 6의 발휘로 천지사이에 두루 뜻이 통하는 것이다. 그러므로 6은 곧 "剛健 中正 純粹(강건 중정 순수)"(건괘 「문언전」)의 여섯 가지 성질을 갖게 되는데, 강건은 하늘의 성질이요, 중정은 사람의 성질이요, 순수는 땅의 성질이라 설명할 수 있고, 결국 이 여섯 가지가 다같이 정미로움(精)에 이를 때, 『정전程傳』의 표현처럼 '精極(정극)'(정미로움이 지극한 것)이라 할 수 있을 것이다. 다시 말하면 삼재가 음양결합하여 6이 나오고, 그 6이 다함께 강 ─ 건 ─ 중 ─ 정 ─ 순 ─ 수의 정극精極에 이르는 것이다. 이렇게 주역에도 6수가 중요한 수리임을 설파하고 있으나, 정작 이 6수를 육황극六皇極이라고 말하지는 않는다. 『주역』에서 6수는 어디까지나 괘를 설명하는 방편으로써 기능할 뿐, 황극의 지위를 갖는 것은 아니다. 이런 6수의 중요성이 천부경에 와서 나타난다. 천부경에서 비로소 대삼합륙大三合六 생칠팔구生七八九가 나오고, 생칠팔구生七八九의 근원자가 6수이기 때문에 생성적 관점에서 천부경의 6수를 가히 육

---

30 "立天之道曰 陰與陽, 立地之道曰 柔與剛, 立人之道曰 仁與義, 兼三才而兩之, 故易六劃而成卦, 分陰分陽, 迭用柔剛, 故易六位而成章."(『주역』 「설괘」 2장)

황극이라고도 할 수 있다.

그러면 왜 천부경은 五가 아니고 六인가?

앞에서 말한 오행과 음양과의 결합을 강력하게 추동한 것은 바로 오황극이었다. 홍범구주의 제5가 바로 황극이다. 9주의 가운데가 5이므로 앞의 1ー2ー3ー4는 홍범의 본체라 하고, 뒤의 6ー7ー8ー9는 홍범의 공용이 되는데, 이 5에 의해 생륙칠팔구生六七八九가 나오는 것이다. 6수를 주체로 본 천부경과 확연히 다르다.

다섯 번째로 황극은 황(임금)이 극을 세우심이니, 오복을 거두어서 서민에게 주면, 서민이 너의 극에 네 극을 보존해 주리라.

^{오황극} ^황 ^{건기유극} ^{염시오복} ^{용부석궐서민} ^{유시궐서민} ^{우여극}
五皇極, 皇, 建其有極, 斂時五福, 用敷錫厥庶民, 惟時厥庶民, 于汝極
^{석여보극}
錫汝保極.

말하기를 황이 극으로 편 말이 떳떳한 말이며 가르침의 말이니, 상제께서 펴신 것도 그 가르침이시다.

^{왈황극지부언} ^{시이시훈} ^{우제기훈}
曰皇極之敷言, 是彝是訓, 于帝其訓.(44자)

「홍범」의 황극은 대개 대중大中의 뜻이나, 주자는 극을 지극至極의 뜻과 표준標準의 이름이라 새겼고,[31] 육상산은 극極을 중中[32]으로 보았다. 「홍범」의 황극에 대해 철학적 의미가 부여된 것이 어디서 유래된 것인가에 대하여는 대개 낙서의 5中과 연계시키는데 이론異論이 없는 것 같다. 물론 낙서의 5中도 실은 하도의 중심 5, 10에서 온 것이다. 이정호는

---

31 "皇 君, 建, 立也. 極猶北極之極, 至極之義, 標準之名, 中, 立而四方之所, 取正焉"(『서전』「홍범」주)

32 "蓋同歸此理 則曰極, 曰中 ,曰至 ,其實一也"(『象山集』권2 여주원회2)

주역의 삼극지도三極之道를 "10무극, 5황극, 1태극"[33]으로 풀이한 바 있고, 한장경은 삼극이란 "천의 태극太極, 지의 무극無極, 인의 황극皇極"이라고 구체적으로 말하고, 아래와 같이 적극적으로 삼극론을 피력하고 있다.

> 삼극의 도를 물物의 생생生生으로써 보면 태극은 양체陽體의 상이오, 무극은 음체陰體의 상이오, 황극은 태극과 무극이 상교相交하여 사람을 생하는 위位의 상이니, 천지가 상교하여 사람을 생하는 것이 곧 성상성형成象成形하는 변화이므로 6효가 동하여 변화를 생하고, 사람이 삼재의 위位에 있는 상에 삼극의 도를 말한 것이오, 삼극의 도는 곧 사람의 생하는 도이다.[34]

이와 같이 황극을 태극과 무극이 상교相交하는 상象으로 본 것은 황극 스스로 생성의 뿌리역할을 하고 있다는 의미로도 볼 수 있다. 그래서 홍범의 오황극과 천부경의 6수는 공共히 황극으로써 생生의 위位를 갖는다는 것을 알 수 있다. 그러면 오황극과 6수는 어떤 차이가 있는가? 다음은 천부경의 핵심을 이해하는데 중요한 자료가 된다.

> 선천의 셈[先天數]은 하나로 비롯하여 다섯으로 중간이 되고 아홉으로 끝마치며[始一中五終九], 후천의 셈[後天數]은 둘에서 비롯하여 여섯으로 중간이 되고 열에 끝마치나니[始二中六終十], 그러므로 하나 다섯 아홉은 세 홀수[三奇]라 이르고, 둘 여섯 열은 세 짝수[三耦]라 한다.[35]

---

33 이정호 『정역연구』, 156쪽.

34 한장경, 『주역·정역』, 357쪽.

35 대종교, 「회삼경」, 『역해종경사부합편』(1949), p230.(『대종교경전』, 대종교총본사, 1983, 301쪽.)

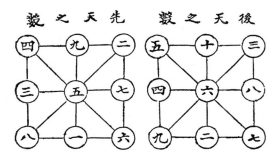

선후천수(서일의 『회삼경』)

이처럼 서일의 『회삼경』에는 五와 六의 차이를 분명히 보여주고 있다. 이를 설명하기 위해 『회삼경』은 선천과 후천이라는 개념을 도입하고 있다. 선천수는 1, 5, 9가 각기 始—中—終을 이루고, 후천수는 2, 6, 10이 각기 始—中—終을 이룬다.(오른쪽 그림 참조)36 전자는 양무십陽無十(양에는 10이 없음)이요, 후자는 음무일陰無一(음에는 1이 없음)이다. 따라서 선천수의 중中은 양중陽中이므로 5요, 후천수의 중中은 음중陰中이므로 6이 된다. 천부경은 바로 이 음중陰中6을 용수用數로 삼고, 시일始一을 본체수本體數로 한 경전이다.

5. 천부경 '대삼합륙'에 대한 재해석

필자는 여기서 천부경의 '대삼합륙大三合六'에 다시 주목하고자 한다. 왜냐하면 대삼합륙大三合六은 결국 3과 6의 문제를 동시에 거론하고 있기 때문이다. 특히 6은 일생이법一生二法이나 일생삼법一生三法 어디에도 속하지 않는 중간수中間數인 것이다. 다시 말해 6이 일생이법一生二法

---

36 대종교, 『역해종경사부합편』(1949), 231쪽.

과 일생삼법一生三法의 중간수라는 것은 접점接點을 이루는 조화수造化數로 볼 수 있기 때문이다. 즉 6을 통해 8과 9로 가는 것이다. 천부경을 9 ×9로 배열할 경우 그 정중앙에 놓인 글자가 바로 6인 것도 시사하는 바 많다. 이런 관점에 기초하여 필자는 '대삼합륙大三合六'이 새롭게 해석되어야한다고 본다. 대삼합륙大三合六은 그 전후 문맥이 天二三 地二三 ^{천이삼} ^{지이삼} 人二三〈大三合六〉生七八九 이다. 이 구절에 대하여는 많은 주석들이 ^{인이삼} ^{대삼합륙} ^{생칠팔구} 제각각의 해석을 내놓고 있다. 그 중에 몇 가지만 선택적으로 분석해보고자 한다.37

| 일암 김형탁

　김형탁은 「단군철학석의」에서 이 구절에 대한 현토를 "天二도 三이며 地二도 三이며 人二도 三이라 大三이 合六하야 生七八九하야 運三이라"라고 붙였다. 이를 직역하면 "천天의 이二도 삼三이며, 지地의 이二도 삼三이며 인人의 이二도 삼三이라. 대삼大三이 륙六에 합합하여 칠七과 팔八과 구九를 생生하여 삼三을 운運한다"는 뜻이다. 김형탁은 二를 거듭 재再로 해석하고, 이는 천지인天地人이 거듭 이룬 것(再成)으로 보았다. 였 ^{재 성} 다. 따라서 천이삼天二三이란 천이天二도 역시 천지인삼天地人三이요, 지이 地二도 역시 지천인삼地天人三이요, 인이人二도 역시 인천지삼人天地三이란 뜻이다. 다시 말해 천일天一, 지일地一, 인일人一은 일一이 석이분釋而分하여 처음 천지인天地人이 나온 것을 말하고, 천이天二 지이地二 인이人二는 일一이 적이분積而化하여 천지인天地人을 이룬 것(成)을 말한다. 그래서 성 ^성 즉대成則大라 하고, 대삼大三이라 말한다는 것이다. 이렇게 천지인天地人

---

37 이에 관한 자료는 이찬구편, 『인부경81자 집주』에서 인용.

이 두 번의 단계를 거쳐 완성된다고 본다. 그렇기 때문에 천일天一은 제1이요, 지일地一은 제2요, 인일人一은 제3이요, 천이天二은 제4요, 지이地二은 제5요, 인이人二는 제6이 된다. 이어 천지인天地人이 6에 합하여 마치게 되니 천칠天七, 지팔地八, 인구人九가 되며, 결과적으로 1, 4, 7은 천수天數(합은 12)요, 2, 5, 8은 지수地數(합은 15)요, 3, 6, 9는 인수人數(합은 18)가 된다. 이는 천지인天地人의 初 — 成 — 終으로 설명한 것으로 1 — 3 — 9를 잘 보여주고 있다.

서우 전병훈

　전병훈은 그의 『정신철학통편』에서 「천부경 주해」를 비중있게 다루고 있다. 먼저 천일일天一一 지일이地一二 인일삼人一三을 천일天一을 1水로, 지이地二를 2火로, 인삼人三을 수화水火에 의해 사람이 나와 삼재三才가 정립되는 시초개벽始初開闢의 이치로 설명한 전병훈은 "天二三 地二三 人二三"의 이삼二三은 음양교구陰陽交媾의 이치를 들어 말한 것으로 해석하였다. 다시 말해 이삼二三은 이음삼양二陰三陽으로 주역에서 말하는 삼천양지參天兩地(「설괘」; 천수는 3, 지수는 2)와 같다, 천天에도 음양이 있고, 지地에도 음양이 있으며, 인人에도 음양이 있다는 말이다. 대개 이삼二三을 이二는 음양으로, 삼三은 삼극으로 보는 것과 다른 점이다. 그러니까 대삼합륙이란 사람과 더불어 천지는 곧 삼재三才는 한가지라는 뜻이며, 이를 수리적으로 풀이하면 삼양三陽이 육음六陰과 교합交合한다는 뜻이다. 여기서 삼양三陽은 삼재三才를 의미하고, 육음六陰은 감륙坎六을 의미하며. 이 감륙坎六으로부터 수생목, 목생화, 화생토, 토생금을 생生하는 이치에 의해 7火, 8木, 9金이 나오는 것이다. 이렇게 전병훈은 삼재三才 생성生成의 이치적 측면에서 대삼합륙을 해석하고 있다.

▌노주 김영의

김영의는 그의 「천부경주해」에서 "天一一 地一二 人一三^{천일일 지일이 인일삼}"을 삼극으로 규정하고, 하늘은 일一을 얻어 첫 번째가 되고, 땅도 一을 얻어 두 번째가 되고, 사람도 일一을 얻어 세 번째가 되니, 이렇게 도는 하나이로되, 하늘에 있으면 천도天道가 되고, 땅에 있으면 지도地道가 되고, 사람에 있으면 인도人道가 된다면서, 나누면 삼극三極이 되고 합하면 일본一本이라 했다. 이어 김영의는 "天二三 地二三 人二三^{천이삼 지이삼 인이삼}"에서 一을 나누어 二가 됨은 자연의 이치라 하고, 『역전』(「설괘」 2)의 음양陰陽, 강유剛柔, 인의仁義에 의해 6획의 괘가 나오는 이치로 비유하였다. 그러니까 대삼합륙이란 천지인天地人이 각기 이二를 얻어 합해 6이 나오고, 이 6에 1, 2, 3을 더해 7, 8, 9가 나온다는 것이다. 이것을 낙서 9수로 비유하였다.

▌종합적 검토

이와 같이 김형탁은 천1, 지2, 인3/천4, 지5, 인6/천7, 지8, 인9로 이어지는 初 — 成 — 終^{초 성 종}의 3단계로 설명하고 있으며, 이 중에서 제2 성成의 단계를 중요시 하고 있다. 이 성成의 단계에서 천지인이 대삼大三이 되며, 또 그 중에서도 人6의 6에서 합슴이 이루어져 비로소 生7 8 9가 나온다는 것이다. 반면에 전병훈은 개벽의 시초에 천일天一을 1水로, 지이地二를 2火로, 인삼人三을 수화水火에 의해 사람이 나와 삼재三才가 정립되고, 이어 천이天二에서 6水가 나옴으로써 7火, 8木, 9金이 차례로 나온다고 본다. 그리고 김영의는 천지인天地人이 각기 이二를 얻어 합슴해 6

이 나온 것은, 역학적 관점에서 볼 때, 6은 역易의 6효가 나온 이치와 같다는 것이다.

　그런데 필자는 다른 각도에서 대삼합륙을 검토하려고 한다. 우선 천지인 삼극의 변화에 주목하지 않을 수 없다. 대삼합륙에서 대삼大三은 물론 큰 셋인 천지인 삼재를 의미한다. 합륙은 합하여 6이 된다는 말이다. 삼재의 3이 6으로 합하는 데는 두 가지 길이 있다. 즉 하나는 삼재가 서로 둘씩 접(二接)하는 것과 둘로 나뉘는 것(二分)이다. 이접이란 천지인이 각기 이웃한 천지인끼리 교접하는 것이다. 예컨대, 天은 天地, 天人으로, 地는 地天, 地人으로, 人은 人天, 人地로 만나 6합合을 이룬다. 그 다음으로 삼재가 이분二分한다는 것은 天이 음양으로, 地가 음양으로, 人이 음양으로 나뉘는 것을 말한다. 그래서 天은 양천陽天, 음천陰天으로, 地는 양지陽地, 음지陰地로, 人은 양인陽人, 음인陰人으로 나뉘어 6합을 이룬다.

　　○ 三才의 二接 : 天地, 天人, 地天, 地人, 人天, 人地 - 6合
　　○ 三才의 二分 : 陽天, 陰天, 陽地, 陰地, 陽人, 陰人 - 6合

　그러면 이런 삼재의 이접二接과 이분二分은 왜 나타나는가? 아무리 삼재가 이접과 이분을 하여 6합이 된다고 하더라도 그 근본은 항상 삼재일 뿐이다. 그럼에도 왜 삼재는 가만히 있지 못하고 이접과 이분을 하는가? 이접이든 이분이든 그것은 결국 새로운 것과의 결합을 의미한다. 만약 천지인天地人이 각기 홀로 있으면 그것은 독양獨陽이거나 독음獨陰일 뿐이다. 둘로 결합結合할 때 비로소 생성작용이 가능해진다. 이렇게 천지인이 이접이든 이분이든 둘로 만나는 것을 천지인의 '음양결합陰陽

結合'이라고 통칭할 수 있다. 이는 전병훈이 말한 음양교구陰陽交媾와 유사한 개념이나, 음양교구가 평상적 행위라면, 음양결합이라는 말 속에는 창조적創造的 목적행위가 강조된 것이다. 그러므로 천지인의 음양결합이 무엇인가를 알기 위해서는 우선 오행의 음양결합을 이해할 필요가 있다. 수화목금토의 오행은 어떻게 음양결합이 일어나 10수를 이루게 되었는가를 바르게 이해한다면, 천지인의 음양결합으로 6수가 나온 이유도 이해할 수 있을 것이다. 한편 최재충은 천지인을 공간, 물질, 시간의 개념으로 설명하고, 6을 육생수六生數 또는 육진수六進數라 칭하였고,[38] 또 박용숙은 인체 구조적 측면에서 합合을 세 개의 축이 서로 작용하는 것으로 보고, 이 세 개의 축이 작동하는 단계에 이르면 6이 생기고 이어서 7, 8, 9가 생겨나 움직인다고 했다.[39]

6. 천지부모인 대삼과 사시성세

이제 대삼합륙의 바른 이해를 위해 항을 나누어 『대산의 천부경』에서 설명한 내용을 참고로 살펴 보고자 한다.

○ 大三合六 <small>대 삼 합 륙</small>

큰(大) 셋(三)을 합合하여 여섯(六)이 된다.

▌천삼天三 지삼地三이 가장 큰 셋[大三]이다

큰 셋이란 무엇인가? 천지인 중에서 사람은 하늘과 땅에서 나왔으

---

38 최재충, 「천부경-민족의 뿌리」, 『천부경연구』, 251쪽.
39 박용숙 『한국의 시원사상』, 102쪽.

므로 ,근본은 하늘과 땅이다. 따라서 하늘의 큰 것 셋, 땅의 큰 것 셋을 합하면 여섯이 나온다. 물론 앞에서 말한 '天二三 地二三 人二三'에서 六이 나올 수 있는 경우의 수는 天二 + 地二 + 人二의 경우나 天三 + 地三, 地三 + 人三, 天三 + 人三의 경우이다. 앞의 天二 + 地二 + 人二로 보는 것은 『주역』의 관점이다. 『주역』이란 완성된 괘상인 천지인의 6효로써 사물을 판단하기 때문이다.

　『주역』에 "여섯은 다른 것이 아니라 삼재의 도(六者, 非他也, 三才之道也)"(「계사하」 10장)라고 한 말이라든가 "여섯 효의 움직임은 삼극의 도(六爻之動, 三極之道)"(「계사상」 2장)라는 말이 그것이다.

　그러나 천부경의 원리는 완성된 괘상으로서의 6효를 말하는 것이 아니고 천지인의 생성 과정을 설명하는 것이다. 따라서 대산의 학설40에 의해 따라 '天三 + 地三의 六'을 취하고자 한다. 다시 말하면 천지인天地人 중에서 천지天地의 작용수인 天三과 地三를 大三으로 보고, 그 합수를 六으로 보는 것이다. 여기서 人三을 제외한 것은 '대삼합륙'이 사람이 나오기 이전을 설명하고 있기 때문이다. 물론 앞의 '일석삼극'에서 천지인 삼극을 이미 말하였지만, 그와는 별로도 이제부터 사람의 탄생문제를 구체적으로 설명하려는 것이 천부경의 본뜻이기 때문이다.

▎전前 40자, 후後 40자의 중앙이 바로 6이다

　대개 '합할 합合'자는 두 가지 의미로 쓰이고 있다. 하나는 '삼합三合'이라 할 때가 있고, 다른 하나는 '육합六合'이라 할 때가 있다. 대체로 '삼합'이란 '천지인 삼합'을 말하고, 육합이란 '공간적 의미로 동서남북

---

40 김석진, 『대산의 천부경』, 동방의 빛, 57쪽.

에 상하'를 포함하는데 '주류육허周流六虛의 육허六虛'라고도 한다.

큰 대大자가 삼획인데, 삼三에 붙어 대삼大三이 되고, 합할 합合자가 6획인데 6에 붙어 합륙合六이 나온다. 천부경 본문 81자를 앞과 뒤로 나누어 볼 때, 전前 40자, 후後 40자로 나눌 수 있는데, 공교롭게도 그 중앙이 합륙의 그 육六인 것이다.

따라서 천부경 81자의 중심 자리인 6은 중요한 의미를 지니고 있다. 1에서 10수까지 열의 수 중에서 가운데는 5와 6이다. 이 5는 선천적 생수生數의 끝이고, 6은 후천적 성수成數의 시작이므로 뒤에 나오는 生은 생성生成을 동시에 말한 것이다. 또 2, 4, 6, 8, 10의 중앙이 6이다. 전40은 선천적 체體가 되고, 후40은 후천적 용用이 된다.

6은 『주역』에서 노음老陰의 수이다. 9는 노양老陽의 수이며, 7과 8은 소양少陽, 소음少陰의 수이다. 노음은 곤괘坤卦에 해당하고, 노양은 건괘乾卦에 해당한다. 그래서 6은 음의 변화 수이고, 9는 양의 변화 수이다.

▌합륙合六은 우주의 풀무요 만물의 어머니다

서일이 쓴 『회삼경會三經』에 "六은 우주의 큰 풀무(洪鈞)와 같다"고 했다. 천지의 합륙合六을 큰 풀무에 비유한 것은 노자가 말한 만물지모萬物之母이기도 한 것이다.

왕필은 다음과 같이 말했다.

"무릇 유有는 모두 무無에서 시작하므로 아직 드러나지 않고 이름이 없는 때가 만물의 시작이 된다. 형체가 드러나고 이름이 있는 때에 이르러서는 그것을 자라게 하고(長之) 길러주고(育之) 형체를 드러나게 해주고(亭之) 완성시켜주니(毒之) 유명有名은 그 어미가 된다."

천부경 81자에 성수인 6을 중심에 놓고 '합륙合六'이라 했는데, 천부경 본문 맨 처음 1과 가운데 6이 일륙합一六合이 되어 물을 생한다. 또 본문 맨 끝의 1과 6이 합해 또 다시 일륙합一六合이 되어 만물을 이룬다. 일시一始의 일륙합一六合은 선천지합先天之合이고, 일종一終의 일륙합一六合은 후천지합後天之合이다. 선천지합先天之合은 생생을 의미하고, 후천지합後天之合은 성성成을 의미한다. 이것이 물의 생성이며, 물로 인해 만물이 시始하고 종終하는 이치이다.

▌음양의 본체인 천지음양이 합한 六에서 사람과 만물이 나온다

저 우주의 혼원한 기운 덩어리 사이에서 자시子時에 하늘이 열리고 축시丑時에 땅이 열리면서, 번개 불이 번쩍번쩍하며 천지의 음양이 교감할 때 하늘은 검고 땅은 누렇지 아니한가? 천부경의 '대삼합륙'의 六처럼 천지가 이 합륙合六의 단계에 들어감으로써 생생지덕生生之德을 발휘하는 것이다.

하늘이 땅에서 나오거나 땅이 하늘에서 나오지 않는다. 그저 만물을 낳게 하는 음양의 본체인 천지음양이 만나 만물이 나오는데, 사람이 또한 그러하므로 천지의 대삼大三이 합한 륙六에서 나오는 것이다. 천부경 81자의 정중앙이 역시 6이므로 6은 곧 중中이요, 만물은 중中에서 나온다고 하는 것이 바로 이 뜻이다. 뒤에도 '인중천지일'의 중中이 나온다. 이 중中은 천지음양의 본체가 만난 곳이며, 그 만난 것을 수리로 표현하여 6수라 하는 것이다. 이 6수를 이룬 천지가 비로소 사람과 만물을 낳으므로, 천지를 일러 만물의 부모라 하는 것이다. 이런 관점에서 '인중천지일'을 해석하면 '사람이 천지의 6(中)을 얻어 하나가 된다'는 뜻이다. 사람이 사람으로서 삼재의 자격을 갖기 위해서는 천3, 지3의 합수인 6을 얻어야 된다는 말이다.

신지전자에 나타난 6수의 사유구조

천부경의 전승과 관련하여 최고운이 81자 번역의 기초로 삼았다는 전고비篆古碑에 관해 생각해보고자 한다. 고운孤雲사적에 의하면, 최고운이 '단군전비檀君篆碑'를 보고 81자로 번역하였다고 하는데,41 이 전고비문은 16자로 대개 신지전자神誌篆字로 불리고 있고, 이유립은 이를 평양 법수교 고비문古碑文이라고 불렀다.42

1944년판본 『영변지』에는 이를 천부경의 원본인 신지전자로 적고 있다.43 한편 중국에는 섬서성 백수현의 창힐 사당 앞에 창성조적서倉聖鳥蹟書라 새긴 비가 세워져 있는데, 이곳에는 28자의 신지전자가 있다. 1754년에 세워진 이 조적서비의 내용은 『순화각첩』에서 인용한 것이다. 이 16자나 28자가 천부경의 원문이라고는 생각하지 않는다. 다만, 그 상고시대 우리 조상들의 문자관념이나 수리관념을

중국이 있는 『창성 조적비』의 글자 (28자)

41 최치원, 『고운전집』, 434쪽.

42 이에 관하여는 필자가 이미 상세히 밝힌 바 있다. 이찬구, 「세고전자본에 대한 비교분석」, 『천부경 연구』, 37쪽.

43 송호수, 『겨레얼 삼대원전』, 263쪽 및 이형구, 『단군을 찾아서』.

나름대로 파악할 수 있다는 면에서 가치가 있다.

필자는 이 1·6자 전자篆字중에 상단 우측 두 번째 글자에 주목하고자 한다. 필자는 이 글자가 一과 점 6개를 상징하고 있다는 면에서 '1·6전 자篆字'형이라 부르려고 한다. 이 1·6전자篆字는 중앙에 一자형이 있고, 그 상하上下로 점 3개가 짝을 이루고 있다. 필자는 이것이 천부경과 직접 적인 관련이 있다고 단정할 수는 없으나 "天二三 地二三 人二三 大三合 六"중에서 바로 '대삼합륙'의 이미지와 사유구조를 연상시키는 전자라 고 생각하여 차용한다. 이 글자가 갑골문의 쌀(米) 미米와 유사하다. 이 전자 그림으로 '대삼합륙'의 6이 나올 수 있는 길은 역시 두 가지이다. 하나는 수직적으로 천2 + 지2 + 인2의 6이든지, 아니면 수평적으로 천 3 + 지3의 6이 그것이다. 이는 앞에서 설명한 것과 중복이 된다. 44

그러니까 만약 6이 천지인天地人 3재가 上下(陰陽)로 결합(2+2+2)한데 서 나왔다고 보면, 삼이지교三二之交(세개가 둘 씩 사귐)인 것이다. 반면에 6 이 수평적으로 결합했다면 3+3=6이 된다. 필자는 후자로 보고자 한다. 따라서 이러한 수평적 6개념은 기존의 오행관념에서 1+5=6으로 이해 하는 것과 다른 것이다. 다시 말해 천부경의 6을 오행에 기초하여 하도 낙서의 도상으로 설명하려는 것은 무리라는 것이다. 왜냐하면 6은 오

神誌 篆 16자(출전:영변지)　　　1·6篆字形　　수직　　수평

---

44 영변군민회, 『영변지』, 도판.

행의 순환수(1+5)에서 나온 것이 아니고, 삼재수 즉 위에 있는 천3(상단의 세 점)과 아래에 있는 지3(하단의 세 점)의 합에서 나왔기 때문이다. 이것이 진정한 천지의 교합이다. 그러므로 1·6전자형에서 가운데 일一은 천지를 교합시키는 일태극이거나, 천지가 배태한 그 '사람'이라 할 수 있다. 따라서 '대삼합륙'의 본뜻은 창힐 고문자의 사유구조를 통해 알수 있듯이 천3+지3=6이라 할 수 있다. 45

▌생칠팔구의 생성은 오행수가 아니고 삼재수

그러면 생칠팔구生七八九는 어떻게 나왔는가? 문제는 7이 2+5=7이 아니라는 것이다. 필자는 이 문제에 대한 해답을 구하기 위해 영친왕의 사부였던 김규진의 『서법진결』을 참고하였다. 여기에는 앞의 '1·6전자'는 물론이고, 이와 유사한 또 다른 글자가 나오기 때문이다. 이 그림의 좌측 상단에 나오는 이 글자를 그 의미와 관계없이 필자는 '2·7전자형'라 이름하고, 우측 중간에 나오는 글자를 '1·3전자형'라 이름해 보는 것이다.

이 '2·7전자篆字형'의 글 꼴에서 보듯이 7은 역시 오행의 원리인 2 + 5 = 7이라는 도식에서 나오지 않고, 앞에 나온 6점에 1을 더해 7이 나왔다고 보는 것이다. (물론 3+4=3+3+1=7에서 나왔다고도 할 수 있다) 이는 삼재수의 원리에서 '륙생칠六生七'이 나왔다는 뜻이다. 그러면 8은 어떻게 나온 것일까? 륙생칠六生七에서 7이 나왔다면 6

『창힐 篆 11자』

1·6篆字形

1·3篆字形

45 김규진, 『書法진결』, 28쪽.

에 다시 1, 2, 3을 더해 7, 8, 9가 나온 것으로 유추할 수 있다.[46] 이렇게 생칠팔구生七八九는 6이 중심적인 순환수가 되어 나왔다고 할 수 있다. 여기서 그 6의 근원은 천지가 가지고 있는 삼극적 요소에서 나왔다는 것을 1·3전자형에서 여실히 확인할 수 있고, 이 1·3전자형는 '일석삼극一析三極'을 의미하는 것으로 볼 수 있다. 이런 의미에서 천부경의 우주관은 천지 6수와 천지인의 9수에서 찾아야한다고 보는 것이다. 6에서 천3, 지3이 완성되고, 9수에서 천3, 지3, 인3이 완성됨으로써 종전의 천지(天-地) 중심의 우주관과 다른 천지인(天-地-人) 중심의 새로운 '9수 우주관'을 확인할 수 있다. 특히 "천지에 일월이 아니면 빈 껍데기요, 일월에 지인至人이 아니면 빈그림자"[47]라는 말과 맥을 같이 하는 것으로써 인중천지일에서 사람의 존재가 규명되듯이 천3, 지3의 대삼大三을 천지부모로 하여 마침내 인3, 즉 사람이 태어나는 것이다. 따라서 천부경은 천 — 지 — 인이 함께하는 '우주' 그 자체인 것이다.[48]

그러면 천부경의 6이 지닌 우주적 의미는 구체적으로 무엇인가? 먼저 '운삼사運三四 성환오칠成環五七'에 대한 논의를 더 깊이 있게 전개하기 위해 잠시 주목할 것은 주렴계의 「태극도설」이다. 「태극도설」을 결론적으로 말하면, "무극 — 태극 — 동정 — 음양 — 오행 — 사시"이다. 도설

---

46 그런데 『회삼경』의 경우는 다르다. 8은 2×4, 9는 3×3으로 설명하고 있다.

47 "天地, 匪日月空殼, 日月, 匪至人虛影"(김일부, 『정역』)

48 그런데 역학에서는 參天兩地에 의해 9는 양의 대표수로, 6은 음의 대표수로 불린다. 또 6(노음수)은 변해 7(소양수)이 되고, 9(노양수)는 변해 8(소음수)이 된다. 그래서 9와 8이 음양 변화의 이치 속에서 만나게 된다. 그러면 천부경에서 6의 의미는 무엇인가? 6은 1, 2, 4, 8로 이어지는 짝수배열과 1, 3, 9로 이어지는 홀수배열 사이의 중간 지점에 있다는 것이다. 왜냐하면 6은 비록 짝수이나 生七八九에 의해 9와 만나기 때문이다. 따라서 6은 모든 수를 연결하는 중간의 소통점이 된다는 면에서 상당히 중요한 의미를 지닌다고 할 수 있다.

에 의하면, "오행은 하나의 음양이며, 음양도 하나의 태극"(五行一陰陽, _{오 행 일 음 양}
_{음 양 일 태 극}
陰陽一太極也.)이라는 것인데, 태극 — 음양 — 오행의 궁극적 목적은 결국 사시성세四時成歲에 있다는 것이다. 이 사시성세는 『춘추좌씨전』에도 언급한 것처럼 음양오행으로 대표되는 기氣운동의 궁극점이다.49 이런 사시성립을 언급한 천부경의 구절이 바로 '운삼사運三四 성환오칠成環五七'50이다. 즉 '운행은 三, 四를 이루며, 고리는 五와 七이다'로 해석할 수 있다. '사성四成'을 사시성세四時成歲로 해석할 경우 천부경의 우주적 의미가 더욱 확실해진다. 이처럼 사시성세는 '운삼運三 사성四成'처럼 三개월씩 四계절이 운행하는 것을 법칙으로 한다. 그것을 더 세부적으로 들어가면 1년은 五일씩 최소절후(초후初候, 차후次候, 말후末候)51를 단위로 삼아 돌아가고, 七일씩 고리를 만든다. 7은 '일월수화목금토'의 1주일과도 같다. 하지만 시간의 운행은 공간을 바탕으로 한것이다. 5는 땅의 오방을 의미하고, 7은 북두칠성의 운행 공간을 의미한다. '각항저방심미기'와 같은 4대 칠성(28宿)52의 운행으로도 설명할 수 있다는 것이다. 이런 의미에서 5와 7은 시간개념이 아닌 공간개념으로 볼 수 있다.

---

49 "天有六氣, …六氣曰陰陽風雨晦明也, 分爲四時…"(『춘추좌씨전』, 「소공 원년」)

50 이찬구, 『천부경과 동학』, 613쪽 ; 이 책에서는 "운행함이 셋,넷에 있고, 이루는 고리는 다섯, 일곱에 있다"라고 해석하였으나, 成을 四에 붙이는 것이 더 나을 것 같다.

51 氣候란 氣는 동지를 기준점으로 1년을 24등분한 구분점이며, 候는 기를 다시 3등분한 구분점이다. 1년은 24기요, 72후이다. 예를 들어 입동의 초후5일은 물이 얼기 시작한다. 차후5일은 땅이 얼기 시작한다. 말후5일은 꿩이 큰 물속에 들어가 큰 조개로 된다.

52 동방청룡7수 ; 각항저방심미기, 북방현무7수 ; 두우여허위실벽, 서방백호7수 ; 규루위묘필자삼, 남방주작7수 ; 정귀류성장익진.

7. 1·6과 1·6水

그런데 필자는 천부경이 내포하고 있는 일시一始, 일종一終의 1과 합륙合六의 6이 결합한 1·6과 오행에서 말하는 1·6水사상과의 관계를 밝혀 보지 않을 수 없다. 왜냐하면 그것이 우주생성의 근본문제이기 때문이다. 천부경의 1·6은 삼재수에서 나온 것인 만큼 하도의 오행수와 연계시키는 것은 아무래도 무리가 따른다. 그러나 1·6이 삼재의 기본수라는 인식이 훗날 오행에서 말하는 1·6水사상 형성에 어떤 영향을 준 것이 아닌가[53] 생각한다.

필자가 보기에 1·6전자형을 세워서 보면, 물 水자의 갑골서체와 같은 꼴이 된다는 점을 간과할 수 없다. 이러한 유사성 내지는 동일성을 어떻게 이해할 것인가? 필자는 "합륙생칠팔구合六生七八九"에서 알 수 있듯이 6을 생生의 근원[생성적 계기][54]으로 본 의식이 천부경에서 배태되었고, 훗날 생生의 근원을 물로 설명하는 의식이 형성된 것이 아닌가 한다. 다시 말해 천부경이 음양과 수數로써 만물의 생성을 설명한 것이라면, 홍범의 오행사상은 물질 또는 기氣로써 설명하고 있다는 것이다.

그러면 수數와 기氣는 어떻게 결합하는가? 『여씨춘추』에 "사물은 음양변화의 결과"[55]라 한 것을 보면, 이것은 음양이 천지를 대신하여 만물을 낳는다는 의식을 반영한 것인데, 천부경은 이런 의식 이전以前의 원

---

53 『갑골문편』, 중화서국, 1989.(권11-1)

54 계기라는 말은 화이트헤드가 즐겨 쓴 말이다. 화이트헤드는 '현실적 계기'(actual occasion)라는 말에서 '계기'는 시공적 위치를 함의하며, 神은 이 현실적 계기의 영역 밖에 있다고 보았다. 반면에 필자가 말하는 '생성적 계기'는 무형에서 유형의 세계로 진입하는 生의 단계를 의미하며, 神의 영역에서 現實的 존재의 영역으로 들어오는 변화의 계기를 의미한다.

55 "凡人物者, 陰陽之化"(『여씨춘추』, 「지분」)

초적 의식인 천지인과 음양이 완전히 결합된 상태에서만 氣가 운행하여 만물을 낳는다고 본 것으로 이해할 수 있다. 예컨대, 『노자』에 "有生於無"(40장)라 했고, 또 『노자』에 "三生萬物"(42장)이라 했지만, 천부경은 삼극론三極論을 중시하면서도 三을 음양합일 이전以前의 단계로 보았기 때문에 음양합일이 이루어진 6에 의해 비로소 '육생만물六生萬物'의 단계가 열린 것으로 보고 있는 것이다. 그러니까 『노자』의 '三生萬物'의 3을 천부경에서는 6으로 본 것이다. 『노자』의 무無가 절대적 세계를 의미하고, 유有가 상대적 물질을 의미한다면,56 천부경의 1은 『노자』의 무無와 같고, 6은 유有와 같은 것이다. 무無와 유有는 '無極而太極'인 것처럼 비록 선후先後관계는 있지만 동격同格이라 할 수 있다. 천부경의 1과 6도 선후관계이면서 둘 사이는 동격을 이룬다고 할 수 있다.

갑골문 물水자

1·6篆字形(세로형)

갑골문(水자 확대)

그런데 이런 잇(有)와 없(無)의 이원적 개념을 통괄하고 주재하는 긍극적인 개념으로 새롭게 등장한 것이 바로 태일太一이다.57 이 말은 『장자』의 「천하편」에 등장하는 것으로 전국시대(BCE 475~BCE 221)말기로 여겨지는데, 이 태일은 노자의 술어인 도道와 또 다른 술어인 대大와 일一을 조합한 새로운 개념의 표현이다.58 대략 BCE 342~BCE 282년 사이로 추정되고 있는 곽점초묘에서 출토된 「태

---

56 박영호, 『노자』, 212쪽.

57 "建之以常無有, 主之以太一"(『장자』, 「천하편」)

58 김지현, 「일자와 천제:태일의 심볼리즘」『종교문화비평』7호, 232쪽.

일생수太─生水」에 의하면, "태일이 수水를 낳고 수水가 도리어 태일을 도와서 하늘을 이룬다(太─生水, 水反輔太─, 是以成天)"[59] 고 했고, 나아가 "태일이 물 속에 잠겨있다(太─藏於水)"고 까지 한 것을 보면, 태일과 물의 관계설정이 대단히 긴밀함을 의미해주고 있다. 이처럼 천부경의 1과 6이 서로 결합적 관계를 이룬다는 면에서 유무有無를 결합시킨 노자의 도道나 장자의 태일太─과 흡사하다고 볼 수 있다. 그런데 천부경은 이 태일 개념을 어떻게 받아드리고 있는가? '인중천지일'의 한(─)은 앞에 있는 '인'의 존재를 규명하고 있다. 우주론적인 태일太─이 인사론적 태일로 구체화된 것이다. 다만 천일, 지일, 인일의 '인일'과 다른 점은 '인중천지일'의 한(─)은 사람이 득중得中한 존재로서의 한(─)이라는 점이다. 이 때의 인일을 천일, 지일, 인일의 '인일人─'과 구별하여 태일太─이라고 하는 것이다. 다시 말해 태일은 본태양本太陽을 이루어 천지를 득중한 인일이다. 옛말에 중中을 '해(日)'라고 했다.[60] 그래서 태일太─은 태양인太陽人이며, 인일에 대해 태일은 후천적의 인일을 의미한다.

최해월도 "물이 하늘을 낳고, 하늘이 도리어 물을 낳아서 서로 변하고 화하여 조화가 무궁하다"[61]고 했던 것이다. 따라서 1·6의 유무형적有無形的 관계를 물질적 기로 환원하여 설명하면 바로 수水와 같은 것이다. 그러니까 수생천水生天하여 천반생수天反生水할 수 있는 수水는 모든 물질에 대해 유有의 지위에서 생성적 계기를 가질 수 있고, 오행의 으뜸이라고 보는 것이다. 물은 생명체에 화학적 변화작용을 일으켜 생명을 유

---

59 구석규(裘錫圭)의 『中國出土文獻10강』(복단대학 출판사), 김용옥, 『노자와 21세기 下』, 68-73쪽. 太─은 사실상 노자사상은 아니다. 한민족 고유사상이다.

60 이에 관해서는 이찬구, 『고조선의 명도전과 놈』, 동방의 빛, 2013, 71쪽 참조.

61 "水生天 天反生水, 互相變化, 造化無窮也"(『해월신사법설』, 「천지이기편」)

지하는 면에서 특별하다. 다시 말해 수水는 나머지 오행인 화목금토火木金土와 동격의 물질이 아니다. 수水가 노자에서 유有의 지위를 갖는다는 것은, 화목금토火木金土는 수水에서 나온 물질이기 때문에 오행 중에 수水가 상위上位개념이라는 말이다. 따라서 대삼합륙의 결과물을 '물物'이라 할 때, 이 물物을 낳는 물질적 기의 운행은 물[水]로부터 비롯되는 것이기 때문에,62 이처럼 '생성적 계기'를 만든다는 측면에서 천부경 1·6사상이 우주생성론의 성격을 갖게 되었고, 훗날 1·6水사상 형성의 근원이 되었다고 볼 수 있는 것이다. 다만 같은 1과 6이지만, 그 수리적 구성원리는 서로 판이하게 다른 것이다.63

그러면 앞에서 말한 사시성세와 1·6水는 어떤 관계가 있는가? 노자는 물에 관해 '動善時'(8장)라 했다. 물은 사계절에 따라 움직인다는 말이다. 물의 변화는 계절의 변화를 수반한다. 특히 물이 생성적 계기를 갖게 될 때, 물은 시간 속으로 진입하고, 시간과 동행한다는 의미에서 '물'의 흐름이 곧 '시간'이라고 할 수 있다.

대삼합륙의 대삼大三인 천지가 음양결합을 이루는데 있어서도 수水가 빠지지 않는다. 하늘은 일월로 결합하고, 땅은 수화로 결합하여 최고의 합륙合六을 이루는데, 이 합륙은 결국 『주역』에서 말한 일월합명日月合明으로부터 사시합서四時合序에 까지 이른다. 또 『논어』에 "사계절이 운행하고 온갖 품물이 생성한다.(四時行焉, 百物生焉.)"(「양화편」)라 한 것처럼 사시의 운행이 백물百物을 생육生育하는데 목적이 있으므로, 동시에 "雲行雨施"를 수반하게 된다. 이것이 사시의 기氣가 유행流行한다는 것

---

62 "天一生水, 道運而爲善, 猶氣運而爲水也."(소철, 『노자해』)

63 천부경의 1·6은 3才에서 나온 것인 반면에 오행의 水는 5에서 나온 것이기 때문이다.

인데, 오행 중에 물이 대표한다. 그러므로 사시는 수기水氣의 유행에 따라 운행하며 백물을 생육하는 것이다. 이것이 천개어자天開於子이며, 여기서 말하는 자子가 곧 생명탄생의 근원인 북극일륙수北極一六水를 의미하는 것이다.

8. 소우주인 인간의 수행원리

특히 천부경의 1·6수數사상은 소우주小宇宙인 인간에도 그대로 적용되고 있다. 중요한 시사점은 인간의 수행에서 두드러지게 나타난다는 점이다. 불교수행에서 중요시 되는 염불 수행의 경우, '남무아미타불'이나 '옴마니반메훔'이 모두 6字이다. 동학의 21자 주문에서도 근본 주문은 '시천주 조화정'의 6자이다. 이처럼 6에 수행의 진수가 함축되어 있다. 물이 6각수인 것도 의미깊다.

인체 구조에서 3극의 점을 찾아낸다면 상단전, 중단전, 하단전이라 할 수 있다. 이 3단전은 인체의 전면부를 지칭한 것이다. 이 3단전을 대삼합륙의 이치로 재해석하면, 음양과 결합한다는 것을 의미하는데, 이는 인체의 전후면부에서 서로 연결점을 찾을 수 있다는 것을 의미한다. 사람 등에 삼관三關이 있으니, 옥침관, 녹노관, 미려관이 그것이다. 허준의 『동의보감』 첫 장에 나오는 「신형장부도」는 바로 인체에 있어서 정기신精氣神의 흐름을 중시하고 있다. 허준이 인용한 『동의보감』(「내경편」身形)의 한 구절을 보면 그것을 알 수 있다.

1. 『선경』에는 "뇌는 수해髓海이고 상단전이라 하며, 심心은 강궁絳宮이고 중단전이라 하며, 배꼽 아래 3치 되는 곳을 하단전이라 한다. 하단

전은 정精을 저장하는 곳이며, 중단전은 신神을 저장하는 곳이고, 상단
전은 기氣를 저장하는 곳이다"라고 씌어 있다.

2. 「오진편」 주해에는 "사람은 천지의 좋은 기운을 받고 태어나게 되
며 음양에 의하여 형체를 이룬다. 그러므로 사람의 몸에는 정기신精氣
神이 기본이다. 신은 기에서 생기고 기는 정에서 생긴다. 만일 자기 몸
을 수양한다면 이것은 정·기·신의 3가지를 단련하는 데 지나지 않는
다"고 씌어 있다.

3. 『선경』에는 "몸의 뒷 부분에는 3관關이 있는데, 뒤통수를 옥침관이
라 하고, 등뼈골의 양쪽 옆을 녹로관이라 하며, 수화가 교류되는 곳을
미려관이라 한다. 이것들은 다 정기가 오르내리는 길이다. 만약 북두
칠성이 돌아가듯이 3관이 잘 작용하면 정기가 위 아래로 잘 돌아갈 것
이다. 이것은 마치 은하수가 북두칠성을 따라서 도는 것과 같다."고 씌

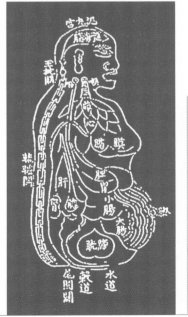

『동의보감』「신형장부도」

중앙 6수

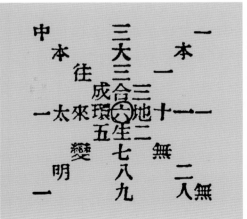

어 있다.

이처럼 허준은 우주적 기의 흐름과 인체의 기의 흐름을 동일한 관점에서 바라보고 있다는 점이다. 이런 인체의 막힘없는 기의 흐름을 인체의 소주천小周天 현상이라고 할 때, 이 소주천은 3단전丹田과 3관關의 전후前後소통에서 가능할 것이다. 소주천이란 상체上體에서 일어나는 기氣의 원圓운동이다. 『회삼경』의 「삼묘체용도」에 "1·6를 원圓"[64]이라 한 것이 이와 같은 뜻이다.

9. 소결 : 포태수 6과 완성수 9

삼재가 삼재로서만 독립돼 있다면 하늘도 독천獨天이 되고, 땅도 독지獨地가 되고, 사람도 독인獨人이 되어 제 구실을 다할 수 없게 된다. 이런 삼재에 유기적인 생명관계를 맺어주는 것이 '음양결합'이라 할 수 있다. 그리하여 천부경의 대삼大三 즉 삼재가 각기 하늘에도 음양결합이 이루어지고, 땅에도 음양결합이 이루어져서 천부경의 '대삼합륙大三合六', 즉 六이라는 생성원리가 나오고 그로부터 7, 8, 9가 나오는 것이다. 이는 "사람은 하늘의 아래, 땅의 위에 있다. 그러므로 천지의 기氣가 교합되는 곳에 있다"[65]는 『황제내경』의 말에서 기교지중氣交之中이 바로 6이요, 소강절도 "음양지중陰陽之中에 각기 천지인天地人이 있고, 천지인天地人중에 각기 음양陰陽이 있다"[66]고 했던 것은 6속에 9가 있고, 9속에 6이 있

---

64 대종교, 「회삼경」, 『역해종경사부합편』, p230.(『대종교경전』, 대종교총본사, 1983, 301쪽.)

65 "岐伯曰 : 上下之位, 氣交之中, 人之居也."(『黃帝內經』,「六微旨大論」)

66 "陰陽之中, 各有天地人, 天地人之中, 各有陰陽."(『황극경세서』5,「관물외편」상)

다는 뜻이기도 한 것이다.

6은 우주의 천지합수요, 9는 천지인의 합수이다. 6이 천지를 음양론으로 해석한 것이라면, 9는 천지인을 삼극론으로 해석한 것이다. 6이 천지의 인간 포태수라면, 9는 인간이 3극의 요소를 모두 갖춘, 즉 인간을 완성시키는 완성수이다. 이때 인간을 포태한 6수 천지는 인간의 부모가 된다. 천지부모란 말은 여기서 나온 것이다. 동학의 주문에 시천주侍天主란 말에서 모신다는 말이 이 뜻이다. 또 상말에 '육씨랄놈'도 6에서 시작하여 나온 인간이라는 뜻이다. 6이 생명의 씨(6씨)가 된다는 말이다. 이는 천부경 문화에서 나온 말이 분명하다. 그 뒤로 천부경이 잊혀지면서 '육시戮屍'라는 험한 말로 바뀐 것이다. 언어란 좋은 말이 점점 나쁜 말로 변질되어서 사라지는 것인데, '놈'은 욕설이 아니라, 본래 아들이나 사람이라는 옛말이다.67 요즘도 제주도 사람들은 큰 아들을 '큰놈'이라고 하는 데서 알 수 있다.

특히 필자는 대삼합륙大三合六에서 생칠팔구生七八九가 어떻게 나왔는가 하는 문제를 중요하게 생각한다. 거듭 말하지만, 6은 오행수(5 + 1)에서 나온 것이 아니고, 삼재수(3+3)에서 나왔다는 것이며, 7도 2 + 5 = 7이 아니고, 3 + 3 + 1 = 7에서 나왔다는 것이다. 이런 의미에서 6은 삼재를 음양으로 결합하고 있다는 면에서 오행의 6이 나오기 이전의 원초적 천지 의식이 반영된 것이라 할 수 있고, 또 생칠팔구는 종전의 천지 중심의 우주관과 다른 천지인 중심의 새로운 '우주관'을 함의한 것이라 할 수 있다. 이런 우주적 의미는 천지인이 함께하는 '우주' 그 자체라 할 수 있다. 또 이런 우주는 사계절을 운행하는 사시성세四時成歲에 까지 닿는

67　이찬구,『고조선의 명도전과 놈』, 동방의 빛, 2013, 74-75쪽.

다. 사시성세가 이루어지지 않는 우주관은 우주론으로서의 기능을 상실한다. 이런 사시성립을 언급한 천부경의 구절이 바로 '운삼사運三四 성환오칠成環五七'이다. 여기서 '사성四成'을 사시성세四時成歲로 해석할 경우, 사시성세四時成歲는 '운삼運三 사성四成'처럼 三개월씩 四계절이 운행하는 법칙을 의미하게 된다. 모든 우주론의 결론은 사시의 성립으로 귀결된다. 사시가 중요한 것은 인간이 그 중심에 있기 때문이며, 인간 생존의 까닭이 되기 때문이다. 인간이 존재하지 않는 사시는 아무 의미가 없다.

그리고 천부경의 1·6수數는 일시무시일一始無始一과 일종무종일一終無終一의 일一과 대삼합륙大三合六의 륙六과의 상호관계를 없(無)와 잇(有)의 관계로 볼 수 있다. 천부경의 1은 없(無)의 불변성을, 6은 잇(有)의 변화성을 갖고 있다는 의미에서 1·6은 우주의 수로써 모든 '생성적 계기'의 근원이 된다고 할 수 있다. 그런데 오행에서 수水가 상위에 있으면서 나머지 오행에 대해 생성적 계기를 부여한다는 의식이 형성되면서 하늘과 물를 동일시하기 시작한 것으로 볼 수 있다. 물을 '시간'에 연관지울수 있는 것은 물의 작용이 우주의 창생에 직접적인 관계가 있기 때문이다. 즉 천개어자天開於子, 지벽어축地闢於丑이 천지의 개벽開闢을 의미한다고 볼 때, 자子를 북극일륙수北極一六水로 인식한 것은 역시 天과 水를 동일시했다는 의미이며, 이런 차원에서 천부경의 1·6數사상이 지니고 있는 원초적인 우주생성론은 훗날 1·6水사상과 무리없이 연계되어 우주의 창생 내지는 개벽을 상징한 것으로 재해석되었다고 할 수 있다.

나아가 9수는 천부경 9 × 9(이것이 환웅의 우주 도수임)의 배열 원리에서 나타나듯이 우주 창생 이후 인간의 존재원리를 규명하는 과정에서 등장한 천지인 3재의 완성수였다고 본다. 따라서 6수는 인간을 처음 배태한 천지의 포태지수胞胎之數이며, 9수는 인간이 천지에 포함된 천지인 합수이고, 또 우주의 천지인 완성수完成數이며, 인간 자신의 완성수라고 할 수 있다. 10이 아닌 9를 완성수라고 하는 것은 이 9수는 이미 일시, 일종의 1을 내포하고 있기 때문이다. 그래서 10수는 우주에서 변할 수 없는 본체수이다. 이와 같이 천부경은 6수와 9수를 동시에 강조하고 그 안에 10을 포함한다. 그 중에 중앙 6을 중심으로 전40 : 후40은 전후, 음양으로 균형을 이룬다는 것을 의미한다. 이것은 역학적으로 정음正陰 정양正陽의 원리를 말하는데, 이 정음정양도 이 6수에 와서야 이루어진다. 또 원문 81자를 정사각형의 9 × 9모양으로 재배치하면, 대각선으로 1-6-1이 되고, 정중앙에는 3-6-9가 된다. 정사각형 천부경은 우주의 정립正立을 의미한다. 따라서 천부경의 중앙 6수는 중中과 정正사상을 동시에 지니고 있다. 중정은 더하고 뺄 수 없는 하늘의 법칙 그 자체이다.

이런 6수와 9수 사이에는 있는 말 중에 간과할 수 없는 말이 '생生'이다. 바로 대삼'합'륙, '생'칠팔구에서 합생合生이란 말이 나온다. 합合은 천지가 서로 결합한다는 뜻이고, 생生은 인간이 출현한다는 뜻이다. 그러니까 서로 떨어져서는 생성이 이루어지지 않는다. 화이트헤드도 "새로운 공재성의 산출은 합생이라는 술어에서 구체화되는 궁극적인 개념"[68]이라고 했다. 다多에서 일—로 가듯이, 양兩에서 일—로 나아가는 면에서 합생의 원리는 적용된다. 합생이 천지와 인간의 관계를 말한 것으로 이해할 때, 이 관계를 특별히 부자父子관계라 할 수 있다. 이처럼 인간

---

68 화이트헤드, 『과정과 실재』, 79쪽.

은 천지와 평등하면서도 그 천지가 인간의 부모라는 이중적 특성을 갖는다.

끝으로 천부경에서 말하는 인간론의 핵심인 태일太一에 관해 덧 붙이고자 한다. 태일은 인일人一에 대한 후천적 표현이다. 후천적이란 말은 완성의 의미이다. 우주에서 태어난 인일人一이 가운데를 얻어(得中) 비로소 하늘·땅과 하나될 수 있다. 사람이 하늘·땅과 하나되었을 때, 그 사람을 태일의 사람이라 할 수 있다. 가운데(中)를 얻었다는 그 중中이 또한 해(日)를 상징하므로 태일의 사람을 '태양인'이라고도 할 수 있다.

천부경 '運三四 成環五七'과 차원상승

천부경 후반부에 나오는 '운삼사運三四 성환오칠成環五七'은 누누이 설명한 바와 같이 三과 四로 운행하고, 五와 七로 고리를 이룬다는 뜻이다. 천도가 운행하는 데는 시간(3개월씩 4계절)과 공간(5星과 북두칠성)이라는 두 축이 필요하다. 시간과 공간이라는 두 측면이 천도의 중심임을 말하고 있다. 일반적으로 운運은 시간적이며 무형의 하늘을 의미하고, 환環은 공간적이요 유형의 하늘(별세계)을 의미한다.

필자는 이 운삼사運三四 성환오칠成環五七에서 지금까지의 논의와는 아주 다른 측면, 즉 차원次元에서 고찰하려고 한다.

이 그림(위키백과사전 인용)에서와 같이 차원이란 일반적으로 0차원은 점, 1차원은 선(직선), 2차원은 사각형, 3차원은 정육면체, 4차원은 초입방체를 대표적으로 말 한다.(이 4차원 초입방체는 2차원으로 표현한 그림에 지나지 않음)

사전에 의하면 차원次元dimension이란 일반 물리량의 측정값이 길이, 시간, 질량 등 기본량의 측정값에 어떻게 관계하는지를 나타내는 지수를 말한다. 대기과학에서 대기의 운동을 지배하는 기본법칙들은 동일한 차원으로 이루어진다. 즉, 기본법칙을 나타내는 방정식의 모든 항들은 동일한 물리차원을 가져야 한다. 기본차원은 길이[L], 질량[M], 시간[T], 열역학적 온도[K]로 구성된다. 다른 차원은 이러한 기본 차원들을 서로 곱하고 나눈 항으로 표현할 수 있다. 예를 들면 속도의 차원[LT-1]은 길이차원[L]을 시간차원[T]으로 나누면 된다. 운동법칙을 표현하는 항들의 규모를 측정하고 비교하기 위하여 기본차원에 대해서 측정 단위를 정의해야 한다.[1]

차원의 개념은 운동, 즉 공간 속에서 움직임의 위치를 나타내는 방정식이다. 그러한 것이 왜 간단한 것에서 복잡한 것으로 발전했을까? 예컨대, 날아가는 총알을 그림으로 표시한다고 가정해보자. 누구나 일직선으로 날아가는 총알을 그릴 것이다. 일직선으로 그린 것은 1차원이다. 그 총알을 점으로 표시할 수도 있다. 점은 한 순간의 장면을 포착한 것이다. 그 점으로서의 포착은 정지된 것에 지나지 않으므로 0차원이다. 또 상하를 오르내리는 사각 모양으로도 그릴 수 있다. 그것은 2차원이다. 그 2차원에 날아가는 공간 궤적을 표시하면 3차원이 된다. 거기에 중력의 영향을 받는 또 다른 공간궤적을 그리면 4차원이 된다. 이렇게 보면, 차원의 개념은 보다 더 자세하고 정확하게 공간을 표현하려는 수단이라 할 수 있다. 이처럼 수학에서 차원이란 공간 내에 있는 점 등의 위치를 나타내기 위해 필요한 수의 개수를 말한다. 여기에서 사용된

1 한국지구과학회 저, 『지구과학사전』, 북스힐, 2009.

수를 그 공간의 매개 변수라고 한다. 평면에 포함된 한 점의 위치를 지정하는 데에는 두 개의 숫자가 필요한 것과 같다. 하늘을 날아가는 총알이나 더 구체적으로 비행기는 고도라는 또 하나의 변수가 필요하다. 서울과 부산을 그으면 2차원이다. 그 길이가 1km이건, 400km이건 그것은 다 같은 직선에 지나지 않는다. 그러나 그 직선이 움직여 평면을 그리면 2차원이 되고, 다시 평면 위를 날아가는 고도를 표시하면 3차원이 된다. 이 3차원 공간에 시간을 개입하면 4차원이 된다. 처음으로 시간 차원을 제4차원으로 간주한 것은 물리학자 아인슈타인이다.

필자는 여기서 천부경의 원리에 따라 차원次元의 상승上昇을 말하고자 한다. 인간이 살고 죽는 이 현실을 2차원이라고 인식한다. 그런데 사람이 태어나 쭉 살아가는 것은 직선과 같다. 일직선의 직선적 삶은 1차원이다. 식물은 그 자리에서 자라기만 한다. 식물의 삶은 1차원형次元形이다. 반면에 태어나서 이리저리 움직이며 사는 동물은 2차원형이다. 식물이 고정적이라면, 동물은 동적動的이다. 2차원형 동물은 일정한 자기 면적을 향유한다. 그래서 2차원형은 만족을 느끼는 존재이다. 그러나 사람은 동물과 같은 2차원형이나, 머리를 들고 하늘을 바라봄으로 3차원형이다. 동물과 같이 평면을 가지면서도 머리에 의해 고도高度의 높이를 갖는다. 그것은 의식의 높이를 의미한다. 그러므로 사람에게 삶의 자취는 동물과 달리 하늘을 나는 비행기처럼 입체적이다. 이것을 일러 3차원형이라 한다. 그런데 그 비행기 안에서 또 다른 삶이 전개된다면 그것은 3차원과 다른 것이다. 만약 비행기 안에서 라면을 먹고 있다면 그것은 또 다른 차원으로서의 4차원형이라 할 수 있다. 사람에게 3차원의 끝은 하늘을 보던 머리가 땅에 눕는 순간이다. 삶이 끝나고 죽음을 맞이

한 것을 의미한다. 이 죽음 자체는 3차원에서 2차원으로의 하강下降에 해당한다. 그러나 3차원이 3차원으로 끝나지 않고 또 다른 차원으로 상승上昇되기 위해서는 변화의 영속성이 입증되어야한다. 마치 비행기 안에서 라면을 먹는 것과 같은 또 다른 차원의 상승 말이다.

땅위에 있는 사람은 하늘을 나는 비행기가 단순히 높이를 갖는 3차원형에 지나지 않는다고 인식한다. 땅위의 사람은 결코 비행기 속을 볼 수 없기 때문이다. 비행기 안에 있어야 비행기 안에서 라면 먹는 것을 인식할 수 있다. 비행기 안에서 라면 먹는 것을 4차원형이라고 하는 것은 인간에 있어서 죽음 이후의 영의 세계 즉 영계靈界를 말하는 것과 같다. 이 죽음 이후의 영계가 3차원의 연장선상에 있다는 의미에서 우리는 4차원이라 할 수 있다. 영계의 존재는 삶의 단절이 아니라, 삶의 연장이다. 생명의 영속성을 반영한다.

천부경의 '운삼사'는 인간이 살고 있는 이러한 '3차원의 삶'과 '4차원의 죽음'에 비유할 수 있다. 삶과 죽음이 있는 이 현실세계가 운삼사에 해당한다. 운삼사는 생사가 있고, 음양이 있고, 밝음과 어둠이 있는 이 세상의 이치를 담고 있다. 운삼사의 세상은 음양의 대립이 있고, 선악의 갈등이 있는 세상이다. 생사의 희비가 있는 이중적 세계가 3의 세상, 그

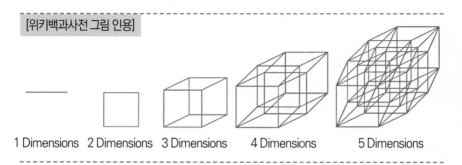

[위키백과사전 그림 인용]

1 Dimensions 2 Dimensions 3 Dimensions 4 Dimensions 5 Dimensions

리고 4의 세상이다. 3의 세상과 4의 세상은 서로 다른 차원이다.

그러면 운삼사의 세상은 인간에게 영원한 굴레와 같은가?

차원이 다르면 서로 간에 덧셈과 뺄셈이 될 수 없다. 3의 세상과 4의 세상은 서로 다른 차원이다. 그렇기 때문에 3차원과 4차원은 서로 간에 덧셈과 뺄셈이 안 된다. 그러나 지금 3차원과 4차원이 서로 소통할 수 있게 되었다. 새로운 틈이 싹트고 있다.

천부경은 운삼사 다음에 새로운 차원이 전개되는 것을 암시한다. 그것이 어떤 형태로 나타날지는 모르지만, 일단 필자는 '성환오칠成環五七'로써 설명하려고 한다. 오칠의 5를 4차원 다음의 5차원이라고 보는 것이다. 5차원은 3차원의 삶과 4차원의 죽음이 동시에 극복된 새로운 차원을 말한다. 삶과 죽음이 극복되었다는 것은 생사生死가 하나라는 뜻이며, 생사가 간격이 없이 되었다는 뜻이다. '운삼사'는 말처럼 3과 4가 같이 따라다니는 세상이다. 3과 4는 뗄 수 없는 관계이다. 세상의 고통은 삶과 죽음의 이 간격이 너무 길고 크다는데 있다. 그것을 다른 말로 하면 윤회의 수레 바퀴이다. 삶과 죽음의 간격이 없이 되었다[生死無間]는 말은 윤회의 수레바퀴가 멈추고, 그 고통이 끊어졌다는 말과 같다.

여기서 말하는 5차원은 운삼사가 동시에 상승한 차원이다. 5차원은 윤회가 사라지며, 윤회가 사라지기 때문에 생사의 고통이 사라지고 무병장수의 시대가 도래하며, 영통靈通이 열린다. '성환오칠成環五七'의 오칠은 5 — 7을 의미하는 것으로 볼 수 있다. 3 — 4 차원에서 5 — 7차원으로 상승하고, 이는 지상과 천상에서의 차원 상승으로 이해할 수 있다는 뜻이다. 이 차원의 상승을 다른 말로 개벽이라 할 수 있다. 특히 3 — 4차원에서 5차원으로의 차원상승이 우리가 지금 말하는 지상에서의 개벽의 실존적 상황이다.

3-4 차원에서 5차원으로 상승하는 것이 현재적 차원상승이다. 박찬호에 의하면, 상승Ascension이란 보다 높은 단계로 이동하는 것을 나타낸다. 이동한다는 것은 그 세계에 머무르면서 그 세계를 초월하는 것이다. 초월이란 어떤 사람에게는 혼란을 가져다주기도 하지만, 다른 이들에게는 근본적인 의식의 상승을 동반한다. 의식의 상승에는 전에 볼 수 없었던 긴장관계가 조성된다. 그것은 낡은 세상과 새로운 세상 사이에서 벌어지는 긴장이다. 차원상승은 모든 생명의 욕구이다. 모든 생명은 차원상승의 도상에서 생사에 직면한다.

차원상승은 생명의 한단계 높은 진화를 위해 동원 가능한 정신적 조건과 자연적 조건을 동시에 변화시킨다. 그 중의 하나가 선각자들이 말해온 갑작스런 '지축의 정립'이며, '자기장의 변화'이다. 지축의 정립은 지구 자전속도의 변화를 가져오고 책력의 변화를 가져온다. 또 남북의 자기장磁氣場이 바뀌어 남북이 자리바꿈을 한다. 지구의 회전방향이 반대로 돌게 된다는 것을 의미한다. 이렇게 갑작스럽게 회전 방향이 바뀌면 지구는 일시적으로 자전을 정지한다. 정지한 지구가 다시 자전력을 회복하기까지는 얼마간의 시간을 필요로 한다. 정지에서 다시 자전하기까지의 그 멈춤의 기간을 우리는 '정지현상Stasis'이라고 한다. 이 정지현상은 다시 자전하기까지 자체적으로 균형을 회복해가는 과정이다. 지구 자전의 정지는 시간의 정지를 의미한다. 또 에너지의 정지를 의미한다. 모든 것은 지구처럼 멈추고, 생명체는 수면상태나 가사假死 상태에 빠진다.

잠시 상상을 해보자. 어느 날 서쪽으로 막 지려던 해(서울, 오후 5시경)가

갑자기 멈추면 그 해가 다시 자전력을 회복하기까지는 시간이 필요하다. 서울역에서 남영역으로 지하철이 나갈때 교직交直 절연絶緣 구간에서 잠시 전기불이 꺼지는 것과 같다. 이 때 지구가 자전력을 회복하기까지는 최소한 20시간 내지 50시간의 준비가 필요하다. 정지된 해는 며칠 후에 다시 회전을 시작할 것이다. 서울 오후 5시의 태양은 그대로 서울 아침 10시의 모습으로 다시 떠오르는 해가 될 것이다. 서울은 며칠 동안 낮이 계속 될 것이고, 반대편의 미국은 며칠 동안 밤이 계속 될 것이다. 이것이 우리 모두가 잠든 상태에서 전개되기 때문에 우리 자신은 그러한 대 격변을 인식할 수 없다. TV뉴스도 볼 수 없다. 만약 정지현상이 길면 많은 생명은 그 잠에서 깨어나지 못한 채 죽음을 맞이할 것이다. 에너지 공급이 끊긴 채로 죽음을 모르고 잠만 자는 사람이다. 그러나 그 가운데서도 되살아나는 사람이 있을 것이다. 깨어난 사람들이다. 그것을 『명운경』이라는 예언서에서는 사자환생死者還生이라고 말했다. 죽은 줄 알았던 사람들이 다시 깨어나고, 깨어난 사람들은 땅은 그 땅이로되 다른 세상의 땅에 살게 된다, 바로 5차원을 맞이한 것이다. 이것이 차원 상승이며, 영적, 지구적 개벽이다. 이것이 천부경의 '운삼사 성환오칠' 이다. 3-4차원에서 5차원으로 진입하고, 현실의 5차원에서 고리를 이루며 천상에서는 7차원이 전개된다. 4차원이 대기권 안에 갇힌 차원이었다면, 5차원부터는 대기권 밖으로도 열릴 것이다. 5차원 문명은 윤회를 벗어난 '빛의 차원'이다.[2]

'해가 서쪽에서 뜬다'는 조상들의 예언은 그래서 만고의 진리이다.

---

2 박찬호 편 『2012 지구차원 대전환…』, 은하문명, 2011, 498쪽.

참고문헌

【원전】

『고운전집』　　　　　『노자』　　　　　　『논어』

『동경대전』　　　　　『동의보감』　　　　『맹자』

『삼일신고』　　　　　『순자』　　　　　　『여씨춘추』

『용담유사』　　　　　『장자』　　　　　　『정몽』

『정역』　　　　　　　『주역』　　　　　　『주역내전』

『주자본의』　　　　　『증산도 도전』　　『천부경』

『춘추좌씨전』　　　　『황극경세서』　　『황제내경』

『회남자』

【단행본】

『갑골문편』, 중화서국, 1989

강천봉, 최동희 역, 『삼일신고, 동경대전』, 대양서적, 1973.

구석규(裘錫圭), 『中國出土文獻10강』, 복단대학 출판사.

권태훈 구술/정재승 엮음, 『천부경의 비밀과 백두산족 문화』, 정신세계사,
　　　1989.

김규진, 『書法진결』, 고금서화진열관, 1915.

김상일, 『수운과 화이트헤드』, 지식산업사, 2001.

김상일, 『한철학』, 온누리, 1995.

김상일, 『한사상』, 온누리, 1986.

김석진, 『대산의 천부경』, 동방의 빛, 2009.

김영의, 『천부경주해』.

김용옥, 『노자와 21세기 下』, 통나무, 1999.

김충열, 『김충열 교수의 노자강의』, 예문서원, 2004.

김형탁, 『단군철학석의』.

勞思光, 『新編 中國哲學史』(一), 三民書局(臺北), 2001.

대종교, 『역해종경사부합편』1949, 온누리

대종교, 『대종교경전』, 대종교총본사, 개천 4459년(2002).

대종교, 『대종교요감』(우리정통종교-강수원 편자), 대종교총본사, 개천 4440년(1983).

모종삼, 송항룡 역, 『중국철학의 특질』, 동화출판공사, 1983.

문계석, 『생명과 문화의 뿌리 삼신三神』, 상생출판, 2011.

문창옥, 『화이트헤드 과정철학의 이해』, 통나무, 2002.

박용숙, 『한국의 시원사상』, 문예출판사, 1985.

박찬호, 『2012 지구차원 대전환과 천상의 메세지들』, 은하문명, 1985

방입천, 『문제로 보는 중국철학』, 예문서원, 1997.

백산(이찬구), 『한단고기 選解』, 광개토출판사, 1987.

서정범, 『국어어원사전』, 보고사, 2000.

徐中舒, 『甲骨文字典』, 사천사서출판사(중국), 1989.

선불교, 『훈법』(선불교경전), 선불교 총본산불광도원, 단기4336(2003).

孫守道, 『홍산문화옥기 신품 신감』, 길림문사출판사(長春), 2007.

송호수, 『겨레얼 삼대원전』, 도덕성회, 1983.

수운교본부, 『명운경』(필사본).

신목원, 『開天』, 보국출판사, 1988.

신용하, 『고조선 국가형성의 사회사』, 지식산업사, 2010.

안경전 역주, 『환단고기』, 상생출판, 2012.

余培林/박종혁, 『도덕경에 대한 두개의 강의』, 서해문집, 1998.

양재학, 『주역과 만나다』, 상생출판, 2010.

영변군민회, 『영변지』, 영변군민회, 1971.(1944년판)

원정근. 『도와 제』, 상생출판, 2010.

이병선, 『한국고대 국명지명연구』, 형설출판사, 1982.

이성재(천지원리학회), 『천서삼경 대경전』, 각세문화사. 1997.

이정호, 『정역연구』, 국제대, 1976.

이찬구, 『인부경81자 집주』, 동신출판사, 1993.

이찬구, 『돈 : 뾰족돈칼과 옛 한글연구』, 동방의 빛, 2012.

이찬구, 『고조선의 명도전과 놈』, 동방의 빛, 2013.

전병훈, 『정신철학통편』.

朱伯崑/김학권, 『주역산책』, 예문서원, 1999.

陳逸民, 『홍산옥기도감』, 상해문화출판사(上海), 2006.

陳위담/강윤옥, 『중국고문자학의 이해』, 현학사, 2005.

최동원, 『천부경원전』, 천지성지사, 2004.

최민자, 『천부경, 삼일신고, 참전계경』, 모시는사람들, 2006.

최시형, 『해월신사법설』, 천도교.

한장경, 『주역·정역』, 삶과 꿈, 2001.

황경선, 『한민족 문화의 원형 신교』, 상생출판, 2010.

荒川紘, 『東と西の宇宙觀』(東洋篇), 紀伊國屋書店, 2005.

A.N. 화이트헤드/오영환 역, 『과정과 실재』, 민음사, 1991.

【학술지 및 학위논문】

김지현, 「일자와 천제:태일의 심볼리즘」, 『종교문화비평』7호, 청년사, 2005.

류열, 「우리민족은 고조선시기부터 고유한 민족글자를 가진 슬기로운 민족」,
    『단군과 단군조선』, 살림터, 1995

박영호, 「천부경 우리말 옮김 및 풀이」, 『천부경 연구』, 한배달, 1994.

박용숙, 「천부경의 해독과 원형사상」, 『한국의 시원사상』, 문예출판사,
    1985.

서형요, 「고조선시대의 실천윤리와 유교지성」, 『동양철학연구』23집, 2000.

안재오, 「노자의 무와 무한자」, 『인문학연구』6집, 한국외국어대, 2001.

양재학, 『주자의 역학사상에 관한 연구』, 충남대 박사논문, 1992.

윤사순, 「동양우주관에의 명상」, 『동양사상과 한국사상』, 을유문화사, 1992.

이찬구, 「단군신화의 재해석」, 『단군학연구』제17호, 단군학회, 2007.12.

이찬구, 『동학의 천도관 연구』, 대전대박사논문, 2005.

이찬구, 「세고전자본에 대한 비교분석」, 『천부경 연구』, 한배달, 1994.

이찬구, 「역학과 동학의 관점에서 본 천부경사상」, 『신종교연구』8집, 한국신종교학회, 2003.

임채우, 「왕필 현학체계에서의 노자와 주역의 관계」, 『주역연구』1집, 한국주역학회, 1996.

최의목, 「환경문제와 천지인사상」, 『상경연구』제22-2호, 건국대, 1997.

최재충, 「천부경-민족의 뿌리」, 『천부경연구』, 한배달, 1994.

찾아보기